【実践Data Science シリーズ】

データ分析のための

データ可視化入門

キーラン・
ヒーリー 著 　瓜生真也
江口哲史 訳
三村喬生

JN047392

講談社

For the Llamanteriat, who saw it first.

推薦の言葉：原著刊行にあたって

エリザベス・ブルッフ（Elizabeth Bruch）
ミシガン大学

　この本では，学生や研究者に向けてデータ可視化の思考法と練習問題がハンズ・オン形式でまとめられています．そして下手なグラフもある中で，何が上手いグラフをそうたらしめているのかが説明されています．また，強力でかつ再現性のある方法でデータから高い品質の図を作る方法や，データ可視化に対する誠実で効果的な考え方が示されています．

　この本はプログラミング言語であるRの汎用的な可視化パッケージであるggplot2の専門知識を私たちの頭の中に組み立ててくれます．まず1変数の要約から始めてより複雑なグラフへと移っていくという一連の作図例を通じて，グラフをパーツごとに作って組み上げていく方法を学びます．続いて連続変数とカテゴリカル変数の可視化，グラフ上での情報の重ね合わせ，小規模な複数のプロットを効果的に作る方法，統計的モデルの出力の操作，そしてグラフをより理解しやすいように整えていく方法などが取り上げられています．

　アイディアを語るためには効果的なグラフィックスが不可欠であり，そのようなデータ可視化はデータをよりよく理解するためのすばらしい手法です．この本は，学生や実務家がデータを定量的可視化して研究結果を最大限に活用するために必要な実践的なスキルを提供します．

・Rとggplot2を使用したハンズ・オン形式の実践的な入門を提供します．
・tidyverseを使うことでRの作業をより簡単に，より一貫性のあるものにする方法を示します．
・データセット，コード，関数が含まれたパッケージを含んでいます．

　そして最後に，この本は実用的であると同時にエレガントなデータ可視化の解説書です．ヒーリーのこの本は，この分野の古典であるエドワード・タフトの美しさと洞察力に加え，技術分野のQ&AサイトであるStack Echanogeのような具体的な有用性を兼ね備えています．この本は定量的解析において理解や意思疎通の道具として可視化の使い方についての洞察にあふれています．これはデータを扱う仕事をする誰にとっても必読の1冊です．

アンドリュー・ゲルマン（Andrew Gelman）

Red State, Blue State, Rich State, Poor State: Whiy Americans Voth the Way They Do
の著者

　ヒーリーによるこの楽しくて読みやすい本は，データ可視化について「なぜ」と「どうやって」の両方を取り扱っており，データ可視化が社会学において，理論構築からモデリングのための測定まで，そして解析結果の解釈にいたるまでのすべての段階でいかに重要であるかが示されています．そして読者自身の仕事に対して可視化を組み入れるためのツールも提供している並外れた1冊です．

ベッキー・ペッティ（Becky Petti）
テキサス大学オースティン校

　この本はデータの可視化法を読者に教えるだけでなく，データ可視化がなぜ優れた社会学において不可欠なものであるのか丁寧に考察しているすばらしい本です．どのレベルの学生であっても簡単に本書に取り組むことができるでしょう．また研究方法・統計学・データ可視化に関する講義のためのすばらしい教材となるでしょう．この本には明確な頭脳と賢明な洞察が満ちています．

トーマス・J・リーパー（Thomas J. Leeper）
ロンドン・スクール・オブ・エコノミクス

　ヒーリーは定量的なデータ可視化のプロセスに対して独創的な入門書を作りました．このすばらしい一貫した論じ方は，解析の初心者にも上級者にも学びが大きいでしょう．このような本は他にはありません．

Contents 目次

第3章 プロットを作る　　　97

第4章 正しい数値の示し方　　　125

第5章 データの整形・ラベル・メモの追加　　　153

第6章　モデルデータの可視化　　201

第7章　地図を描画する　　247

まえがき

　手元にあるデータに目を向けてみましょう．グラフは，集め
てきた情報の構造を探索したり学んだりするときに威力を発揮
します．データ可視化をうまく使うと，アイディアや発見を他
の人々に伝えるコミュニケーションの助けになります．さらに手
元のデータから自分の手で効果的なプロットを生み出す作業は，
他の誰かが作ったグラフ，例えば研究論文・ビジネス用のスラ
イド・公的な政策提言・メディアの記事などに載っているよう
なグラフ（その良し悪しはさておき）を読み解いて理解する目を
養うのに最善の手段です．本書ではその方法をお伝えします．

　本書の主なゴールは，かしこく・わかりやすく・再現可能な
方法によるデータ可視化について，その考え方と方法論の両
方を紹介することです．*The Visual Display of Quantitative
Information*（Tufte, 1983）のようなデータ可視化に関する古
典的な著作では，良い仕事・悪い仕事をそれぞれ数多く挙げな
がら，グラフの構成と評価に関する直感的な経験則をまとめて
います．近年ではこの分野は大規模に発展し，さかんに研究さ
れています．成功したグラフと失敗したグラフの背後にある知
覚認知的基盤についてすばらしい議論が最近出版されていま
す．最近の書籍では説得力のあるキラキラしたグラフの事例が
数多く示されています（Ware, 2008）．その他にもさまざまな
状況においてデータからグラフを作る方法論についてすぐれた
アドバイスが書籍として出版されています（Cairo, 2013; Few,
2009; Munzer, 2014）．しかしこうした著作では，著者らが示
した図を作るためのツールについては読者に紹介しないとい
う方針がとられています．これは使用されているソフトウェ
アが，Tableau・Microsoft Excel・SPSS といったマウスでポ
イントしてクリックするタイプの（専売で高価な）アプリケー
ションなので，それらを使った作図方法を説明するためには画
面操作に関して詳しく説明することになるからでしょう．もし
くは，必要なソフトウェアが無料で手に入る場合でも，その使
い方については本の主眼ではないものもあります（Cleveland,
1994）．これとは逆に，いろいろなグラフを作るためのコード
の「レシピ」を提供しているすばらしい本（クックブックと呼

ばれることがあります）も書かれています（Chang, 2013）．しかし，掲載されているコードが出力するグラフの背後にあるデータ可視化の原則について初心者に説明するパートには時間をかけていません．こうした書籍の他に，私たちが本書で学んでいくものも含めて，特定のツールとそのライブラリについて徹底的に紹介している本があります（Wickham, 2016）．こうした本は初心者にとっては読みこなすことが難しいかもしれません．それは読者が持っていない背景知識を前提にしていることがあるからです．

　前段落に挙げた本はどれも時間をかけて読む価値があるものです．しかし，データからグラフを作り出す方法をきちんと伝えようとするときに私は何度も次のようなことを実感しました．すなわち，作図のためにある作業を行う際に，その動機を示すことで「なぜそうするのか（why）」を説明することは大切です．ただしそのときに，教科書に載っているまさにそのグラフを「どうやって作図するのか（how to）」についても詳細な情報を省略してはいけないのです．したがって本書の主な目標は2つあります．1つ目は，本書に記載されているほぼすべてのグラフを自分の手で再現できるようになることです．2つ目は，そのコードがなぜそう書かれているのかを理解することです．この2つの目標を通じて，自分のデータからどんなグラフを作りたいかラフスケッチを思い浮かべ，それを紙面や画面に掲載できるぐらい高品質なグラフに自信を持って仕上げる能力を身につけていただけると思います．

0.1　本書で学べること

　本書ではRとggplotを使ってデータを検討したりグラフに表現したりする際の，頭の働かせ方（principles）と手の動かし方（practice）の両方をハンズ・オン形式で紹介していきます．Rは無料で入手可能なデータ解析用プログラミング言語で，広く用いられています．皆さんの中ですでにRを使っている方はggplotの説明に興味があるでしょうし，Rとggplotの両方ともに未経験でこれからデータをグラフに表したいと思って本書を手にとっていただいた方もいらっしゃると思います．本書を読むにあたってRに関する事前知識は必要ありません．

　まず必要なソフトウェアをインストールします（本章の最後

のパート）．その後の第1章から始まる本文では可視化に関する基礎的な原理について概観するところから始まります．本書ではよいグラフが持っている審美的な特徴を取り上げるだけに留まらず，線・大きさ・相対的な大きさ・方向・形・色といった要素の効果が，いかに私たちの知覚認知機能に根ざしているのかについても述べたいと思います．その後で，強力で汎用性があり，また広く用いられているRの可視化パッケージであるggplot2（Wickham, 2016）を使ってグラフを作り，また作ったグラフを調整して仕上げる方法論について学んでいきます．ggplot2パッケージは「グラフィックスの文法（grammar of graphics）」と呼ばれる概念を実装しています（Wilkinson, 2005）．このアプローチに基づくことで，データの属性とそのグラフィカルな表象の関係を一貫した方法で表現しながら，可視化を実行することができます．

　一連の例題を通じ，パーツを少しずつ積み上げてグラフを作り上げていく方法を勉強していきたいと思います．散布図と1変数の要約から始め，より複雑なグラフへと進んでいきます．本書の解説は幅広いトピックをカバーしており，連続量とカテゴリカル変数の階層情報を含んだグラフ，効果的な小規模多変量プロットを作るためのデータの切り出しとグループ化，時系列の折れ線グラフ・平滑化・誤差範囲・箱ひげ図といったグラフに用いる要約情報をデータから簡単に作り出す方法，地図の描画方法と国や州単位のデータを提示する際に考えておくべきいくつかの方法について述べます．また，データセットそのものを可視化するのではなく，統計的モデルに基づく推定量を取り扱うケースも紹介します．そこから次のステップでは，グラフを磨き上げるための一般的な技術として，データの鍵となる特徴をハイライトしたり，関心のある特定の要素にラベルを振ったり，注釈をつけたり，全体的な見栄えを調整したりする技術について解説します．最後にはグラフを誰が読むのかという点を考慮し，結果をグラフィックスとしてどう演出するか，その考え方をいくつか説明します．

　本書の文章と例を追っていくことで次のような内容を学ぶことができます．

　　効果的なデータ可視化の背後にある基本原理を理解できます．

- 情報を伝え損ねたりむしろ積極的に誤解を招いたりして
  しまうグラフがある一方で，うまくいくグラフもありま
  す．その理由を見極めるセンスを磨けます．
- Rにおいてggplotを用いたさまざまなグラフの作図法を
  学べます．
- 効果的なプレゼンテーションのためにグラフを磨き上げ
  る方法を学べます．

　効果的なデータ可視化法の習熟は，単にデータからグラフを
作り出すコードの書き方を学ぶだけではありません．確かに本
書ではその方法もお伝えします．しかしそれに加え，情報を思
い通りに見せるための思考法や，そのグラフを見せる相手のこと
をどう考慮するべきなのかについてお伝えします．なお，あなた
のグラフを一番たくさん見ることになるのはあなた自身です．

　本書は，Rの包括的なガイド本ではありませんし．あるいは
ggplotに可能なすべての技術についてまとめた本ですらありま
せん．また，皆さんがggplotを使ってやりたいと思っている特
定の事柄を例示したクックブックではありません（こうした種
類の書籍はいずれもすでに出版されています．参考文献に挙げ
てあります）．あるいは，可視化に関する厳格なルールのまと
めであったり，あなたが感心してしまうに違いない美しく仕上
がった例（しかし手元で再現できないもの）を並べた本でもあ
りません．本書の目的は，Rをすばやく起動して走らせ，十分
な情報に基づいてグラフを作成することです．すなわちデータ
に対する段階的な考え方を十分に把握し，変数とそれを表示し
た要素の関係を特定し，その関係に基づいて種類ごとにグラフ
を作図しながら積み重ねることで1つの図を完成させていきま
す．これがggplotを使った作図の基本となる考え方です．

　ggplotの学習とは，Rの動かし方を学び，またggplotがR
の他のツールとどうつながっているのかを学ぶことです．本書
の内容を順を追って自分の手を動かしながら学んでいくこと
で，Rにおけるデータの操作について使い勝手のよいアイディ
アや関数や技術について徐々に学んでいけると思います．特に，
ggplotを含むtidyverseパッケージが提供するツールについて
よく学べると思います．また同時に，本書はクックブックでは
ありませんが，本書に登場する第2章以降のほぼすべてのグラ
フについて，その出力コードが掲載されていますので，それを

見ながら理解を進めることができます．ほとんどの場合，グラフをピースごとに1つずつ作り，組み上げていく仕組みを見ていくことになるでしょう．本書の狙い通りに学習を進めていくと，最終的には自分でメモを書き込みながら出力したすべての図が並んだ本書のコピー版が手元にでき上がっていることでしょう．また，データ可視化の原則について深いところまで掘り下げつくしてはいませんが，それでも第1章の議論とその本書全般を通じた応用は，典型的なグラフの単なる羅列よりも多くのことを考えさせてくれると思います．本書を最後まで読んでからグラフを見れば，それがggplotの文法においてどのようなアイテムを統合したものであるか，つまりグラフのピースであるレイヤー・形状・データの組み合わせによって最終的なグラフをどう作ったのかを理解できるようになっているはずです．

0.2　正しい心構え

　Rのようなプログラミング言語を学ぶと混乱してしまうことがあるかもしれません．おそらくこれは学び出した最初の頃には，とても多くのピースを1つに組み合わせることでプログラムをきちんと動かしているように見えるからです．そうするとすべてを学ばないと何もできないのではないかと思い込んでしまいがちです．この言語には馴染みのないコンセプトが登場し，その動作によって「オブジェクト（object）」とか「関数（function）」とか「クラス（class）」といった名前がつけられています．コードを書くための構文規則はわずらわしいし融通が利きません．エラーメッセージはよくわからないですし，ヘルプページは素っ気ない内容ですし，他の人々はあなたとまったく同じ問題には直面していないように感じます．たとえこれらのハードルをクリアしたとしても，プログラミング言語を使ってはじめて何かを行おうとする場合，関連するさまざまな内容についても学んでからでないとできないと感じてしまうことがあります．プロットを作るには表になったデータが必要ですが，その表を作るためには条件に応じて行を絞り込んだり，列単位で再計算したり，もしくはそもそも最初にコンピュータが表を認識できるようにしたりしなければなりません．さらに，知っていると便利なサポートアプリケーションやツールを備えた多機能な環境を使いたくなるかもしれません．書いたコードをハ

イライトしてくれる編集ソフト，コードとその出力結果の管理を助けてくれるアプリケーション，これまでの履歴を保持してくれるようなコードの書き方．こうした要素はすべてちょっとした混乱を引き起こすことがあります．

パニックにならないでください．他のところから手をつけるべきです．グラフの作成は，コードを実行すると結果がすばやく反映され，該当コードの効果を実感することができ，最初に取りかかるのに適したトピックです．まずこの可視化の範囲でしっかりと足場と能力を固めておくと，他のツールにも徐々に慣れてくるので課題の整理や，画像の作成処理を阻んでいる問題の解決に役立てていけるでしょう．ツールに親しんでいくと学習が楽になります．ツールを少しずつ増やしていくと(おそらく何が起こっているか最初はわからずに使っているでしょうが)，それらがどう組み合わさって働くのかを理解でき，何が必要でどうすればいいのか対処する能力に自信が持てるようになるでしょう．

都合のよいことに，この10年あまりの間に，データ解析とプログラミングの世界では作業支援が非常に簡単に受けられるようになりました．コーディングのための無料ツールは昔からありましたが，最近では「支援の輪（ecology of assistance）」はさらに広がり，学習に向けて手に入る断片的な情報のリソースが増加しています．例えば，エラーを引き起こしたコード（つまり反復的にエラーが発生してしまうコード）で検索すると，以前に誰かが同じ問題を体験して解決済みの問題であれば，その情報を容易に得ることができるという流れが生まれています．

0.3 本書の使い方

本書の使い方にはさまざまな方法があります．最低限としては，まず座って本書を開きましょう．そうするとデータ可視化に関するすぐれた練習問題を概観することができます．そこにはさまざまな可視化の例が取り上げられ，グラフを作り始めるところから始まり，調整されて完成するまでが書かれています．たとえあなたが座らなくても，またコードを動かしてみなくても，可視化について十分に理解できますし，よいグラフを作成するためのプロセスをより深く理解できると思います．

もっと便利な使い方は，第2章に掲載した方法でプログラムの実行環境を整備してから，本書に記載されている作図コード

を実行してみることです．そうすると最終的には本書に書かれたデータ可視化をご自分の手元に丸ごと再現できます[*1]．このアプローチで本書に取り組めば，読み終わる頃には特にggplotの適切な使い方を身につけており，またR言語全般に関してもっと深く学んでいく準備ができているでしょう．

　本書は教育に使っていただくこともできます．データ可視化の講義で論点として取り上げたり，あるいは学部生や院生のための統計やデータ解析の講座で補足的に使ったりできます．本書の目的はグラフを出力するコードを書いたり磨き上げたりする過程にある「隠れたタスク」をより明確にし，取り扱えるようにすることです．そうすることで，多くのチュートリアルに共通して見られる「3ステップでフクロウの絵を描く方法」問題をなくしていきたいと思っています．この問題をすでにご存知の方もいると思います．フクロウを描くための最初の2つのステップは十分に明快です．まず鳥の形に似た楕円形を描きます．次に，枝を表す線を加えます．そしてあたかも簡単に先に進めるように見せておいて，最後のステップでは唐突にジョン・ジェームズ・オーデュボン[訳注1] が描いたかのようなフクロウの絵が現れるのです．実際には，2番目と3番目のステップの間に多くの「隠れたタスク」があるはずです．

　もしこれまで一度もRやggplotに触れたことがなければ，本書の最初から取り組んで最後までたどりついてみてください．Rについて知っていてggplotの概念を集中的に学びたい方は，後で説明する方法でソフトウェアをインストールしてから，第3章と第5章に注力してください．第6章ではモデルを取り扱いますが，必然的にいくつかの統計的モデリングに関連した資料が登場します．その中には本書では完全に説明されていないものも含まれています．本書は統計学の教科書ではありません．例えば，第6章ではさまざまな種類のモデルをあてはめたり可視化したりしていますが，これらのアプローチに対してモデルの適合性・変数選択・詳細な解説は掲載していません．

*1　第2章に書いてありますが，本書の例の代わりに，自分で用意したデータを使いながら可視化を学んでいくことも可能です．

訳注1　ジョン・ジェームズ・オーデュボン（John James Audubon）は鳥類を専門とした博物学者として知られる．鳥類とその生態を写実的かつ躍動的に表した博物画を多く残し，後世の博物学・鳥類学に大きな影響を与えた．代表的な博物画集 *The Birds of America*（1827-1838 年）は 12 年がかりでまとめた大作．アメリカ合衆国には彼の名前を冠した自然・環境保護活動を行う非営利法人 National Audubon Society が存在し，ウェブ上で彼の美しい博物画を数多く公開している（https://www.audubon.org）．また日本のベストセラー作家，伊坂幸太郎のデビュー小説『オーデュボンの祈り』（2000 年）のタイトルにもなっている．

その代わりに，掲載しなかった内容を集中的に取り扱った本を参考文献として文中に掲載しました．

　各章の最後に（次の章に続く流れから離れて）「次の一手」という節を作りました．この節では，他の書籍やウェブサイトを訪れてみるように提案していたり，あるいは，その章でカバーされている内容について質問したり，その拡張にチャレンジするように促していたりします．この「次の一手」を通じて，その章で学んだコンセプトやスキルを実際に使ってみることをお勧めします．

0.4　表記法

　本書では，通常のテキスト（このような地の文）と，自分の手で打って実行できるコード，そしてそのコードの出力結果が入れ替わり立ち替わり登場します．地の文においてR言語やRプロジェクトの中に存在するオブジェクトや他の要素（データの表, 変数, 関数といったようなもの）は等幅フォント（typewriterフォント）で示されています．Rのコンソールに直接打ち込むことができるコードはブロックになっており，やはり等幅フォントになっています．例えば，このような表記です．

```
my_numbers <- c(1, 1, 4, 1, 1, 4, 1)
```

　このコードの行を Rのコンソールにタイプすると my_numbersというオブジェクトが作成されます．しかし，これだけでは出力は作成されません[*2]．コードとそのコンソール上の実行結果を表記する際は，まずコードブロックが来て，それに続く青色のブロックの中で等幅フォントで記載します．数を足してその計算結果をみてみましょう．

```
4 + 1
```

```
## [1] 5
```

　この表記法についてあと2点説明します．1つ目は，本書では基本的に，コンソールに表示されるコマンドの実行結果を示す際には，常に行の先頭に2つのハッシュ記号 (##)をつけて表記します．これを目印にコンソールに打ったコマンドとその結果を区別してください．あなたが手元でRを使っている際はこ

[*2]　追加のメモや情報はこうした余白に書き込まれます．

のハッシュ記号はコンソールに表示されないと思います.

2つ目は,実行結果が一連の複数の要素だった場合（例えば数字や変数の観測値といったようなもの）,出力された行の先頭にカギ括弧で括られた数字がよく登場します.これは本書の表記もコンソールも同様です.例えば,[1]というように書かれます.これは出力結果それ自体の一部ではありません.そうではなくて,それまでに表示されたアイテムの数を追跡するためのカウンタないしインデックスです.この 4 + 1の場合,返される結果は5という数字なので,アイテムはたった1つ（つまり[1]）です.次のちょっとしたコードを実行するとRに小文字のアルファベットを表示してもらえます.

```
letters
```

```
## [1] "a" "b" "c" "d" "e" "f" "g" "h" "i" "j"
## [11] "k" "l" "m" "n" "o" "p" "q" "r" "s" "t"
## [21] "u" "v" "w" "x" "y" "z"
```

数多く表示される小文字を数え続けるために,各行のカウンタの数字が増えているのがわかります.

0.5 始める前の準備

本書は,例を書き出してみたりコードを試しながら積極的に取り組んで読み進めていく構成になっています.このテキストに掲載されているプロットのほぼすべてが,手元で再現できるようになっています.そのためにいくつかのソフトウェアを最初にインストールしてください.

準備の手順

1. Rの最新バージョンを手に入れてください.Rは Windows, Mac, Linux のOS（operating system）上で動作する無料のソフトウェアです.自分のOSに対応しているバージョンのRをダウンロードしてください(https://cloud.r-project.org).WindowsかMacOSの場合,コンパイル済みのバイナリ版（つまり実行可能なアプリケーション）のリンクがR Project のウェブページの先頭に表示されているので,そのうちの1つを選んでください.

2. R のインストールが完了したら，次に RStudio をダウンロードしてインストールします (`https://rstudio.com/`)．RStudio は「統合開発環境 (Integrated Development Environment: IDE)」です．つまり R を使った作業がやりやすいように作られたフロントエンドです．RStudio もまた無料で，Windows, Mac, Linux 上で動作します．

3. tidyverse パッケージと，さらに追加でその他いくつかのパッケージを R にインストールします．これらのパッケージは本書の全般を通じて利用される便利な機能を提供しています．tidyverse とその周辺のパッケージについての詳しい情報はそのウェブサイトに掲載されています (`https://www.tidyverse.org/`)．

tidyverse パッケージをインストールするために，インターネットの接続を確認し，RStudio を立ち上げてください．次のコードを R のコマンドプロンプト（Console という名前のウィンドウです）に入力して Enter キーを押してください [3]．以下のコードでは，左向きの矢印←を不等号の<とマイナス-の2つのキーを使って構成しています．

*3 本書に出てくるすべてのコードは，コピー・ペーストではなく最初から自分でタイピングすることを強くお勧めします．

```
my_packages <- c("tidyverse", "broom", "coefplot", "cowplot",
                 "gapminder", "GGally", "ggrepel", "ggridges", "gridExtra",
                 "here", "interplot", "margins", "maps", "mapproj",
                 "mapdata", "MASS", "quantreg", "rlang", "scales", "survey",
                 "srvyr", "viridis", "viridisLite", "devtools")

install.packages(my_packages, repos = "https://cran.rstudio.com")
```

このコードを実行すると，RStudio は指定されたパッケージをダウンロードしてインストールしてくれます．すべてのダウンロードが完了するまで少々時間がかかるかもしれません．

上記のパッケージを入れ終わったら，最後に1つだけ，本書のために特化したパッケージをインストールしてください．これは R の公的なパッケージリポジトリではなく GitHub [4] にホストされています．そのため，取得するためには別の関数を用います．

*4 GitHub (`https://github.com/`) はウェブベースのサービスで，ユーザーはコードをホストしたり，開発したり，共有したりすることができます．これは git を使った仕組みです．git はプロジェクトやリポジトリのバージョン管理をするシステムで，これを通じて組織立ったやり方で履歴を保存し，提案された変更点をコードに組み込むことができます．

```
devtools::install_github("kjhealy/socviz")
```

ここまで終わりましたか？　それでは始めましょう．

1

データを見る

　データの可視化にはさまざまな方法があり，中にはすぐれた
ものもあればそうでないものもあります．本章では，なぜその
良し悪しが生じるのかについて議論していきましょう．この手
の議論の最初の段階で「何が効果的で何が効果的でないか」を
単純な法則にまとめて提示してしまうというのは魅力的な書き
出しです．それはあらゆる状況について例外なく適用できて，
かつシンプルで，高い汎用性を持ち，これさえ守ればよいとい
う事柄のリストです．しかし本当によい・本当に便利なグラ
フを作るプロセスは，そんなに単純にまとめられるものではあ
りません．グラフを作成するということは，常にそれを見る誰
かがいるということです．あるグラフが持つ効果を説明しよう
とすると，そのグラフが抽象的な意味でどう見えるかという方
法論のみならず，誰が，そしてなぜそのグラフを見るのかとい
う点を抜きには語れないはずです．例えば，専門誌に掲載され
ているグラフは熟練の読者に見られることを想定していますの
で，必ずしも一般の誰もが読み解けるものではないかもしれま
せん．あるいは，データを探索的に解析するために手元であれ
これと試す手軽な可視化と，同僚や学生に説明するための図は
違っていて当然でしょう．

　見栄えを美しくする（審美的な）効果を強力に施し，それに
依存することで，その機能をうまく発揮しているグラフは存在
します．しかしどの効果が有効かという判断基準をシステマ
ティックに整理するのは難しいでしょう．そしてデータ可視化
はいわゆるよい雰囲気（good taste）をとにかく求めれば，そ
れで事足りるという単純な課題ではありません．特定の誰か(例
えば私やあなた)にとってよりよいグラフだと感じる方向に突
き詰めていくアプローチではなく，むしろグラフを見る際の人
の視覚認知の作用についてじっくり考えて取り組むようなデー
タ可視化へのアプローチは割とうまくいくことがあります．い
ざデータ可視化の解説に取り掛かろうとする際に，いい感じの
何となく信頼できる雰囲気がどう作用しているかを頑張ってま
とめるよりも，可視化における知覚的な側面を把握することか
ら始める方が簡単です．そこで本章では，データの構造とグラ
フの知覚的特徴の関係について考えることから始めたいと思い
ます．このやり方を習慣にすることで，結果的にいい感じのグ
ラフが持っている雰囲気を嗅ぎ分ける能力を身につけるのにも
おおいに役立つでしょう．

　後に続く章で詳しく解説していきますが，R と ggplot を使うと，データの可視化に役立つさまざまな方法を手軽に得ることができます．ggplot によるグラフィックスの配置や見た目に関する初期設定はおおむね適切に設定されているため，正しい可視化の方向性を容易にたどれるようになっています．したがって，もしあなたが本当に今すぐいくつかのグラフを作る方法だけを学びたいのであれば，本章の残りの全部をスキップして，すぐに次章に進んでしまってもよいということです．本章では R のコードを書くことすらありませんが，グラフの構造・知覚認知・解釈についてもうしばらく議論を続けます．この観点は，あなたが実際にコードを書く段階であらためて注意しなければいけないポイントになりますので，私としてはもう少しの間は目を離さずに，議論についてきてほしいと思います．グラフを作るとき，実際にはソフトウェアを正しい手順で動かすことだけに気を配っていればよいかもしれません．しかしそのプロセスは，あなた自身や，あなたのデータ，あなたのグラフを見る人々に向けて，あなたが誠実であるように強制する力はありません．操作手順がいくら正しくても，それが必ずしも正しい方法とは限らないのです．したがって今すぐにでも，（ソフトウェアに頼りっきりになるのではなく）よいグラフに対するあなた自身の感性を育て，磨き上げていきましょう．

　何とかしてデータをグラフで示そうと頭を悩ますのはなぜなのか，というそもそもの疑問から手をつけたいと思います．例えば表を使い具体的な数値情報を示すという手段もあるのにもかかわらず，私たちはデータをグラフにして眺めようと思うのはなぜでしょうか．まずこの点を議論した後に，いくつかの例を紹介しながらさらに議論を深めていきます．本章では，あまりうまくない可視化の例と，それよりよく見える（そして実際によい）例を挙げていきます．この比較から，可視化についてよくいわれるおおざっぱで一般的なルールについて，その有用性と限界について概観します．そして凝った構成を持つよい雰囲気のグラフが，私たちをいかにミスリードしてしまう可能性があるかについて紹介します．そこから色，形，オブジェクトの関連性を私たちがどう知覚し，認知するかについて簡単に紹介します．その中で私たちの視覚にとって認識しやすいものとそうでないものが本当に存在していることを明らかにしていきます．データ可視化における知覚認知的な側面は，ある種のグ

ラフを解釈する際に問題となることがあります．また実は，知覚と認知は別の意味においてもデータ可視化と関連があります．例えば，グラフ中に現れる複数のオブジェクトについて，私たちはその見え方から互いの関連性を推し量る傾向があります．点や線を並べることで，私たちは時としてほとんど無意識にデータの類似性・クラスター構造・特異性・因果関係を推察しています．それらは数値を並べた要約や表からは必ずしも得られない作用です．これらの知覚認知的な特性をうまく飼い慣らすことで，私たちのグラフにより効果的な味付けを加えるダシのように使える場面も多くあります．しかし，その傾向が場合によってはまったく逆方向に作用することもあるので，やりすぎないように気をつけるという意識は必ず持っておかなければなりません．

　簡単にまとめてみましょう．すぐれた可視化は，私たちがデータを探索・理解・説明するための非常に強力なツールとなり得ます．しかし，世界の本当の姿を見るための魔法のステッキではありません．もしあなたがやろうと思えば，可視化というツールは人々を欺く手段になってしまいますし，そしてそれはあなた自身をも騙してしまうのです．

1.1

なぜデータを見るのか

データ可視化の重要性を表すアンスコムの四重奏（Anscombe's quartet）という例を**図 1.1**に載せました（Anscombe, 1973; Chatterjee & Firat, 2007）．これは 4 つの散布図（scatterplot）が 1 組にまとまっているものです．散布図とは，幅と高さ，年齢と収入，時代と失業率などといった 2 つの変数間の関係性を表現するグラフです．この散布図はデータ可視化を押し進めている道具であり，例えば社会科学分野の多くの場面で実際に散布図を見かけます．アンスコムの四重奏に使われているデータは最初から R に入っていて，コマンドプロンプトに anscombe と打つことでその中身を見ることができます．4 つの散布図の元になるデータセット（dataset）は，それぞれ 2 つの変数（x と y）とその 11 個の観測値からなっています．このデータセットはうまく組み立てられており，それぞれの散布図を構成する x と y のペアについて，平均値などの数値的な情報がおおむねそろった値になるように調整されています．さらに，変数間の関連性についての標準的な測定値もそろえられているという特徴があります．例えば x と y の相関係数はいずれも 0.82 になっています[*1]．こうした数値だけを見ると 4 つのデータセットの間の違いは小さいように見えますが，横軸に x を，縦軸に y をとった散布図に表すと一目で違いがわかります．

アンスコムの四重奏は極端な例で，人為的に設計されたデータセットでしたが，実際のケースでも同じようにデータ可視化が役に立ったことがあります．**図 1.2**は，ヒューイットが 1977 年に発表した論文（Hewitt, 1977）に対するジャックマンのコメント（Jackman, 1980）に記載されていたものです．元の論文においてヒューイットは，18 カ国において投票率（turnout）と年収（income inequality）の関係を定量的に解析し，顕著な相関があることを示しました．ところがこの関係を

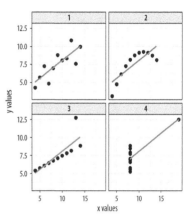

図 1.1：散布図で示されたアンスコムの四重奏

[*1] 相関係数は -1 から 1 の間の値をとり，ゼロであるときに相関がないことを表します．2 つの変量について，相関係数が -1 であるとき完全な負の相関を表し，1 であるとき完全な正の相関を表します．したがって相関係数が 0.82 であることは，強い正の相関があることを示しています．

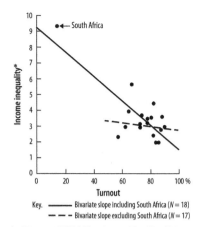

Key.　—— Bivariate slope including South Africa (N = 18)
　　　- - - Bivariate slope excluding South Africa (N = 17)

図 1.2：回帰直線における外れ値の効果

*2　この問題の数値化に関しては，固有値感度解析法のようなより注意深い手法が知られています．しかしグラフを使うことでプロットの状況を直接的に描出することができます．

グラフに表すと，定量的に示されていた相関関係は，実質的に南アフリカのデータに強く依存していることがただちに読み取れます．

ヤン・ヴァンフォーヴ（Jan Vanhove）はデータとモデルを図示する利点をうまく表現した一連の散布図を発表しました（**図 1.3**, Vanhove, 2016）．アンスコムの四重奏と同様にそれぞれのパネルが 2 変量の散布図になっており，x と y の相関係数は 0.6 というほどほどに高い相関を持つように設計されています．しかし実際の点群の分布はそれぞれのパネルで異なるプロセスから作られています．上段左端のパネルは平均値の周りに正規分布に従うばらつきを持っています．他には一方向に強い外れ値を持っているものもあります．もしくはもう少し緻密に設計された他の規則から作られています．しかしすべてのグラフが基本的に同じような線形相関を示しています[*2]．

デモンストレーションに使ったこれらの図は，データを注意深く見ることの大切さを教えてくれます．しかし，じっくり見るだけでよいというものではありません．実際に解析で扱うデータセットは汚い（ノイズ・外れ値・欠損値などがある）ことも多くあり，それだけでなく，たとえ視覚的なデモンストレーションが非常に有用だとしても，データの可視化それ自体が抱える別の問題もあるからです．それは例えばどのような種類の可視化が有用か，それが不要な場合はどんなときか，どうやったら研究者や読者を誤解させてしまうのかといった諸問題です．これらは大切な疑問ですので，この後詳しく見ていきます．数値が並んでいる表は一見地味で疑念の余地がないように見えますが，可視化にもデータをそれらしく見せるためのテクニックがあります．アンスコムの四重奏の例では否定的に取り扱いましたが，要約統計量やモデル推定などは，特に非常に大きなサイズのデータを取り扱う際に大量のデータ点が表示された図の作成を避けて，データが表す事柄を単純化して捉えるためのツールと考えるのがよいでしょう．繰り返し強調しますが，自動的な操作でデータを視覚的に表し，ただそれを眺めるだけで知りたい正しい情報が得られると思ってはいけません．

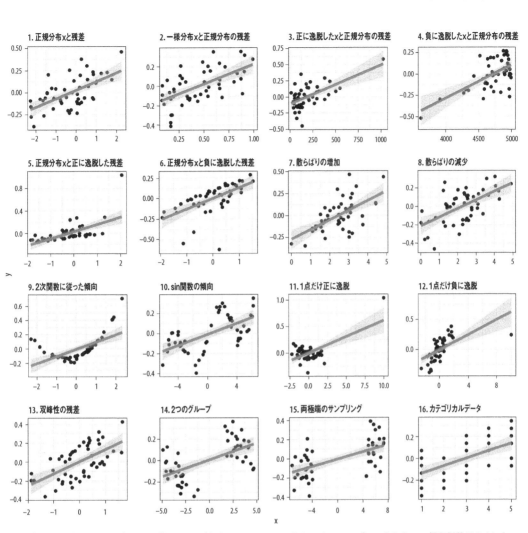

図 1.3：相関性の背後にあるデータのパターンはどうなっているでしょうか．すべてのプロットにおいて相関係数は 0.6 になっています．この図はヤン・ヴァンフォーヴのコードを改変して出力しました．

1.2

悪いグラフのどこが悪いのか

データ可視化に関する議論を，「悲惨な図の行進曲（parade of horribles）」から始めて，よりよい可視化をするためのモチベーションを上げていきましょう．しかしダメな図の例として取り上げられるケースには，複数のダメな要因が混在しており，きちんと分けて議論した方がよい場合があります．ここでは簡便に3つの要点に絞って悪いグラフのどこが悪いのかについてお話ししていきます．第1は，厳密に審美的要素（aesthetic）に関する問題です．例えば，みすぼらしい，センスの悪い，不快な要素のごた混ぜや，一貫性のないデザインがこれに当たります．第2は，より本質的（substantive）な問題です．これは例えばデータに起因する問題を抱えたグラフです．グラフをいい感じに整えるだけで表している内容はよいものに見えますが，私たちがデータ可視化に求めているのは単に美しいだけのグラフではなく，データのよりうまい利用法や，プロットから得られる新たな情報です．最後の点は，知覚（perceptual）の問題です．たとえすぐれた審美的要素で飾りつけ，すばらしいデータをもってしても，知覚的な問題によってそこに何が描かれているかを人が理解するプロセスや方法が原因となった誤解や混乱が生じる場合があります．これらの3点は同じ図の上に盛り込まれている場合もありますが，それぞれ独立した問題として区別する必要があります．

1.2.1 センスの問題

審美的要素の問題として，センスの悪いグラフから見ていきましょう．**図1.4**はとてもセンスが悪く，あまりにも多くの要素が並んでいるにもかかわらず，読み取れる情報量が非常に少ない図です．示された棒は読み取ることも比べることも難しいというありさまです．系列のラベルは重複していますし，3次

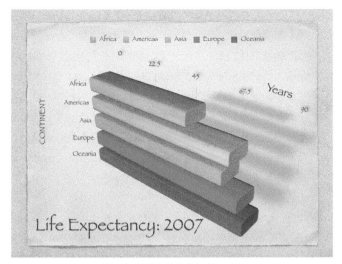

図 1.4：不要な装飾が山盛りの図

元効果や影の投影を使うのは無意味です．その他にも多くの不要なデザイン上の特徴が盛り込まれています．

エドワード・タフト（Edward R. Tufte）は，この手の可視化に関する著名な評論家で，かつ分野の中で名前の知られた新規デザインの提唱者です．彼が 1983 年に書いた *The Visual Display of Quantitative Information* という本はすでに古典となった教科書で，その続編も広く読まれています（Tufte, 1990, 1997）．このシリーズの大部分はよい可視化と悪い可視化の一連の例示からなっていて，それらの中からより一般的なハッキリとした法則性（やおおざっぱな方法論）を浮かび上がらせるという構成です．それはいわば完成した料理のカタログというよりも台所で使うための調理本といった位置付けです．また，タフトは可視化に対する自分の考え方を，初期の政治学研究における課題としてうまく入れ込んできました．例えば 1987 年の *Political Control of the Economy* では，ほぼ 40 年経っている今の時点で読んだとしても，表と図と文がすばらしく新鮮な方法論で組み合わされています．

タフトのメッセージは（時々やきもきさせられますが）一貫しています．

　　すばらしいグラフは興味深いデータを，よく工夫して表
現したものです．これはデータの中身の問題であり，統計
の問題であり，そしてデザインの問題です．…… それは透
明性・精密性・効率性が複雑に絡んで構成されています．
…… よいグラフは読み手に対して最小のスペース・最小の
インクによって最小の時間で最大限のアイディアを与えて
くれます．…… ほとんどの場合，グラフは複数の変量から
なり …… そしてすばらしいグラフは私たちにデータの真
実を教えてくれます．（Tufte, 1983, p.51）

　　タフトは，チャールズ・ジョゼフ・ミナード（Charles
Joseph Minard）の手によるナポレオンのモスクワへの行軍を
表した有名な図について「これまで描かれた中でおそらく最も
すぐれた統計的なグラフだ」と絶賛しています（**図 1.5**）．彼の
解説は，「互いに関連した多変量で豊かな内容を示し，1 つの
変量がパラパラと示されるよりはるかに啓発的だ．6 個の変量
が図に盛り込まれている．軍の規模，2 次元で表された地理的
位置関係，軍の移動方向，そしてモスクワを再出発してから記
録された日々の気温である」といった具合です．

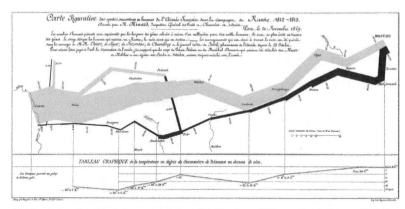

図 1.5：ミナードの手によるモスクワからの「ナポレオンの撤退」の図．古典として位置付け
られるのは正当です．ただし典型的な図ではなく，特性を模倣するのが難しい図でもあります．

　　ミナードの図が当時としてはいかに画期的だったかを議論し
てもあまり生産的ではありません．少なくとも最近までは，生
データの表示や統計的モデルの出力値の表示において，散布図
や棒グラフを用いるのが一般的な傾向でした．前者（生データ
の表示）では，表示されているデータ量を増やす方法，1 つの

グラフの枠内に表示される変数を増やす方法，あるいはグラフの枠を多く並べて表示する方法などが工夫されてきました．また，後者（統計的モデルの出力値の表示）では，点推定，信頼区間，予測確率といった値をわかりやすく表す方法がとられてきました．タフトは，ミナードの図のような力作は評価され賞賛されるべきだと述べていますが，同時に，確実に最高にすばらしいグラフを生み出せるような構成法はないということも認めています．実際のところ，タフトが「（凝ったすばらしい図の作成よりも）もっと日常的で，決まった手順で行うようなデータ可視化」として勧めているのは，「構成とデザインを適切に選ぶこと」「言葉や数字を一緒に書き込むこと」「複雑な詳細情報を理解しやすい形で見せること」「不要な装飾（chartjunk）を避けること」といった内容です（Tufte, 1983, p.177）．

　実際のところ，これらの図の構成に関する原則は「データ /インク比（"data-to-ink" ratio）」[訳注1] を最大化する方向性と一致していますし，データ可視化において実践的なアドバイスです．センスの悪いがらくたを投げ捨てるのはそれほど難しくありません．もう少し込み入った場合でも，図が成り立つような構成を見つけるために不要な要素を削ぎ落としていけばよいのです．これに従ってよく行われるのが，書体をきれいにそろえたり，無関係な色や背景を消したり，グリッド線や不要な軸マーカーや意味のない系列や凡例を単純なものに変えたり目立たなくしたり消したりする操作です．全部ひっくるめて「シンプルに！シンプルに！」という手堅いルールがすべてであって，それに従えば余計なゴミがない，すなわち効果的な図ができ上がると思い込んでしまいがちです．しかし残念ながら，そうではありません．例えばナイジェル・ホームズが美しく（多少やりすぎな感じもしますが）装飾した「怪物的なコスト（Monstrous Costs）」という図は，まったく同じ情報を表現しているごく普通の棒グラフよりも簡単に思い出せるようです（**図1.6**, Bateman et al., 2010）．この図を見た人は，それがより解釈しやすい図だと認識するわけではありませんが，より簡単に覚えることができ，また楽しみながら図を眺める傾向がありました．情報を読み取りやすいということよりも，読み手がより簡

図1.6：ナイジェル・ホームズによる「怪物的なコスト」の図．この種の図の中ではこれも古典です．

訳注1　すなわち，あるデータを表現する際にできるだけインクを使わない簡潔な表現を選択するという方向性のことを指します．

単にデータを思い出せるというのは図の直接的な価値を表しています．バーキンらも，標準的な統計グラフに比べて，ユニークな表現を使った「インフォグラフィック」スタイルの図の方が忘れられにくいということを示しています（Borkin et al., 2013）（彼らは「小学校から浴びるように見てきた何の変哲もないグラフに比べ，新鮮で予期しないデータ可視化がより印象に残ることがわかった」と述べています）．

さらに悪いことに，データ／インク比を最大化することにこだわりすぎると理解するのが難しい図が生み出されることもあり得ます．アンダーソンらは，**図 1.7** に示した 6 種類の箱ひげ図の中で，タフトが作ったミニマリスト的なバージョンが最も読み取りづらい図であると指摘しています（図 1.7c, Anderson et al., 2011）．ラベルや補助線，さらには厳密には不要なデータ点の装飾やその他のデザイン要素の一部も，図の理解の邪魔になるより理解の手がかりになることがあります．

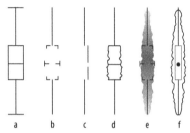

図 1.7：6 種類の箱ひげ図．タイプ (c) がタフトの図です．

以上に議論してきたように装飾的な要素がまったく有用ではないとはいいませんが，しかし，思い出しやすいというのはよい図が持つ多くの要素の中のたった 1 つにすぎないことを心に留めておく必要があります．また，ほとんど定義により自明ですが，「怪物的なコスト」をシステマティックに作り出すことが，ミナードの「ナポレオンの撤退」が持つ衝撃を再現することより簡単だというわけではありません．実際のところ図の装飾に関する文献では，この 2 つの図には共通する要素があると指摘されています．確かに，ミナードの図は豊かなデータを 1 つの図の中で表している点は，ホームズの図と異なります．しかし両方の図はともに覚えやすいような特色を視覚的に作り出しており，それらしさがよく表されたデザインであり，これから目にする（もしくは作り出す）統計的なグラフとは大きく異なっている，という共通点を持っています．

1.2.2　データの問題

日々のデータ可視化において「怪物的なコスト」や「ナポレオンの撤退」といった図を（うっかり）生み出してしまう危険性はほとんどありません．それよりも見栄えのするいい感じの図でありながら，表示しているデータによくないものを用いたため，人々に誤解を与えてしまう図を生み出す確率の方が高い

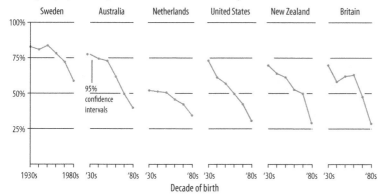

Percentage of people who say it is "essential" to live in a democracy

図 1.8：民主主義の安定性に赤信号が！
Roberto Stephan and Yascha Mounk. The Signs of Deconsolidation, Journal of Democracy, 28 (1), 5-16 より

です．図をうまくデザインし，ゴミ要素をほとんどなくした
としても，そのこと自体が作り手によるデータのいいとこ取り
（cherry-picking）や，読み手による誤読を防いでくれるわけで
はありません．実際のところ，ぐしゃぐしゃのインフォグラフ
から守られているという前提ですが，よく構成されたデザイン
がもたらすハロー効果（halo effect）^{訳注2}は，図を誤解させやすく
してしまうことがあります．もしくは（これはさらによくある
ことですが），自分のデータを，自分のために，自分の手で図
にする場合であっても，装飾の美しさが自分自身を誤った解釈
に導いてしまうことを防いではくれません．

　2016 年の 12 月，ニューヨークタイムズ紙は民主主義制度に
対する信頼性に関する調査結果を掲載しました．これは政治学
者のヤシャ・モンク（Yascha Mounk）が学術雑誌に投稿し後
悔した内容の焼き直しでした．紙面の見出しは「民主主義の安
定性に赤信号が！」というものでした（Taub, 2016）．記事に
掲載されていた図は，確かに下降傾向を表しているように見え
ます（**図 1.8** に再現）．

　このグラフはソーシャルメディアに広く拡散しました．確か
に，非常にうまく作られた印象的な図です．さほど複雑ではな
くシンプルにまとめられ，識別された点の範囲に加え誤差範囲

訳注 2　ここでは，よく構成されたデザインがもたらす効果に引っ張られて，図の内容をよりよ
　　　　く解釈してしまうという認知バイアスを指します．

が示されていて（誤差の読み方を知らない人向けにラベルが追加され），そして個々のパネルが表すストーリーはしっかりと一貫しているように見えます．

この図の表現は少しずるいものです．x軸のラベル（Decade of birth, 生まれた年代）が示すように，図の元になったデータは，同じ時代に生まれた人々を対象にして長期的に傾向を追跡した調査したデータというよりも，それぞれの時代ごとの横断的調査[訳注3]です．したがって，図の点と点を結んでいる線分は1930年代からの10年ごとの傾向を表すものではなく，異なる年代に生まれた人々を集めてきて，一度に調査した回答の差分を表しているのです．というわけで，結果の表示には棒グラフがより適切です[*3]．

さらに重大なことに，このグラフの元になる世界価値観調査（the World Values Survey）のデータセットを知っている学者たちが，この言説が広まるにつれて説得力のあるグラフに促され，ある別の問題点に気づきました．グラフを一見すると，この調査では民主主義の中で生きることが大切な要素であるかどうかが質問され，その質問に「はい」と答えた人の割合が表示されているように見えます（それはおそらく「いいえ」に対する選択肢として提示されたはずです）．しかし，実際の調査では民主主義の中で生きることがどの程度大切かを10点満点で評価するもので，1点は「まったく重要だと思わない」で10点は「非常に重要だ」を表していました．このグラフは，スコアの平均点ではなく，10点をつけた人の割合を集計して年齢間の差を示したものだったのです．結局明らかになったのは，生まれた年によるばらつきはあるものの，これらの国々の大部分の人々は，たとえ「非常に重要だ」をチェックしなかったとしても，民主主義のなかで生きることの重要性に対して高いスコアをつける傾向にあったということでした．政治学者のエリック・ヴォーテン（Erik Voeten）が平均スコアを元に書き直した図を**図1.9**に載せました．

[*3] 私がこの例を選んだのは，執筆時点では，西側諸国において民主的な政府に対する人々のコミットメントの安定性を不安視するのは必ずしも不合理ではないからです．おそらくモンクの指摘は正しいものです．しかしこのようなケースでは，他の根拠からすでに私たちが考えている内容を表すようにデータを調整するのではなく，データが何を語っているのかに向き合う必要があります．

訳注3　1930年代，50年代，70年代，90年代というそれぞれのデータ点が同一の計測対象から得られた時系列データ（追跡的 longitudinal な研究）ではなく，異なる対象から得られたデータを対象者の生年に従って並べたものだという指摘．時代ごとの特徴（断面）を切り取るという研究デザインは横断的（cross-sectional）研究と呼ばれます．

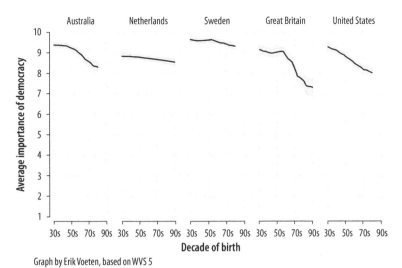

Graph by Erik Voeten, based on WVS 5

図 1.9：危機という表現は言いすぎだろう（エリック・ヴォーテンによる）

　この 2 つの図の違いは，どのように y 軸をとるかによるものではありません．これは後で議論していく可視化における一般的な課題の 1 つです．ニューヨークタイムズ紙の図とヴォーテンが変更した図はともに，とりうる値をすべてカバーする y 軸をとっています（前者は 0 〜 100%，後者は 1 〜 10 点）．したがって 2 つの図の違いは y 軸のとり方ではなく，アンケート結果から取り出した指標の違いであるといえます．図 1.9 は，得点の平均値の傾向を表しているのであって，最も高い得点の傾向を表しているのではないということです．確かに，図を変更した後であっても年齢層に応じたスコアの平均値の下落傾向は存在します．それは 10 点満点で 0.5 〜 1.5 ポイントほどだと読み取ることができます．それを民主主義への信頼の崩壊に対する最初の傾向だと解釈したり，あるいは他の説明を当てたりすることもできなくはありません．この後すぐに異なった例を挙げますが，ヴォーテンの図を 1 〜 10 点のフルスケールで描くよりも下落傾向の幅だけで表すほうが確かに合理的かもしれません．しかし，元の研究論文がヴォーテンのバージョンで図を掲載していたとしたら，ニューヨークタイムズ紙があの記事を書かなかったといっても過言ではありません．

1.2.3　知覚の問題

　3 つ目の問題点は，データと美的感覚の間に存在します．データの可視化は，色や形状や線の数によって符号化（encode）されます．ということは，表示されている符号を知覚するという図の解釈のプロセスは，形状の幾何学的特徴や，その一般的な関係性の認識方法に依存していることを意味します．不適切な符号化が時として誤解を生むことは広く知られており，タフトやワイナーは多くの例を示してきました（Tufte, 1983; Wainer, 1984）．彼らが引用している多くの例は，プロットにおいて不必要な次元を追加してしまっているものです．例えば，長さを表すために面積を用いると実際よりもその差が大きく見えてしまうかもしれません．

　最も言語道断な悪習はプロットに余計な次元を追加するというものです．これは，かつてほど一般的ではなくなってきましたが，いまだに悪魔の誘惑になっています．簡単な例を**図 1.10**に載せましたが，これは最近のバージョンの Microsoft Excel で作った 3 次元棒グラフです．このようなグラフはビジネス・プレゼンテーションや大衆誌によく見られますが，学術的な論文にも時々見受けられます．図 1.10 では，Excel のデフォルト設定を使うことで過度な装飾を回避しています．グラフの左側にあるセルを見ていただければわかりますが，このグラフで表したいと思っているデータはまったく複雑なものではありません．グラフには図を解釈しやすくなるようにと，y 軸（そして z 軸の）グリッド線と数値のラベルも書き込まれています．さらに 3 次元カラムの角度はデフォルトの設定で描かれていま

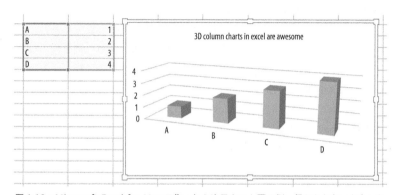

図 1.10：Microsoft Excel for Mac で作った 3 次元カラム図の例．信じられないかもしれないですが，これらの棒はそれぞれ 1, 2, 3, 4 を表しています．

す．それなのに，カラムが示す値は，元のセルに入っていた値と大きくずれた，実際の値よりも小さい値を表しているように見えます．あなたが心の目を凝らし，グラフの視野を棒の頂点がどの補助線に接するのかわかるような角度にずらしたところを想像できるなら，軸の値を読み取れるかもしれないですけれど……．とはいえ，この図のままでカラムが表す値をたずねられたら誰でも間違った答えを口にすることでしょう．

最近では，統計的グラフを使う人々は過度な飾り付け要素を自然に避けるだけの知識を持っています．また同様に，単純なトレンドを線で表す際に，3次元のリボンを使うような込み入った表現を重ねた表示は警戒されています．さらにいえば，最近のグラフ描画ソフトの初期設定では，こうした特徴をプロットに加えるための操作の難易度が少し上がってきています．

ちゃんとした数値で，ソフトウェアの初期設定がよいもので，ゴミ要素の少ない図の作り方であったとしても，まだ理解が難しい図というのは存在します．それは図を眺める側にとって読み解きづらい方法で符号化されている場合です．**図 1.11** は x 軸に年をとり y 軸に何らかの量をとった積み上げ棒グラフ（stacked bar chart）です．それぞれの棒は，得られた合計値と，それを構成する複数の異なるカテゴリの貢献比率を年ごとに表しています．このような図は，例えば，売り上げ合計値に対する個々の製品の貢献値の表示や，人口動態における異なったグループごとの人数を表す際などによく使われています．多くの観測点を x 軸にとった，例えば 10 年間の四半期ごとの観測値

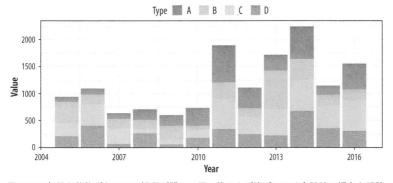

図 1.11：無駄な装飾がないのに解釈が難しい図．積み上げ棒グラフは合計値の傾向を明確に示す一方で，棒の内部のカテゴリの傾向を読み取るのは困難です．ここに示した傾向の特徴のせいでもありますが，もし追加しようとしているデータの理解が難しい場合は，おそらく，最初からそのデータを図に含めない方がよいでしょう．

のようなデータを示す際にも，これと同様の積み上げ折れ線グラフが多く用いられています.

　この形式の図では合計値のトレンドは読み取りやすく，また x 軸のベースラインに近い側のカテゴリ（このケースでは紫で示された Type D に当たりますが）の時系列変動パターンも簡単に読み取ることができます. しかし，それ以外のカテゴリの特徴を把握するのは容易ではありません. Type B と Type C の絶対値と相対比率を同時に比べたいとなると，Type 内で比べるにしても Type 間で比べるにしても，難易度はさらに上がります. この図の場合，そこに x 軸があるおかげで全体合計値と Type D のトレンドだけが読み取りやすくなってしまっています.

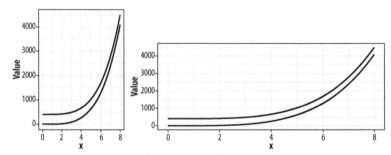

図 1.12：図のアスペクト比は変化率の認知に影響を与えます（ウィリアム・S・クリーブランドによる）

　少し違う種類の問題を**図 1.12** に示しました. 左側のパネルでは，x 軸の増加に伴って線が 1 点に集まるように急速にカーブしていくように見えます. このグラフを拡張していくと，2 本の線は交差することさえあり得るように見えます. 右側のパネルでは，線のカーブは始まりと終わりで同じように見えます. しかし，この 2 つのパネルに使われているデータは同じものなのです. 左側のパネルに現れていた収束性は，ただ図のアスペクト比（縦横の比率）によるものだったのです.

　こうした問題点は，いい感じのアプリケーションやデータ／インク比を最大化するための大枠のルールがあったとしても（例えそれらがよいルールに思えたとしても），容易に解決できる問題ではありません. そうではなくて，グラフを理解する際の知覚認知的な作用についてもう少し詳しく知るべきでしょう. 幸いなことに，この分野では直近 25 年間でかなり多くの研究報告がなされてきました.

1.3

知覚とデータ可視化

知覚認知に関する詳しい内容に踏み込むことは本書の主題から遠ざかってしまいますが，うまく伝わる図とそうでない図の違いを理解する上で，人がどうやってモノを見ているのかを表した簡単な例は手助けになるでしょう．このトピックのもっと詳しい内容はコリン・ウェア（Colin Ware）のデザインに関する書籍が取り扱っています．彼の本は，図やグラフあるいはデータ表現のためのシステムをデザインする側の視点から見た視覚認知研究に関するすばらしいまとめになっています（Ware, 2008, 2013）．

1.3.1　エッジ・コントラスト・色

データを表す図を眺めるということは，実際には線や点や色を見ているということです．私たちの視覚システムは，私たちにとってより見えやすいような方法で作用します．この場の議論では私はかなり曖昧な表現をしています．それは詳細な背景的知識の解説は視覚科学の分野に委ねておきたいということと，また，視覚的反応メカニズムの詳細についてはまだ現在進行形で研究が進められている段階だからです．というわけで，この話題に関して要約したり評価したりするつもりはありません．とはいえ詳細な解説は抜きにしても，認知的な特性の存在は視覚的な効果やいろいろな錯視を通じて直接的に示せることがあります．これらの効果は，人が何かを見るというプロセスが，視覚的入力をそのまま認知的な表象に結びつけるような単純なプロセスではないということを教えてくれます．私たちの視覚システムは，むしろいくつかのタスクを非常にうまくこなせるように調整されています．別の言い方をすれば，それ以外のタスクについては余計なコストが掛かるということです．

認知的機能が示す積極的な側面については古くから知られて

図 1.13：ヘルマン格子効果

きました．図 **1.13** に示したヘルマン格子効果（Harmann grid effect）は，1870 年に発見されました．ぼんやりとしたシミのようなものが格子の間に現れていますが，それをはっきりと見つめようとすると消えてしまいます．関連した効果を図 **1.14** に示しました．これはマッハバンド（Mach bands）と呼ばれています．灰色の長方形が隣接している場合，相互のコントラストが強調されて現れます．ざっくりといえば，私たちの視覚システムは実際の輝度値ではなく，その相対的な差異に基づいてコントラストの表象を捉えようとします．同様に，ヘルマン格子に現れたぼんやりとしたシミは，異なるタスクのために最適化された視覚システムがもたらす副作用（side-effect）ということができます．

図 1.14：マッハバンド．左側には 5 個の灰色の長方形が少し間隔をあけながら暗い方から明るい方へと並んでいます．右側の図は間隔があいていない版です．長方形の明度や輝度は変えていません．しかし，長方形同士が触れ合っていると，明るいものはより明るく，暗いものはより暗いように見えます．

　この種類の効果は，背景コントラストの役割にも影響を与えます．つまり，ある特定の濃さを持った灰色の点が，暗い背景の中にあるかそれとも明るい背景かに応じて異なった受け取り方をされるということです．また，明るさの度合いを区別する私たちの能力は，均一なものではありません．明るいもの同士よりも暗いもの同士のコントラストをより細かく分類する性質があるのです．これらの効果は独立で作用するだけではありません．つまり非常に明るい灰色の濃淡を区別するには，明るい背景に対して描画するのがよいということです．暗い背景を用いると，明暗スペクトルの中間域を区別しやすくなるのです．

　人の視覚システムは，エッジに引きつけられ，またコントラストや明るさに関して実際の値よりも相対的な値を採用します．私たちが目に入ったものを認識するために表面・形・モノの表現を構築するよくできた仕組みをうまく利用すると，あっと驚く視覚効果が生み出されます．エドワード・アデルソン（Edward Adelson）が発表したチェッカーシャドウ錯視はよく

図 1.15：チェッカーシャドウ錯視（エドワード・アデルソン）

できた例です（**図 1.15**）．信じられないかもしれませんが，図中にある **A** と **B** と書かれた 2 つの四角形は同じ濃さの灰色で描かれているのです．

　床にある四角形の明暗を判断するために，私たちはすぐ側にある四角形と明暗を比べます．そしてまた，他の物体から投影された影の効果も割り引いて評価します．直射光に当たっている暗い表面に比べると，影の中の明るい色の表面は光を反射しないかもしれません．だからといって暗く見える表面が本当に暗い色だと判断してしまうのは一般的には誤りです．このチェッカーシャドウの図は，局所的なコントラストと影によって与えられる影響の両方の視覚的効果をうまく利用するように注意深く構成されています．アデルソンは「視覚システムは物理的な照度計としてはあまりすぐれてはいません．正確な照度を測ることが目的ではないからです」と述べています（Adelson, 1995）．視覚システムは環境中にあるオブジェクトをうまく知覚するために進化してきたので，それ以外の，例えばグレースケール値のスペクトルを設定するといったような目的で使いたい場合は，人の視覚システムがどのような設定でどう作用しているかを知っておく必要があります．

　この種の視覚的効果についてとても重要なポイントは，これがいわゆるマジックのトリックに使われるような幻影ではない，ということです．もしマジシャンが手取り足取り解説してくれて，何がどうなっているのかネタを見せてくれたのなら，次に同じトリックを見せられても見破ることができますし，意図的に誤った方向に誘導するような手の反らせ方といったさまざまな要素に気づくことができるでしょう．しかし，ここに挙げた興味深い視覚効果はそういったものではありません．たと

図 1.16：モノクロームと色付けによるエッジコントラスト（Ware 2008 より）

えなぜそうなっているのか説明された後であったとしても，錯覚を感じることを止められません．なぜなら，錯覚が利用している視覚認知のプロセスは意図的にコントロールできるものではないからです．これが例えば，境界線を共有しているというだけで，影に入っている 2 つの領域のコントラストの差異を過度に評価してしまいやすくなるというようなミスリードを引き起こす要因になっています．

　モノクロ画像のエッジのコントラストは，カラー画像よりも強く認識されます．**図 1.16** は火星探査衛星バイキングの地表走査機 (the Viking Mars Lander) によって撮影された砂丘の画像です（Ware 2008, p.71）．赤 - 緑版では風景の構造を認識するのが難しいですが，グレースケールで表された方では，砂丘や尾根の様子を簡単に見てとれます．

　データ可視化において色を使用することは他にも多くの問題を引き起こします（Zeileis & Hornik, 2006）．これらの問題の中心は，輝度認知における相対性に関連するものです．これまで議論してきたように，物体がどれだけ明るいかを認識する際に，私たちは明るさの絶対値というよりも相対値に依存して判断します．あるオブジェクトの表面がどれだけ明るく見えるかは，近くにあるオブジェクトの明るさにも依存しています．この輝度に加え，オブジェクトの色に関しては他に 2 つの要素があります．1 つ目の色相は，私たちが普段「色」（赤色，青色，緑色，紫色 などなど）と呼んでいるものです．物理的には，物体表面から反射された光のドミナント波長^{訳注4}です．そして 2 つ目の要素は色度（chrominance）や彩度（chroma）と呼ばれています．これは色の強調度合いや鮮やかさに関する指標です．

　スクリーンや印刷物に載せるための色を作る際には，色の要素を混ぜ合わせて特定の色を作り出すためにさまざまなカラーモデルを使います．RGB モデルを用いると，コンピュータは 0 〜 255 の範囲で値をとる赤・青・緑の要素を混ぜ合わせ，特定の色を表現することができます．色はデータの数量や分類を表すためにグラフ中で使用されます．グラフを作る際，私たち

訳注 4　物理的な光の強度が最も高い波長をピーク波長と呼ぶのに対し，人の視覚作用による補正を考慮した上で，最も強いと知覚される波長をドミナント波長と呼びます．例えばリンゴが赤く見えるのは，赤色波長を強く反射するのではなく，赤色の補色にあたる波長をよく吸収し，その残りの反射光を受け取った人の知覚が，赤色を強調して認識します．この場合，赤色波長はピーク波長ではありませんがドミナント波長となります．

はそのデータに対して色のマッピングが正確であることを望み
ます.^{訳注5} これは使われている色が数値のマッピングとして厳密
に正しいかどうかという問題を含んでいます. 例えばデータ中
の2つの数字に見られる差異をきちんと保持しているように表
示する色を定義する必要があります. しかし同時に, グラフを
見たときにその色のマッピングをどう認識するかという問題で
もあるのです.

　例えば, ひとつずつ増えていく0から5までの値をとる変
数を考えます. 0が最低値です. この変数をRGBカラーモデ
ルを用い, 純粋に数値的に等距離になるようにマッピングする
のは簡単です. ここで気にしているのは, このやり方で互いに
等距離にあるようにマッピングされた点が, グラフを見る人に
とっては等しい距離にあるようには知覚されないだろうという
問題です. なぜなら, 私たちの視覚はとりうる色の範囲に対し
て均一の強度で認知するわけではないからです. 私たちが見る
ことができる彩度の範囲は, その色の輝度に強く依存していま
す. データを表す際に使うカラーパレットを間違ってしまうと,
特定のグラデーションにおける同じ幅のギャップ(例えば3〜
4への変化と0〜1への変化を比べるとそれら)が異なって見
えてしまう場合があります. この効果は使う色に応じても変化
します. 例えば赤色のグラデーション配列において数値的に等
間隔に設定した場合と同じ間隔を青色に適用しても, 元の赤色
の配列と等間隔なものには見えないということです.

　色の体系を選ぶとき, データを数値的に色にマッピングする
のみならず知覚的にも統一されているように選びたいと考える
と思います. Rはこれが実現するように色モデルや色空間を
提供しようと試みています. 図1.17はHCL色モデル(Hue-
Chroma-Luminance, 色相-彩度-輝度)で作られた一連の順
序立ったグラデーションです. 1番上にあるグレースケールの
グラデーションでは輝度のみが変動しています. 続いて2番目
の青色パレットでは輝度と彩度が変動していますが, これは色
の輝度と鮮やかさがスペクトルの中で変化を持つためです. 残
りの3つのパレットは輝度, 彩度, 色相のすべてが変動してい

図1.17:Rの色空間ライブラリで生成され
た5種類のパレット. 1番目が輝度だけを
調整した連続的なグレースケールパレット.
2番目が連続的な青色のパレットで輝度と
ともに彩度(もしくは鮮やかさ)も調整さ
れています. 3番目のパレットは, これも
連続的ですが, 輝度・彩度・色相がすべて
変化しているものです. 最下段のものは順
序不同になるように最適化されたバランス
のとれた色相になっています.

訳注5　マッピングという単語は本書に頻出します. マップというと何かの地図を書き込むよう
　　　な作業を思い浮かべるかもしれませんが, mappingという英単語には写像という意
　　　味があり, 本書ではそれを指します. 可視化とはまさにデータをグラフとして写像す
　　　る行為です.

ます．それぞれのパレットは知覚的に統一された体系になるように生成されており，1つのレベルから次のレベルに移るときの振れ幅が均一に感じられるようになっています．

　低い値から高い値への連続した順次的（sequential）なスケールの場合，図1.17の下段3つのうちの1つを用います．中立的な中点（mid-point）を用いてスケールを表すとき（例えば温度などゼロ点や平均値を中点として双方向に広がる変数を表したいとき）は，中点から知覚的にも等距離に広がって行くような発散スケールが必要になります．また図1.17には青−赤パレットの例を示しました（下から2番目）．最後に，知覚的な均一性は順序付けされていないカテゴリカル変数においても重要な問題です．例えば，国ごとに，政党ごとに，人々のタイプごとにといったデータを表す際に色を使う場合があります．このような場合，区別しやすいという定性的な性質のみならず，図の読み手にとっても同じ価値を表すように色を選ぶのが望ましいです．もし意図的にやっているのでなければ，ある色が他の色に比べて支配的に目立ってしまうのは避けた方がよいでしょう．図1.17の一番下に挙げたパレットは，この定性的な均質性を満たしている例です．

　結論をいえば，私たちは色をその場限りのやり方（ad hoc way）で選んではいけません．色の選択をサボってしまうのはいとも簡単です．これまで議論してきた点に加え，例えば，異なる色覚を持つ方々が図を見たときに混乱しないような配慮もできることなら避けてしまいたいと感じるかもしれません．幸いなことに，私たちがやらなければいけないことのほとんどは，誰かがすでにやってくれています．というのは，人の色覚認知における不均一や非線形性を考慮したさまざまな色空間が定義され標準化されているからです[*4]．Rとggplotはこれらの機能を無料で提供しています．ggplotで用いられる初期設定のパレットは，正しい方法によって知覚的に統一されています．もっと応用的に使ってみようという気になったときのために，知覚認知的な品質を保ったままでパレットを調整するためのツールも利用することができます．色に関する意思決定には，それがいつどのように使われるべきかに関してもっと注意が払われるべきです．これまで議論してきたように，色は興味のある視覚的要素を引き立たせるための強力な伝達手段なのです．

[*4] このことは，適切で権威のある国際照明委員会（Commission Internationale de l'Eclairage もしくは International Commission on Illumination）によって保証されています．

1.3.2　前注意探索と「ポップアウト効果」

　私たちは視野内の特定のオブジェクトに引っ張られて注目してしまうことがあります．まるで周囲から飛び出しているように容易に目に入ってきます．オブジェクトの種類や効果によっては，このプロセスは非常に早く生じることがあります．このポップアウト効果は，何かを見る・探すといった意識的な行為よりも前に，もしくはギリギリ直前に起きているように私たちは認識します．これは一般的に前注意ポップアウト（preattentive pop-out）と呼ばれ，心理学や視覚科学において多くの実験と理論が示されてきました．これまで議論してきた他の知覚認知プロセスと同様に，このプロセスについても多くの議論がなされてきました．例えばどの現象がどれだけ本当の意味で「前注意」にあたるのかは議論の的になってきました（Treisman & Gormican, 1988; Nakayama & Joseph, 1998）．しかし本節では，詳細なメカニズムの説明よりも，そのポップアウトが存在するということ自体が大切です．ポップアウト効果によって，グラフに描かれた中で特定のモノが目に入りやすくなりうるからです．

　図 1.18 を見てください．それぞれのパネルには青い丸点が1つずつ含まれています．この青い丸点が，いま関心を持っている観測点だとします．図を左から右へ見ていくと，最初のパネルは20個の丸点を含んでいて，そのうち19個が黄色で1つだけが青色です．パネルにある観測点は少ないですし，色が1つだけ異なっている青い丸点を簡単に見つけ出すことができます．図を見る人はほとんど意識的な探索が必要なく関心のある青い丸点を見つけ出すことができるでしょう．

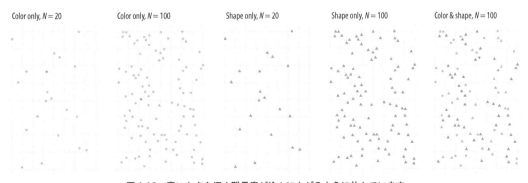

Color only, N = 20　　Color only, N = 100　　Shape only, N = 20　　Shape only, N = 100　　Color & shape, N = 100

図 1.18：青い丸点を探す難易度が徐々に上がるように並んでいます

2番目のパネルの難易度は少し上がっていますが，それほど難しくないでしょう．パネルには先ほどと比べて5倍，100個の点がありますが，青い丸点は簡単に見つけることができるでしょう．3番目のパネルは再び20個の点からなります．しかし今回は色のバリエーションがありません．その代わり，19個の観測点は3角形で1個だけが丸点です．平均的には，3番目のパネルの方が1番目よりも難易度がかなり高いですし，そして2番目のパネルよりも観測点が少ないにもかかわらず青い丸点を見つけることが難しく感じるかもしれません．

色と形状は視覚的に情報を符号化するための異なるチャネル（伝達経路，channels）と考えてみてください．色チャネルのポップアウト効果は，形状チャネルより強いようです．4番目のパネルでは，観測点の数は100個に戻っています．1個だけある青い丸点を探し出すのにかなり時間がかかるかもしれません．1回目・2回目に眺めてまだ見つからなかったとしたら，見つけ出すために体系的に領域をしらみ潰しにしていくような方法が必要かもしれません．これは形状チャネルにおける探索効率が，色チャネルに比べて低下しやすいということを示しているように思えます．

最後に5番目のパネルでは，多数の観測点の中で色と形が混ざっています．このパネルの中にも青い丸点はたった1つだけ含まれています．しかし探し出そうとしても，迷惑なことに青い三角形の観測点もたくさん混ざっていますし，さらに黄色い点まであります．2つもしくは複数のチャネルを用いた多数の観測点に対する探索は大変遅くなってしまいます．

特定のチャネルでの探索と，複数のチャネルにまたがる探索における上記の効果は，他の種類のチャネル（例えばサイズ・角度・長さ・移動など）でも同様に生じます．例えば，ある種の角度のコントラストは他の角度よりも見分けやすいですが，これは特定の色のコントラストが高いのと同じことです．ウェアはこの他にも例を追加しながら，この点について議論を深めています（Ware, 2008, pp.27-33）．この効果がデータの可視化に影響を与えるのは当たり前のことでしょう．**図1.19**を見てください．グラフにチャネル要素を追加していくと，図を見る人に対してあっという間に過度な負荷をかけてしまいます．たとえソフトウェアが許したとしても，さまざまな変数とその値を，形・色・位置などによって1つの図の中で表すのには慎

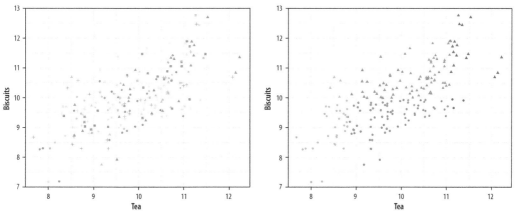

図 1.19：複数のチャネルを用いることは図のすばやい解釈を妨げます（左）．
データに大域的な構造が含まれている場合はこの限りではありません（右）．

重になるべきです．しかし例外的にうまくいく場合もあります．
図 1.19（右）のパネルが表すように，データの大域的な構造が
まず目に入るようになっている場合です．しかしもしそうだと
しても，本当にそれが直接的にいいたいことを表す場合を除け
ば，別の可視化戦略の方がうまくいく可能性があります．

1.3.3 ゲシュタルトの法則

　一見すると，ポップアウト効果の例として示した図 1.18 の
パネルは，それぞれランダムな分布だと思うかもしれません．
実際には，まったくランダムではなく，ちょっとしたコードを
書いて，プロットされている領域に点が適度に広がりつつ，し
かし互いに重ならないように調整したものです．これは散布
図をプログラムで生成できるようにしたかったからですが，そ
の際，青い丸点が他の点と重なったり三角形の下にプロットさ
れたりしてしまう危険を避けたかったからです．この図の場合
にはパターンをどのように知覚するかについての教訓があるの
で，本節でもう少し詳しく見ていきましょう．

　図 1.20 のパネルは，それぞれ点群のフィールドを示してい
ます．この 2 つのパネルの間には明らかに異なる構造がありま
す．上のパネルは，2 次元ポアソン過程によって作り出された
「適切な」ランダム性を持っています（ランダム性を定義するこ
とや，そのプロセスが本当にランダムであるのかを保証するこ
とは，おそらくあなたが考えるよりもはるかに難しい問題です．

Poisson

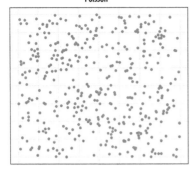

Matérn

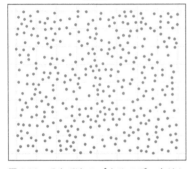

図1.20：それぞれのパネルのデータはシミュレーションの結果得られたものです。上段はポアソン過程によって生成されたランダムなプロットです。下段はMatérnモデルの結果です。このモデルでは新しいプロットはランダムに配置されますが、すでに存在しているプロットに対して近すぎないように置かれます。大部分の人はポアソン過程で作られたパターンの方がMatérnモデルに比べてより構造的、すなわちランダム性が低いと捉えるでしょう。実際は逆なのですが。

しかし、ここではその難しさには立ち入りません）。下のパネルはMatérnモデルに従って作られています。これは空間統計や生態学の分野でよく用いられるものです。このような点群モデルも、やはりランダムな分布であるといえますが、しかし局所的な制約条件が加えられています。このケースでは、ランダムに多数の候補点を生成しておいて、以前に生成された点群に近すぎる配置になったものを取り除くような刈り込みを行っています。モデルを調整することで「近すぎる」かどうかの基準を決めることができます。その結果、対象の領域全体に均等に広がった点群を得ることができます。

　誰かに図1.20の2つのパネルのうちどちらがより構造的であるかをたずねたら、きっとポアソン過程により生成された最初の図（ポアソン場）を挙げる傾向があるでしょう。私たちはランダム性を、空間的に比較的均等な分布と結びつける傾向があります。しかし実際には、ランダムな過程は私たちが考えるよりも塊状（clumpy）の分布を示します。この違いを最初に私が見つけたのはステファン・ジェイ・グールドのエッセイに載っていたある写真でした（Gould, 1991）。それはニュージーランドの洞窟の壁面写真で、Matérnモデルに従って分布するグローワーム[訳注6]が写っていたのです。この洞窟のグローワームにとってMatérnモデルはよい作戦です。なぜならグローワームは他の個体に近づきすぎると捕食されてしまうからです。ということで、比較的均一ではあるけれど、しかしランダムではない分布が結果として生じるのです。

　私たちは常に構造を探しています。そのことに実に長けていて、時間さえあればランダムなデータからでも構造を見つけ出すでしょう（これこそデータの可視化が統計的モデリングの代替にならない理由の1つです）。比較的まばらな視覚的情報に基づいて、その要素間の関係性を強力に推論することをゲシュタルトの法則（gestalt rules）と呼びます。これはチェッカー

訳注6　グローワーム（glow-worm）は主に幼虫期に発光性を持つ昆虫群を指します。さまざまな種が含まれますが、ニュージーランドの洞窟に分布する種としてはヒカリキノコバエの一種（Arachnocampa luminosa）が特に有名で、その幼虫（ツチボタルなどと呼ばれます）が発する光が生み出す幻想的な光景は重要な観光資源になっています。生物発光はよく研究が進んでいる分野ですが、グローワームの発光酵素タンパク質はホタルのものと類似しています。しかし酵素反応の元となる物質がホタルと異なり、独立した進化の過程があったことが近年の研究から示唆されています（Watkins et al., 2018, Sci.Rep.）。

シャドウ効果のような単一の知覚的効果からなるわけではありません．むしろ，あるオブジェクトが厳密にどう見えるのかを超えて，私たちがオブジェクト群の関係性を推測する傾向を記述している法則です．**図 1.21** にいくつかの例を挙げました．

どのような状況にあるとき，どのような関係性が推測されるのでしょうか．一般的には以下のように，同じものとして，あるいは同じものの一部として取り扱うことができるようなグループ化・分類・実体を識別しようとします．

- **近接性**：空間的に近いものは互いに関連しているように見えます．
- **類似性**：見た目が似ているものは関係しているように見えます．
- **接続性**：視覚的に結び付けられているもの同士は関係を持っているように見えます．
- **連続性**：一部が隠されているオブジェクトは親和性のある形に補完されます．
- **閉鎖性**：不完全な形は完全なものとして知覚されます．
- **図と背景**：視覚的要素は前景か背景のどちらかに属していると見なされます．
- **共通の運命**：同じ方向に移動するオブジェクトは 1 つの群として認識されます．

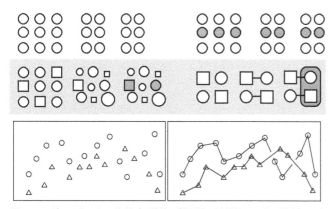

図 1.21：ゲシュタルトの法則（近接性，類似性，接続性，共通の運命）を表すようにレイアウトされた図

　ある種の視覚的な手がかりは，他のものより重きをおかれま
す．例えば，図 1.21 左上では，円が水平方向に並んでいますが，
列間の近接性が優先的に評価されるために 3 つのグループがあ
るように見えます．図の右上を見てください．3 つのグループ
はここでも際立って見えますが，青色の円の行もグループ化さ
れた実体を持っているように見えます．中段左では，形・大き
さ・色が混ざったグループが表示されています．その一方で，
中段右では形状の類似性に対して直接的な接続性が圧倒的に目
立っています．最後に，下段にある 2 つの図式化されたプロッ
トは，それぞれの形状を結ぶ線によって左から右へと向かうシ
リーズとして読み取られるという特徴があり，接続性と共通の
運命の両方を表しています．下段右のプロットにおいて線が交
差しているところにも着目してください．円を結んでいる線分
には隙間が空いていますが，これは三角形を結んでいる線の「下
をくぐっている」ものとして（補完されて）認識されます（連続
性，閉鎖性）．

1.4

視覚的タスクとグラフの復号化

視覚システムの働きと，見ているもの同士の関係性を推論する傾向は，データを表す図を解釈する上で基礎となる能力です．さらに，これ以外にも関連した事柄がいくつかあります．知覚認知に関する中心的な話題をこれまで議論してきましたが，次の話題は，特定の種類のグラフを解釈したり理解したりする過程についてです．散布図を読んで正しく解釈できる人の割合はあなたが考える以上に少ないです．知覚認知と解釈が交錯する時点において，グラフと向き合い，それを正しく解釈するために必要な視覚的タスクがあります．例えば散布図を理解するためには，変数とは何か，x-y 平面がどのように見えるか，なぜ2つの変数を1つの図の中で比較したいと考えたのか，原因と思われる変数もしくは「独立な」変数を x 軸にとる慣習といった一般的な情報を，グラフを読む人が知っている必要があります．これらをすべて理解していたとしても，グラフを解釈するための視覚的タスクはまだ終わりません．散布図はデータの表象（representation）であって，純粋な理解をもたらす魔法のような方法ではありません．この事情をよく理解している人でさえ，我々が期待するほど図とその背後にあるデータの関係性をうまく理解できないことがあります（Doherty, Anderson, Angott & Klopfer, 2007; Rensink & Baldridge, 2010）．

1980 年代に，ウィリアム・S・クリーブランド（William S. Cleveland）とロバート・マクギール（Robert McGill）は異なるグラフのタイプについて識別したりランク付けしたりする内容の実験をいくつか行いました（Cleveland & McGill, 1984, 1987）．多くの場合，研究の被験者たちは図の中の2つの量（例えば棒グラフの中の2つの棒の長さや，円グラフの中の2つの扇型の角度）を推定するように指示されたり，図の中の値同士（例えば補正済み積み上げ棒グラフの中の2つの領域の大きさ）を比較するように求められたりします．クリーブランドはこの

実験の結果を応用し，ベル研究所で開発された統計的プログラ
ミング言語であるＳ言語を用い，データを可視化する格子グラ
フ描画システムを開発しました（ＲはＳの後継的な実装です）．
彼はまた，これらの原則の記述と適用についてすぐれた本を 2
冊書いています（Cleveland, 1993, 1994）．

　2010 年に，ジェフリー・ヘール（Jeffrey Heer）とマイク・
ボストック（Michael Bostock）はクリーブランドの初期の実
験を再現し同時にいくつかの実験を追加する試みを報告してい
ます（Heer & Bostock, 2010）．この試みには最近になって一
般的になってきた長方形領域グラフの評価も含まれていまし
た．これは正方形・長方形からなる階層的なツリーマップで，
ある長方形に含まれる領域が小さな長方形に細分化された構造
をしています．すなわち大きな長方形に対する小さな長方形の
割合に従って面積が分割されています．これは積み上げ棒グラ
フのカラムが複数になった様子と少し似ています．彼らが行っ
た実験に用いられたグラフと，その比較方法の模式図を**図 1.22**
に示しました．グラフの種類ごとに，被験者は図中に青色と橙
色で目立たせてある 2 つの領域のうち小さい方を識別した上
で，それが大きい領域に対してどのぐらいの割合であるかを「す
ばやい視覚的判断」から推定するように求められました．図を
見ればわかるように，示されたグラフはさまざまな方法で数値
を符号化しています．タイプ 1 〜 3 は共通の目盛りに沿った位
置を使った符号化であり，タイプ 4 と 5 は長さを使って符号化
しています．円グラフ（タイプ 6）では値を角度として符号化
しています．右側の残りの 3 つの図（タイプ 7 〜 9）は円，長
方形（チャートグラム），そして入れ子になった長方形（ツリー
マップ）の面積を使って値を符号化しています．

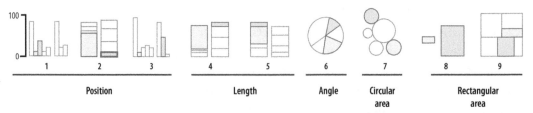

図 1.22：9 種類の図に対する基本的な知覚認知課題の概要図．クリーブランドとマクギールに続いて行われたヘールとボストッ
クによるもの．どちらの研究においても被験者は青色と橙色で強調された部分を比較し，小さい方が大きい方のどれぐらいの
割合かを返答しました．

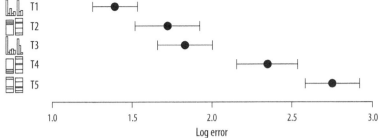

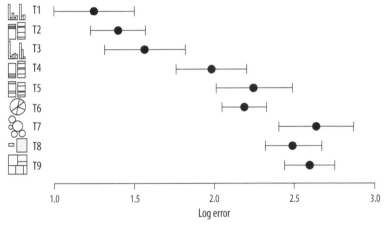

図 1.23：クリーブランドとマクギールの本論文の結果（上段）．ヘールとボストックにより 9 種類に拡張され再現が試みられた結果（下段）．

　これらを用いた実験の結果をクリーブランドとマクギールらによるオリジナル実験の結果と比較できるように**図 1.23** に示します．再現性は非常によいといえます．全体的な結果のパターンはとても明確で，長さに基づく共通の目盛りの上での比較から，角度そして最終的には面積を用いた比較に移行するにつれて，パフォーマンスは大幅に低下しています．面積比較の結果は，（正当な比較ではありますが）見分けづらいように設定された円グラフの結果よりもさらに悪くなってしまいました．

　これらの発見は，古典的な結果と合わせて，グラフに用いられた値の推定や比較を伴う課題におけるデータの視覚的表現には良し悪しがあるということを強く示唆しています．図の読み手がそのコンテンツを理解するために実行する操作を復号化（デコード，decode）として考えてみてください．データ値は，グラフの中に符号化（エンコード，encode）されて配置されて

います．ここからデータ値を再び読み取る必要があるのです．これを逆符号化と呼びますが，その際に，私たちは共通の軸に沿って整列した要素の相対位置に対して最もよい判断を下せます．例えば，棒グラフの棒の高さを比較したり，固定された x 軸や y 軸を参照して点群の位置を比較するといった場合です．値を比較されている要素が整列していなくても軸の目盛りを共有していれば，少し難しくなるもののまずまず比較可能でしょう．共通の比較基準となる線なしに線分の長さを比較することは難しい課題です．

　位置と長さ以外の符号は一般的に難易度が高く，グラフの逆符号化の際にエラーが発生しやすくなります．例えば角度で符号化されている場合，誤った判断を行う傾向があります．すなわち鋭角の大きさは過小評価され，鈍角は過大評価される傾向があるのです．円グラフの使用が，通常，悪い選択肢であることの理由の 1 つがこれです．また領域を評価することも不得意で，判断を誤る傾向があります．面積に基づく定量的な比較は，簡単に誤解や誇張を生み出すことは昔から知られています．例えば，データを長さとして符号化し，それを用いてグラフ上の図形として表すために値を 2 乗します．この結果，正方形や長方形の間の大きさの違いは，本来それらが表している数値の差よりもはるかに大きいものになってしまいます．

　円の面積比較についても同じ理由でエラーが発生しやすくなります．データを領域として符号化しやすくなるような，もっと洗練された方法を用いることでこうした問題は多少は割り引くことができます．データ値を正方形の辺の長さや円の半径として表す代わりに，例えば，値を面積として直接的に符号化し，そこから辺や半径の長さを逆算するといった方法です．しかしこれでも，普通はもっとよい代替案があります．これらの問題は，体積を表しているように見える「3 次元」の形状 (例えばブロックや円柱や球体など) においてはさらに複雑になります．図 1.10 の 3D 棒グラフですでに見たように，この種のグラフに含まれる遠近法や意味ありげな角度は，y 軸を読み取ろうとする際に別の問題を引き起こすのです．

　最後に，私たちは勾配の変化を判断することも苦手です．図 1.12 で見たように折れ線やトレンドの変化率の推定はグラフのアスペクト比によって強く左右されます．勾配評価が苦手なことは，これまたデータの 3 次元表現に関する悪い要素として

作用します．深さ方向（z 軸方向）に沿って「離れていく」様子を把握する能力は，x, y 軸よりも弱いです．このため，データの表示に 3 軸で表される点群や 3 次元の表面を使うと，解釈が難しくなる場合があります．そうした図は，印象的に見えるかもしれませんが，同時に内容を把握することも難しいのです．

1.5

データ表現のための表象の種類と形式

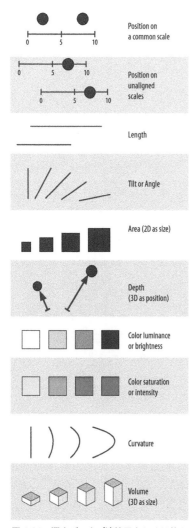

	Position on a common scale
	Position on unaligned scales
	Length
	Tilt or Angle
	Area (2D as size)
	Depth (3D as position)
	Color luminance or brightness
	Color saturation or intensity
	Curvature
	Volume (3D as size)

図 1.24：順序データ（連続量もしくは他の定量的測定値）を図に配置して表すための手段．上段から下段に向けて効果の高いものから順に並べられている（Munzer 2014 より）．

　グラフィックな要素群は，データを私たちが視覚的に見ることができるように表象されます．さまざまな種類の変数の属性は，それぞれに対応する種類の視覚的なマークや表象（点・線・形状・色など）によって，ある程度いい具合に表現することができます．私たちがやるべきことは，正しい方法で変数を符号化したりマッピングしたりする方法を考え出すことです．そうするうちに，いくつかの制約に直面することでしょう．まず，手元にあるデータの種類に応じてそれを的確に表すことができるチャネルやマッピングを選ぶ必要があります．例えば，もし順序なしカテゴリカル変数を抽出する場合，連続的なグラデーションを選択することは，データをうまく表すという観点からは無意味です．連続変数を表したい場合には，複数の形状を使った表現は役に立たないでしょう．

　次に，視覚的要素によってデータを包括的に表現できる方法を私たちが選んだとして，その表現がどの程度効果的かを知りたくなります．クリーブランドの研究はこれを目指したものでした．その後に続いたムンツァーは，**図 1.24** と**図 1.25** を示しました（Munzer 2014, pp.101-103）．これらは，データが順序付きか順序なしかに応じて，それぞれのチャネルが異なった有効性を示す様子と，おおよそのランキングを示しています．順序付きデータを持っており，効果的に比較を行いたい場合，共通の目盛りに沿った位置関係として符号化する試みがよさそうです．数値を（目盛りなしの）長さとして符号化することもできますが，効果的とはいえません．領域面積として符号化することも，繰り返しになりますが，やはり比較の精度が落ちるといった具合です．

　第三に，グラフィックの有効性は私たちが選んだチャネルのみならず，その実装における知覚認知的な面での詳細な特徴にも依存します．もし高低で並んだ4種類のカテゴリを持つ測定

量であれば，色のグラデーションを用いてデータをうまく表現することまでは正しく決定できます．しかし，色のグラデーションを誤って選んでしまうと，やはりデータの解釈は難しくなってしまうか，もっと積極的に誤解を生み出してしまうかもしれません．同様に，順序なしカテゴリカル変数に対して適していない色相を選んでしまった場合，単に見た目が悪いというだけでなく，積極的に誤解を招いてしまうでしょう．

　最後に心に留めていただきたいのは，上に挙げたようなデータを表現するさまざまなチャネルやマッピングは，それ自体がグラフの種類を表しているわけではないということです．それらはグラフを作るための構成要素にすぎません．ある変数をどのような位置・長さ・面積・陰影・色として符号化するのかを決めるのは，結果として得られるプロットの見え方を絞り込む重要な決定事項です．しかしそれは，どのタイプのグラフを作るのか，つまりドットプロット[訳注7]・棒グラフ・ヒストグラム・頻度領域グラフ[訳注8]といったマッピングの中からどれを選ぶのかとは違う判断だということです．

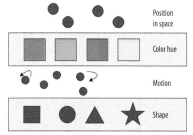

図 1.25：順序なしのカテゴリカルデータを図に配置して表す手段．上段にいくほど効果的な手法を表している（Munzer 2014 より）．

訳注7　ヒストグラムのように x 軸を特定の単位で丸めるとともに，y 軸方向にも同様の丸め込みを行ったグラフを指します．x 軸の bin に含まれるデータ数分だけドットが y 軸方向に積み上げられた図になります．

訳注8　前出の長方形領域グラフのように，図形の含有関係が大に対する小の割合になっているグラフを指します．長方形以外にも円などさまざまな図形が用いられます．

1.6

誠実さと適切な判断に関する問題

図 **1.26** は，図 1.4 に既出の平均寿命グラフを 2 つの方法で再び描画したものです．当初の不要な装飾で溢れた怪物グラフに比べてはるかにノイズが減っています．しかし，さらなる議論が必要なデザイン的要素は残っていて，場合によってはそれが重要な意味を持つこともあります．例えば，それぞれのケースの x 軸に着目してください．図 1.26 の上図は棒グラフであり，棒の長さは「2007 年における平均寿命」を国ごとに表しています．目盛りはゼロから始まっていて，最も大きな値を少し超えて拡張されています．その一方で，下図はクリーブランドドットプロット (Cleveland dotplot) で描かれています．各観察データは点で表されており，目盛りは示されているデータ範囲によって制限されています．

グラフを作る際に従うべき項目を柔軟性のないルールとして断定的に定めて，それに従わずにゴミのような図や統計的な嘘を作り出す人々を追放したいという誘惑に駆られます．しかし，データに誠実であることは，作図に関するおおざっぱなルールを決めれば解決できる問題よりもさらに深刻な問題です．この場合は，棒グラフの変量は長さとして符号化されるため，グラフには通常，基準値としてゼロ（もしくは同等の値）を含める必要があるというある程度の合意が存在しています．しかし，ドットプロットによる描画が，意図的に誤解を招くようなものであると考えるのは誤りで，ただ単にデータの範囲に留まった描画になっているにすぎないのです．

どちらがより好ましいグラフでしょうか．明確な答えを出すのは難しい問題です．なぜなら特定の軸の設定が他より好ましいと思う理由は，作為的に誤解を生じさせるために狙って特定の表現をあえて使おうとする行為の頻度に依存しているからです．すべての目盛りを強制的に理論的な最低値・最高値を含む範囲にそろえるよりも，データを観察された範囲に基づいて描

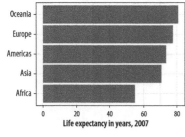

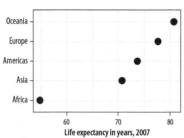

図 1.26：ジャンク図の 2 つのシンプルな再描画版．棒グラフのスケールはゼロから始まっているのに対し，ドットプロットでは観察データがとる値の範囲に制限されている．

画した方がよいという意見は多くあります．一方で，自分たち
の議論が見栄えよくなるように，目盛りを制限するようなケー
スがあることも確かです．こうした目盛りの恣意的な取り扱い
は，時として積極的な悪意に満ちて行われますし，受動的なバ
イアスによって行われるときも，またあるときはデータの中に
自分が見たいものを見たいという希望的な欲求によって行われ
るときもあります（多くの場合，データの可視化を提示する対
象は自分自身であることを忘れてはいけません）．こうしたケー
スでは，結果のグラフは実際に誤解を招いてしまう可能性があ
ります．

突撃的で，ド派手で，作為的に扇動的で，誤解を生み出すグ
ラフは，ソーシャルメディアとケーブルニュースで共有されて
いる定番の要素です．しかしこの種の問題は日々の研鑽の中で
も発生し，公的な場で仕事を仕上げようとすると，2 つの立場
が交錯する可能性があります．例えば，ロースクール入学者数
に関する過去のデータを見てみましょう．1970 年代初頭から
のトレンドに基づいて入学者数の減少を示す報告があります．
その結果は**図 1.27** に示しました．

上のパネルは，1973 年から毎年のロースクール入学者数の
傾向を示しています．y 軸は一連の値の最低値のすぐ下から始
まります．下のパネルは同じデータですが y 軸の最低値はゼ
ロが設定されています．コラムニストで作家のジャスティン・
フォックス（Justin Fox）は，上のバージョンを見て，それが
どれほど劇的かについて述べています．彼は y 軸にゼロを含め
るべきだという人々の強い反応に大変に驚きました．そのうち
の 1 人は上のグラフに対して「おそらく……これは私がこれま
で見た中で最悪の表現の 1 つです」と述べていました．他にも
「ゼロを含んでいないグラフは思考犯罪である」という反応も
ありました（Fox, 2014）．

私自身の見解では，ゼロの基準線を含まないグラフは次のよ
うに読み取ることができます．ほぼ 40 年間にわたっておおむ
ね増加傾向を示していたが，ロースクールの入学者数が 2011
年ごろに突然・急激に 1970 年代初頭の水準まで減少した，と
いう内容です．水準には明確なラベルがつけられており，その
減少は実質的に驚くべき重要な内容に見えます．よく構成され
た図においては，軸のラベルは図を読み解くのに必要な手がか
りであるため，読者が注意を払うことを期待してもよいと思い

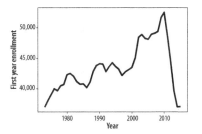

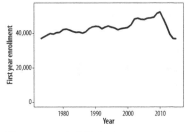

図 1.27：2010 年代半ばにおけるロースクー
ルの入学者数の急激な減少を表す 2 つのグ
ラフ

ます．一方,ゼロの基準線を含んでいる図では,特にこれといっ
て追加された情報があるようには思えません．35,000 がゼロ
よりもかなり大きな数値であるという当然のこと以外には．

　とはいえ,私は上のグラフを見て動揺した人々に同情してい
ます．少なくとも,彼らはグラフ上の軸ラベルを読むという行
為は知っていたことがわかります．それはあなたが考えるより
も一般的なことではありません．また,彼らは軸に干渉するこ
とが図をミスリードさせるための方法の 1 つであることを知っ
ていたこともわかります．そして彼らの反応は,実際に意図的
にそうした操作が行われることが珍しくないということも示し
ています．

1.7

グラフに関する明確な思考

　誠実で再現的な方法で効果的なグラフを描くことがあなたの目指すゴールだと思います．ソフトウェアの初期設定や，あるいはすぐれた実践的で一般化されたルールだけでは，あなたが間違うのを引き止める力が弱いかもしれません．しかしそれらのツールは，単にグラフを作成するための材料を提供するだけではなく，あなたが作り出したいと思っているすぐれた仕事について，明確に思考するために役立つ枠組みや一連の概念を提供してくれます．グラフ作成システムやツールキットについて勉強する際に，人々は自分が求めているグラフの見せ方の特定の方法を考えるところから出発し，要求を形にし始めます．そして特定の種類のグラフの作成法や，グラフ全体の書式の変更方法，スケールの調整方法，タイトルの移動方法，ラベルの調整方法，データ点の色の変更方法を求めています．

　こうした要求にはグラフのさまざまな側面が含まれます．そのうちいくつかは図の構造に関する基礎的な側面と関係があります．すなわち，データのどの部分を形状・線の種類・色などの要素に符号化する，あるいは割り当てる（マッピングする）のかといった事柄のことです．要素の表現に関する詳細について関連している要求もあります．ある変数を形状としてマッピングした場合，具体的にはどのような形状が選ばれるべきでしょうか．他の変数が色によって表されている場合，いったいどの色を使うのが望ましいのでしょうか．あるいは，グラフの枠組みや図を読み取る手がかりを調整する機能に関連した要求もあります．x軸に目盛がある場合，それがどこに描かれるべきか決定できますか．凡例をつける場合，グラフの右側がいいですか．それとも上側に表示するのがよいですか．データ点に形状と色の両方を組み合わせて符号化された情報がある場合，それぞれの符号に対応した凡例が必要ですか．それとも統一の凡例として表した方がよいでしょうか．そして最後に，

グラフが最終的にどう見えるのかに大きな影響を与えるテーマに関する要求もあります．タイトルのフォントを Times New Roman から Helvetica に変更できますか．全部のグラフに明るい青色の背景を使用することはできますか．

　ggplot の本当の強みは，これらのさまざまな要素を整理して意味を持たせ，グラフィックスの文法（grammar of graphics）として実装している点です（Wilkinson, 2005）．プロットの外観に関するすべての側面を一度に設定するための概念的に等価な巨大なリストを採用するのではなく，ggplot ではグラフ構造への関連に応じて，グラフを作るというタスクをうまく切り分け，一連の個別のタスクにしていきます．コードを記述するとき，全体の作業内容の中の特定の部分を制御する関数を使って個別のタスクを実行します．最初の段階では ggplot() 関数がほとんどすべての作業を担います．必要な手順はたった 2 つだけです．第 1 に，ggplot() 関数に必要な情報をわたしてください．これにより，どのデータを用いるのか，プロットの特徴としてどの変数を読み込んで配置するのかといったプロットのコアとなる情報が確定されます．第 2 に，geom_ 関数を選んでください．これにより散布図・棒グラフ・箱ひげ図など描画されるグラフの種類が決定されます．

　グラフ作成を進めていく中で，プロットの他の要素（スケール，凡例，テーマ要素など）をさらにきめ細かく制御するための他の関数を徐々に使用していけばよいでしょう．これはまた，ggplot を学ぶ際に，細かい調整や仕上げの装飾について悩むよりも前に，最初にコアとなっているステップを把握することが非常に重要であることを意味しています．本書ではそのように進めていきたいと思います．次章では，R を起動して実行する方法と最初のグラフを作成する方法を学びます．そこから次に，ggplot による手法を要素ごとに例示していきます．そうして洗練されたプロットを非常にすばやく作成し，自分たちの作業を完全にコントロールできるようになるまで学んでいきましょう．学習が進むに従って，R が私たちにしてほしいことを実行するためのアイディアや関連した技術やトリックについて学んでいきましょう．

1.8

次の一手

　マイケル・バッハ (Michael Bach) のウェブサイト (`https://michaelbach.de/`) は，視覚的効果と目で見えるイリュージョンについて，楽しくかつ有益に概観しています．知覚認知とデータ可視化の関係性についてより詳しく知りたい方は，本章に挙げた参考文献をいくつか追いかけて読んでみてください．Munzer, 2014; Ware, 2008; Few, 2009 は取っ掛かりとしては大変によいと思います．クリーブランドの書籍 (Cleveland, 1993, 1994) は明快ですぐれたアドバイスのお手本です．また，次章から始まるように，ウィルキンソンが開発したアイディアは ggplot による視覚化アプローチの中心的なものです (Wilkinson, 2005)．最後に，ベルティンによる基礎研究は，データと視覚的要素の関係に関する多くの思考の背景になっています (Bertin, 2010)．

2

さあ，始めよう！

　本章ではデータを図として示す際に，どのように作成してい
くかを，実際の工程を見ながら学んでいきます．本書では作図
に R と ggplot を利用します．これらを学ぶ最善の手段は，繰
り返しコードを手入力することです．本書の内容は，それに適
するようにインタラクティブで実践的な形式になっています．
本書で示されるコードを実行することで同様の結果，すなわち
同じ図の出力を得られ，最終的に本書の内容ができ上がります．
見本のコードには多くのメモ書きが含まれており，コードを実
行する過程で作成される図およびその他の出力が示されます．

　コードを入力する際はテキストをコピー・ペーストするので
はなく手入力することを強く勧めます．^{訳注1}タイピングは学習の
役に立ちます．こうした写経的な作業は最初，理解できない文
字列の書き起こしとなり退屈に感じるかもしれません．しかし，
写経はじっくりと時間を費やして R 言語の構造や構文がどの
ようなものであるかに慣れるための非常に効率的な学習方法で
す．特に ggplot では似たような部分で構成されるコードを繰
り返し入力することになります．そのため図に対して必要な要
素を重ねていく ggplot での作図の流れを理解するのに役立ち
ます．

訳注 1　本書のウェブページ版 https://socviz.co/ をウェブブラウザで閲覧して，コピー・
　　　　ペーストが可能です．

プレーンテキストでの
R Markdown を使った作業

コードやメモは，任意のテキストエディタを利用してプレーンテキストによる記述を残してください．Microsoft Word やその他のワードプロセッサを使わないことが肝心です．読者は最終的な出力（例えば，Word ファイル，PDF，プレゼンテーション用のスライドまたは図表）をプロジェクトにおける「本物の」成果物として扱うのに慣れているかもしれません．しかし，ここでは出力に至るまでの過程であるデータやコードも成果物に含めて残すことを考えましょう．それにより図や表，テキストなどのすべての出力までのアイディアを，単純なプレーンテキスト形式で書かれたコード，データから順序立てて再現できるようになります．

このように自身のデータ解析結果を再現する能力は科学的な過程において重要です．しかしそれは将来役に立つ実用的なものであると捉えておくべきです．ほとんどの場合，解析結果を再現したいと思う人は，今から半年か一年後の自分自身です．これは特に図やグラフを作成する際にあてはまります．図は多くの場合，細部の調整や指定を行うことで「完成された」品質となります．そのため，この調整作業を確実に再実行できる方法がなければ，図を作り直すことは難しくなります．出版物に掲載される図であれば何度もブラッシュアップし，洗練していくことが一般的です．しかし本書での目標は，例えば Adobe Illustrator のようなアプリケーションで画像を編集するときのように，その変更記録を追えなくするのではなく，プログラムを利用して，可能な限り図の変更記録を再現可能な形で残すことです．

ggplot や関連するデータ分析について学習する過程で，次の 3 つの事柄を反復していることに気がつくでしょう．

- コードを書く

　図を作成するためにたくさんのコードを書くことになります．また，データを読み込んで，そのデータ構造をすばやく確認するコードも書きます．時にはデータを集約，並び替え，部分化，拡張するなどの処理も行い，それを利用した統計モデルを適用することもあります．読者はそのコードを可能な限り簡単に，そして効果的に書けるようになりたいと考えることでしょう．

- 出力を見る

　コードは，表やモデル，そして図という必要な出力を生み出すための一連の指示書きです．多くの場合，コードの出力と結果を部分的に確認できると便利です．作業中，可能であればコードとそのコードが出力する生成物を関連付けておくことも有益です．

- メモをとる

　コードを書いているときに，何をしているか，またその結果が何を意味するかについてもコード中に書き残しておくことがあります．例えば ggplot で何かをする方法を学ぶとき，あなたがしたいことだけでなく，なぜこのようにコードを書いたのか，新しい関数や処理，概念が何をもたらすのかについて，メモをとりたいと思うことがあるでしょう．あるいは，データ分析を行った後で図を作るときやレポートや論文の草案を作成するときにメモが役立ちます．

　どうすればこれらの事柄を効率的に行えるでしょうか．コードとメモをまとめる最も簡単な方法は，コードを書く際にコメントをちりばめることです．すべてのプログラミング言語には，コードとコメントを区別する何らかの方法が用意されています．通常は行の先頭を特殊文字（# など）で始めることで，その行がコメントとして処理されます．notes.R [訳注2] のようなファイル名のプレーンテキストファイルを用意し，そこにコードとコメントを記入します．しかし非常に短い内容のファイルを除

訳注2　本書では R ファイルの表記に対して大文字の .R を使います．

いて，書いたコメントを有効活用するのは難しいでしょう．例を挙げると，分析後にレポートを作成する場合には，分析用のコードと結果を報告する文章や図を別に用意して組み合わせる必要があります．スクリプトファイルはコードとコメントを一緒に管理できますが，コードと図など，コードから出力された生成物とのつながりを失ってしまいます．ここではよりよい方法として，R Markdown によるコメントの記述を試みます．R Markdown を使用することで，コードとメモの関係を維持することが可能になります．

R Markdown ファイル自体は，テキスト（メモや議論のための文章）に断片的な R コードをチャンク（1 つの塊〈かたまり〉）として含めた単なるテキストファイルです．R Markdown で書かれたドキュメントを R に与えるとチャンク内に記述された R コードを順番に実行し，チャンク部分の出力をドキュメントに含めた新しい文書ファイルとしてまとめます．作成されるファイルはテキストファイルよりも読みやすい HTMLや PDF の他，Word 形式のドキュメントに変換して保存できます．R Markdown のコードチャンク以外の箇所はプレーンテキストによる記述を行いますが，簡単な文字装飾や書式設定を指定できます．これは Markdown を介して実行されます．Markdown とはマークアップ言語の一種で，プレーンテキストの書式設定の方法を左右する一連の規則を制御します．Markdown の基礎要素を**図 2.1** 上で示します．RStudioで新しく作成する Markdown 形式のドキュメントには，あらかじめ Markdown で書かれたいくつかの文章が含まれています．

R Markdown が出力するドキュメントは図 2.1 下で模式的に示したもののようになります．コードがメモや文章とは切り離れて出力されています．また必要に応じて Markdown の書式設定が反映されます．コードを記述するチャンクには形式があります[*1]．それは次のようにバックティック記号（` ` `）（U.S. 仕様のキーボードでは Esc キーの下にある文字です）[訳注4]を 3 回繰り

Markdown	Output
# Header	**Header**
## Subhead	**Subhead**
Plain text	Plain text
italics	*italics*
bold	**bold**
`verbatim`	verbatim
1. List	1. List
2. List	2. List
- Bullet 1	° Bullet 1
- Bullet 2	° Bullet 2
Footnote.[^1]	Footnote!
[^1]: The footnote.	[1] The footnote.

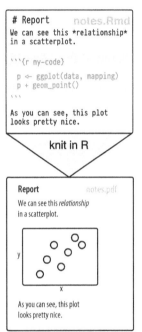

図 2.1：R Markdown で使われる構文の要素（上段）．R Markdown を PDF に出力する際の形式（下段）．

*1　チャンク内では R 言語だけでなく Python やその他の言語が実行可能です[訳注3]．

<hr>

訳注3　R Markdown ファイルのコードチャンク内で動作する言語の一覧は names(knitr::knit_engines$get()) で調べられます．詳細は https://bookdown.org/yihui/rmarkdown/language-engines.html をご覧ください．

訳注4　日本語配列のキーボードではバックティック（backticks）記号は Enter キーの左側にあり，shift キーと同時押しすることで入力されます．

返し，続いて実行する言語の名前を中括弧（{}）で囲んで与え
ます．この部分はコードのチャンクの開始を示します．チャ
ンクを終了，つまりコードの記述を終えるときは再びバック
ティック記号を 3 回入力します．

```{r}

```

　R Markdown を使う方法でメモを残しておくと，作成した
コードとそれに関連するコメントおよびコードが生成する出力
をひとまとめにできます．加えて，すぐに見栄えのよいドキュ
メントに変換できて便利です．

R と RStudio を利用する

2.2.1 RStudio 環境

　R 自体はユーザーインタフェースがほとんどない，比較的小さなアプリケーションです．そのすべてがコマンドラインないしコンソールを介して動作します．最低限必要な操作は，端末（Mac ではターミナルアプリケーション，Windows ではコマンドプロンプト）から R の実行ファイルを起動することです．R が起動すると，R はユーザーからのコマンドが入力されるのを待つ状態になります．これは R が起動した際の画面（コンソール）に > 記号が示されることからもわかります（**図 2.2**）．ここで命令を入力してリターンキーを押すと，R は与えられたコードを解釈して，実行結果をコンソールに返します．

```
R version 4.0.3 (2020-10-10) -- "Bunny-Wunnies Freak Out"
Copyright (C) 2020 The R Foundation for Statistical Computing
Platform: x86_64-apple-darwin17.0 (64-bit)

R は、自由なソフトウェアであり、「完全に無保証」です。
一定の条件に従えば、自由にこれを再配布することができます。
配布条件の詳細に関しては、'license()' あるいは 'licence()' と入力してください。

R は多くの貢献者による共同プロジェクトです。
詳しくは 'contributors()' と入力してください。
また、R や R のパッケージを出版物で引用する際の形式については
'citation()' と入力してください。

'demo()' と入力すればデモをみることができます。
'help()' とすればオンラインヘルプが出ます。
'help.start()' で HTML ブラウザによるヘルプがみられます。
'q()' と入力すれば R を終了します。

>
```

図 2.2：ターミナル（端末）から R を操作する際の起動画面

　コンソールでの対話的な実行に対し，テキストファイルに処理内容を記述し，R に送ることも可能です．適切なエディタを用いて .R スクリプトファイルを書いてみましょう．R で作業する際にプレーンテキストとコマンドラインは最低限必要なも

のです．これだけでは簡素で最低限の機能しか提供されません．ここでは RStudio を使用することで，より快適に R を実行できるようにしましょう．RStudio は統合開発環境（Integrated Development Environment: IDE）です．これは R とは別のアプリケーションになりますが，起動すると内部で R のコンソールのインスタンスが立ち上がり，R が実行できるようになります．また，R を使った作業を補助するさまざまな機能が用意されています．これらにはコードを記述するためのドキュメント，およびその出力結果の表示，R のヘルプシステムを含みます．RStudio には R Markdown を記述する便利な機能も備わっており，次に解説するプロジェクト機能もサポートしています．RStudio を起動すると**図 2.3** のような画面が表示されます．

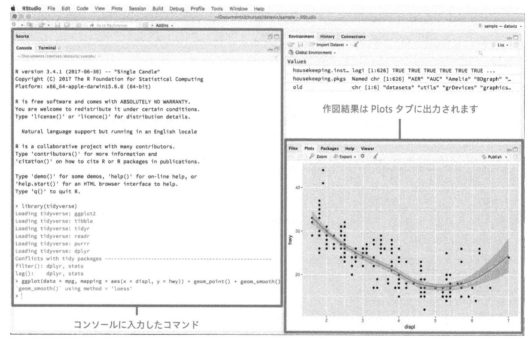

図 2.3：RStudio 統合開発環境

2.2.2 プロジェクトを作成する

まずプロジェクトを作成するところから解説します．メ
ニューから，File，New Project……の順に選択し，プロジェ
クトを作成するディレクトリを選択します*2．プロジェクト
が立ち上がったら，再びメニューからFile，New File，R
Markdown……を選んでR Markdownファイルを作成しま
す．するとデフォルトで用意されている「ドキュメント」を含
んだ一連の選択肢が表示されます．socvizパッケージには，
本書の構造に従った，小さなR Markdownテンプレートが備
わっています．デフォルトのドキュメントの代わりにこのテ
ンプレートを利用するには，File，New File，R Markdown
……を選択した後に表示されるダイアログ画面でサイドバーの

*2　新しいプロジェクトは任意の場所に作成できま
す．一般的にはドキュメントフォルダのどこかに置き
ます訳注5．

図2.4： RStudioでR Markdownファイルを開いた状態．各コードチャンクの右上にある
小さなアイコンはそれぞれ，歯車のものはコードチャンクの実行に伴うオプションの設定に，
下向き三角のものはそれまでのコードチャンク一式を，そして右向きの三角印は現在のカー
ソルが位置するチャンクを実行します．

訳注5　マルチバイト文字列のディレクトリ下でRStudioプロジェクトを作成する際は，ファイ
　　　　ルパスに起因する問題が発生することがあるので注意が必要です．

From Template オプションを選びます．続いて，表示された
リストから Data Visualization Notes の項目をクリックしま
す．R Markdown ドキュメントが表示されたら，File, Save
でファイルを保存しておきましょう．このテンプレートファイ
ルには R Markdown がどのように機能するかについての情報
と，いくつかのヘッダー情報が含まれています．まずはテンプ
レートに書かれた内容を読んでください．次にコードチャンク
と R Markdown フォーマットを見てください．そしてドキュ
メントを Knit[訳注6] し，出力をプレーンテキストと比較してみましょ
う．RStudio で R Markdown ファイルを開いた様子を**図 2.4**
に示します．

　R は R Markdown がなくても動作します．R を実行する一
般的な方法は，R スクリプトファイルを使用することです[*3]．
R スクリプトファイルのファイル形式は通常 .r または .R で
す（R Markdown ファイルは .Rmd です）．小さなプロジェク
トでは単一の R スクリプトだけが必要となる場合があります
が，R Markdown はドキュメントやメモ，出力結果を含んだ
レポートの作成において非常に役立ちます．R スクリプトファ
イルでは # で開始された行がコメントとして扱われるので，そ
こにメモを残すことが可能です．この仕組みを利用して，行の
最後にコメントを追加することもできます．R は行頭だけでな
く，行中に # が出現した時点で，その行の以降の内容をコメン
トとして扱い，コードを無視することになります．

　RStudio には，コードとテキストをすばやく編集するのに
役立つさまざまなキーボードショートカットがあります．例
えばキーボードショートカットにより R Markdown ドキュメ
ントにコードチャンクを挿入できます[*4]．これによりバック
ティックと中括弧を入力する手間が省けます．また現在カーソ
ルの位置がある行のコードを実行するショートカットも用意さ
れています[*5]．こうしたショートカットキーの一覧は MacOS
であれば Option, Shift, そして K の同時押し，Windows の
場合は Alt, Shift, K で確認できます．R Markdown ドキュ
メントには，文字の書式設定から書誌情報との相互参照まで，
あらゆる種類のオプションと設定を含められます．ですが今の

[*3] R スクリプトは，RStudio のメニューから New File, R Script を選択すると作成されます．

[*4] MacOS では Command, Option, I キー，Windows では Ctrl, Alt, I キーの同時押し．

[*5] MacOS では Command, Enter キー，Windows では Alt, Enter キーの同時押し．

[訳注6] R Markdown ファイルから任意の形式のファイルを出力することを Knit と呼びます．詳しくは付録で解説します．

ところは気にしないでください.

　次の段階へ進むのに準備ができていることを確認するために,tidyverse パッケージを読み込んでみましょう.このパッケージはハドリー・ウィッカム (Hadley Wickham) などによって開発された複数の関連 R パッケージを抱き合わせたものです.その中の 1 つに ggplot2 パッケージがあります.この他,R にデータを取り込み,データ操作を容易にするパッケージが利用可能になります.socviz テンプレートから作成したファイルを knit するか,コンソールでパッケージの呼び出しを行ってください.

```
library(tidyverse)

library(socviz)
```

　tidyverse, socviz パッケージをそれぞれ読み込みます.socviz は本書で使用するデータセットと補助となる関数を含んだパッケージです.パッケージが見つからないというエラーメッセージが表示された場合は,0.5 節に書かれた指示に従いパッケージをインストールしてください.

　パッケージをインストールするのは一度だけですが,それを利用するときは R を起動するたびに library() 関数でパッケージを読み込む必要があります.つまり,パッケージの呼び出しは対象のコードを実行する前に行う必要があり,実際にはファイルの最初の方のチャンクで必要なパッケージを読み込むコードを用意することになります.これを忘れると R は関数を見つけられず,コードを正しく実行できません.

2.3

R について知っておくべきこと

新しいソフトウェアは使い慣れるまでに，普通は少し時間がかかります．中でも R のようなプログラミング言語を IDE を使って操作する場合には特にあてはまります．R 言語自体の挙動をコードの記述とコンソールでの出力から学びながら，さらに IDE のことを理解するのは最初は困難かもしれません．しかし長い目で見れば，作業を効率化する機能を豊富に備えた IDE の利用は資産となります．次に R がどのように設計されているか，そして留意点について説明します．これは言語がどのように機能しているのかの雰囲気を掴むのに役立ちます．

2.3.1 すべてに名前がある

R では，扱うものすべてに名前があります．これらはオブジェクトと呼ばれます．オブジェクトを使用したり変更したりするときには，その名前を参照します．名前付きのオブジェクトには，変数 (x や y)，読み込んだデータ (my_data など)，そして関数が含まれます．名前のついたオブジェクトを作ったり，それを参照したり修正したりすることについて，本書では時間をかけて説明していきます．

オブジェクトにつけられない名前もあります．これらには TRUE や FALSE といった予約語，プログラミング言語で重要な for や else，function，加えて特別な意味を持つ NA や NaN (それぞれ欠損値と値がないことを示します) があります．こうした予約語を誤って使うことはおそらくないでしょうが，これらが利用できないことは覚えておいてください．

上記に加え，技術的に許可されていても使用すべきではない名前があります．これらのほとんどは，R のコアの一部を形成するオブジェクトまたは関数で利用されている名前です．それには mean() 関数や range() 関数，var() 関数などの統計処理

の関数および定数として利用される pi や c(), q() のような,
R に標準的に備わっている関数名を含みます.

　R では小文字と大文字を区別します. 例えば綴りが同じで
あっても my_data と My_Data は異なるオブジェクトとして扱
われます. オブジェクトに名前を与えるときは, 簡潔で一貫性
があり有益なものになるようにしてください

　tidyverse のスタイルに従い[訳注7], データの変数名にスペースを
つけないようにしましょう. 複数の単語を結合する必要がある
場合は単語をアンダースコア (_) で区切るようにし, 小文字で
名前をつけます.

2.3.2 すべてがオブジェクト

　オブジェクトはユーザーが作成するものや R にあらかじめ
組み込まれているものの他, パッケージによって追加されるも
のもあります. これは R で扱うすべてがオブジェクトである
ことを意味します. コードでは, オブジェクトに名前を与えな
がらそれを参照したり, 操作したりすることになります. それ
はすぐにコンソールで確認できます. まずは数字のベクトルを
作りましょう. このために c() 関数を使います. この関数名は
combine, concatenate を省略したものです. その機能は関数
の引数内 (括弧内) にカンマ区切りで与えた要素の配列を受け
取り, それを結合して個別の要素にアクセス可能なベクトルと
して返すものです.

```
c(1, 2, 3, 1, 3, 5, 25)
```

```
## [1]  1  2  3  1  3  5 25
```

　コンソールに送信する代わりに, オブジェクトへ代入するこ
とができます[*6].

*6 代入は不等号 < とマイナス − を組み合わせた
<- で行います.

```
my_numbers <- c(1, 2, 3, 1, 3, 5, 25)
```

```
your_numbers <- c(5, 31, 71, 1, 3, 21, 6)
```

訳注7　tidyverse パッケージに含まれる各パッケージの関数名に利用されるスタイルを指します.

　ここで my_numbers という名前のついたベクトルオブジェクトが定義されました．作成したオブジェクトを確認するには，コンソール上でオブジェクト名を入力してリターンキーを押します．これを行うと要素に格納されたすべての値が出力されますが，ベクトルの各要素は必要に応じて個別に参照可能です．

```
my_numbers
```

```
## [1]  1  2  3  1  3  5 25
```

　名前付きのオブジェクトは代入によって作成されます．代入は代入演算子 <- を使用して実行します．代入は，左から右に読む動詞 get と読み替えるとよいでしょう．したがって，上記のコードは「オブジェクト my_numbers は次の結果を保存する」と読めます．代入演算子はキーボードの < と - の2箇所を同時にタイプすることで入力されます．R を使った作業ではこのキーの入力が頻繁に生じるため，RStudio には代入演算子のショートカットが用意されています．Option キーを押しながら（Windows では Alt キー），-（マイナス）記号を入力してください．そうすることで代入演算子がコンソールまたはコード中に出力されます．2つの記号を入力するのは面倒であり，また記号の間にスペースを入れてしまう失敗も防ぐことになるので，このショートカットの利用を勧めます [7]．

　作成した名前付きオブジェクトは R の作業空間あるいは環境（environment）に存在することになります．これをプロジェクトのディレクトリとして考えることもできます．作業空間はプロジェクトに固有です．具体的には R の起動時に指定されるフォルダです．

　特別なことがない限り（非常に大きなデータセットや処理に時間のかかる分析を扱わない限り），オブジェクトが存在する場所について考える必要はありません．コードとデータファイルはプロジェクトに紐付いていると考えることができます．R プロジェクトを開始する際は，データを読み込むところから始めるのが一般的です．つまり，データを読み取り，my_data などの名前付きオブジェクトに割り当てます．コードの残りの部分は，より多くの名前付きオブジェクトを操作して作成する一連の処理となります．

----

[7]　RStudio を利用する中で1つのショートカットしか覚えられないとするならば，このショートカットを覚えてください．MacOS では Option と -，Windows では Alt と - を代入演算子の入力に使えるようなキーボードショートカットを用意しておくのもよいでしょう．

2.3.3　関数を使用する

Rでは，ほとんどの処理が関数を介して行われます．関数の特徴を以下に整理します．

- 関数は，特定のアクションを実行する機能を持つ特別なオブジェクトと考えてください．
- 関数は与えられた入力に基づき出力を返します．
- 関数は私たちが伝えた内容を確実に実行します．
- 関数にいくつかの情報を与え，その情報に基づいて関数は働き，そして結果を返します．
- 関数は名前の後に括弧がつきます．

模範的な例を**図 2.5** に示す．これにより，単一の文字や名前付きベクトル，データなど他のオブジェクトと区別できるようになります．

関数の括弧内は，関数に情報を送るために利用されます．これを引数と呼びます．ほとんどの関数は1つ以上の名前付き引数を受け取ります．関数の引数は，関数が何をするかを知るために求められるものです．これらは対象のデータを定義 (data = my_numbers) したり，特定の命令 (title = "GDP per Capita")，あるいは選択 (smoothing = "splines", show = FALSE) を指定したりするオプションです．例えば my_numbers オブジェクトは数値ベクトルですが，これを作成するには c() 関数を使いました．c() 関数はカンマで分かれた要素を入力に与え，それらをベクトルとしてまとめます．

```
my_numbers

## [1]  1  2  3  1  3  5 25
```

同様に mean() 関数は数値ベクトルの単純平均を計算する関数です．mean() 関数の引数に何も与えずに実行するとどうなるでしょうか．

```
mean()
# mean.default() でエラー :
# 引数 "x" がありませんし，省略時既定値もありません
```

```
fn_name( argument1 = <value1>,
         argument2 = <value2>,
         argument3 = <value3>)
```

```
plot_it( xvals = my_numbers,
         yvals = your_numbers,
         title = "Our Number Plot")
```

図 2.5：関数の模式化（上）．2 つのベクトルとタイトルを引数に持つ関数のイメージ（下）．ベクトルはそれ自身がオブジェクトでタイトルは引用符によって囲われます．

　ここで出力されるエラーメッセージは簡潔ですが有益なもの
です．この関数を機能させるには引数 x の指定が必要で，この
エラーは x を与えていないがため，という情報です．この場合，
mean(x =) にオブジェクトを与えるようにします．

```
mean(x = my_numbers)
```

```
## [1] 5.714286
```

```
mean(x = your_numbers)
```

```
## [1] 19.71429
```

　関数の引数は名前を持っています（先の例では x）が，関数
の実行時には名前の指定は必須ではありません．省略が可能で
す．

```
mean(my_numbers)
```

```
## [1] 5.714286
```

　引数名を省略すると，R は関数の実行に必要な指示を括弧内
に与えられた順番に与えられていると仮定して動作します．関
数のドキュメントを見ると，関数で定義される引数やその順序
について解説されています [*8]．名前の省略は，1つ2つ程度の
引数を指定する関数では，混乱がないかもしれません．しかし，
より複雑な関数では引数名がないと混乱します．関数の引数は
通常，その順序を定義通りに与えることよりも，名前を指定し
て与えた方が安全です．
　通常，関数の引数を指定するときの構文は引数名 = 値です．
与える値がすでにワークスペースに保存されている名前付きオ
ブジェクトの場合，mean(オブジェクト名) のように引用符で
囲まずに指定します．対して，値がオブジェクトや数値，TRUE
などの論理値でない場合，すなわち文字列で与えるときは引用
符で囲みます（例えば labels(x = "X Axis Label")）．
　関数は引数を介して入力を受け取り，入力を元に処理を実
行，結果を出力します．出力が何であるかは関数が処理する内

[*8] 関数のヘルプドキュメントの見方は付録で解説
しています．

容に依存します. c() 関数は入力にカンマ区切りの要素の配列を受け，それらと同じ長さの要素を持つベクトルとして返します. mean() 関数は数値ベクトルを受け取り，それらの平均値として1つの値を返します. 関数は単一の数値や1つのベクトルよりも多くの情報を出力できます. 関数の出力は，データフレーム[訳注8] の内容，線形モデルの結果といった複雑なオブジェクトや画面にプロットを表示するなどの機能があります. これらは他の関数の出力を含めることも可能です. 例を挙げると，summary() 関数はベクトルに対して一連の計算を実行し，名前付きの要素を持つテーブルを作成します.

　関数の引数名は，関数の内部で定義されています. 例えば x という名前のオブジェクトを作成したとします. mean() 関数の引数にも x が定義されており，これが平均の計算に用いられます. しかし，これで R が混乱して引数の x を別の環境の x と取り違えるといったことは起こりません.

　c() 関数や mean() 関数の処理で見たように，関数の結果はオブジェクトとして保存できます.

```
my_summary <- summary(my_numbers)
```

　関数の実行時に結果をオブジェクトに代入しておくと，コンソールへの出力は行われません. R は，ユーザーが指示した通り，結果を新しいオブジェクトへと入れるようにしただけです. 保存したオブジェクトの中身を見るには，コンソールでオブジェクト名を入力し，リターンキーを押すだけです.

```
my_summary

##    Min. 1st Qu.  Median    Mean 3rd Qu.    Max.
##   1.000   1.500   3.000   5.714   4.000  25.000
```

2.3.4　パッケージが提供する関数

　コードは達成したいタスクに応じて量も異なり，多少の複雑さが伴います. R での作業に慣れたら，おそらく必要な結果を生成する独自の関数を作成することになるでしょう. しかし他

訳注8　データフレームに関しては 2.3.5 節および付録にて解説します.

のプログラミング言語と同様に，関数の定義をすべて自分で行う必要はありません．便利な関数はパッケージとしてユーザーがインストールし，Rのセッション中に読み込むことで利用可能となります．パッケージの利用は車輪の再発明を防ぎます．例えば，コードを最初から作成して図を描画するようにしたり，データをメモリ上にロードさせないようにしたりするためです．またパッケージは，それを利用するだけでなく，そこからさらに便利な機能を提供する関数に拡張することも可能です．ggplot2は作図の機能を提供する関数を含んだパッケージです．このようなパッケージは豊富にあり，本書を通して他にいくつかのものを利用します．

パッケージ中の関数を利用するには，library()関数を使ってパッケージを読み込む方法と，名前空間を指定して関数を直接呼び出す方法とがあります．コードを書くことの中に含まれますが，独自の関数を記述することはR自身と関数について理解するよい方法です．長年にわたり多くの人々が関数を整備してきました．Rなどのオープンソースソフトウェアではこれらの開発作業には誰でも参加可能で，その恩恵はみんなが享受できるようになっています．

データの視覚化は，関数および引数に適切な指示を与えていくことで実現していきます．私たちが犯す間違いの多くは，正しい関数を選択していないか，関数に正しい引数をわたせていないか，関数が許可する入力を与えていないことに起因します．

今のところは名前付きオブジェクトを作成し，操作することでRでの作業が行われるということを覚えておいてください．オブジェクトを関数にわたすことでオブジェクトを操作します．関数は引数に与えられた情報を元に何らかの処理（平均の算出，モデルのあてはめ，変数への操作など）を行い，その結果を返します．

```
table(my_numbers)
```

```
## my_numbers
##  1  2  3  5 25
##  2  1  2  1  1
```

訳注9　「車輪の再発明」はコンピュータプログラミングの分野で用いられる慣用句です．例えば馬車を設計することになった際に，すでに完成されたものを使わずに車輪を一から設計すると多大な時間がかかります．完成された部品（ここでは車輪）を利用することで目的を達成するまでの時間を短縮できます．

```
sd(my_numbers)
```

```
## [1] 8.616153
```

```
my_numbers * 5
```

```
## [1]    5  10  15   5  15  25 125
```

```
my_numbers + 1
```

```
## [1]  2  3  4  2  4  6 26
```

```
my_numbers + my_numbers
```

```
## [1]  2  4  6  2  6 10 50
```

　最初の2つの関数は，my_numbers の要素をカウントして表を作る処理と，標準偏差を求める処理です．それに続く，3つのコードとその結果に注目してください．まず，my_numbers に5をかける命令を与えました．すると R は my_numbers に含まれる個々の要素に5をかけるのだと解釈します．

　次の1を足す処理でも同様です．単一の値は，対象のベクトルの長さ（要素の数）に応じて繰り返し与えられます．これをリサイクルと呼びます．対照的に，最後の例では my_numbers 自身に my_numbers を足し合わせます．ここでは長さが等しいオブジェクトの演算であるため，位置が同じ要素を足していきます．これはベクトル化処理の例になります．

2.3.5　オブジェクトのクラスをたずねる

　すべてのオブジェクトはクラスを備えています．クラスの種類には，ベクトル，文字列，関数，リストなどがあります．オブジェクトのクラスを知ることで，オブジェクトができる・できないことに関して多くのことがわかるようになります．

```
class(my_numbers)
```

```
## [1] "numeric"
```

```
class(my_summary)
```

```
## [1] "summaryDefault" "table"
```

```
class(summary)
```

```
## [1] "function"
```

特定の処理により，オブジェクトのクラスが変更されることがあります．例えば数値ベクトルの my_numbers に対して文字列を追加しようとします．

```
my_new_vector <- c(my_numbers, "Apple")
my_new_vector
```

```
## [1] "1"     "2"     "3"     "1"     "3"     "5"     "25"     "Apple"
```

```
class(my_new_vector)
```

```
## [1] "character"
```

関数は指示に従い，my_numbers へ "Apple" を追加しました．一方でベクトル内の数値から文字へと切り替わり，オブジェクトのクラス自体も文字列になりました．すべての数値が引用符で囲まれています．文字列となった数値では算術計算が行えません．

これから行うほとんどの作業では，ベクトルや他のオブジェクトから，値を直接操作することはありません．その代わりに，より簡単で安全な，わずかに高レベルの作業を行います．ただし c() は有用な関数ですので，ベクトルの要素を参照する方法の基礎について知っておくことには価値があります[*9]．

本書では共通のデータセットを用いてコードを解説する時間を省略します．これらのデータセットは，コンピュータにローカルで保存されたファイルやリモートでアクセス可能な場所に保存されています．R に一度読み込まれると，オブジェクトとして参照できるようになります．これまで見てきたように，R ではオブジェクト保存時の形式にいくつかの種類があります．そのうちの1つが行列（matrix）オブジェクトです．これは数字の行と列で構成されています．また，R で最も一般的なオブジェクトはデータフレーム（data.frame）です．これは行列と

*9　付録では，オブジェクト内の要素を参照するための基本について詳しく解説しています．

同様に行と列に値を持ちますが，それぞれ観測行，変数として
名前を持つのが特徴です．このようなデータはテーブルデータ
として一般的です．データフレームでは，各列ごとに異なるク
ラスのオブジェクトを含められます．これには数値，文字列な
どがあります．以下にデータフレームの例を示します．このデー
タは socviz パッケージに含まれるデータセットの 1 つです．

```
titanic
```

```
##         fate     sex    n percent
## 1 perished    male 1364    62.0
## 2 perished  female  126     5.7
## 3 survived    male  367    16.7
## 4 survived  female  344    15.6
```

```
class(titanic)
```

```
## [1] "data.frame"
```

このタイタニック号のデータでは，4 つの列のうち 2 列は数
値，残りは別の種類の変数です．行および列の値を参照する方
法はいろいろあります．例えば $ 演算子を使用し，データフレー
ムの特定の列をピックアップできます．

```
titanic$percent
```

```
## [1] 62.0  5.7 16.7 15.6
```

付録では，さらに多くの種類のオブジェクトから，特定の要素
を選択する方法を紹介しています．

　本書では，tibble と呼ばれるデータフレームの拡張オブジェ
クトにしばしば遭遇します．これは tidyverse では tibble 形
式のデータフレームがサポートされていることに由来します．
tibble もデータフレーム同様，異なるクラスの変数をデータ
フレームという 1 つのオブジェクトに格納するために利用され
ます．tibble のオブジェクトをコンソールで出力すると，各
変数がどのようなデータを含んでいるかを表示してくれて便利
です．必要であれば as_tibble() 関数によってデータフレー
ムを tibble に変換可能です．

```
titanic_tb <- as_tibble(titanic)
titanic_tb
```

```
## # A tibble: 4 x 4
##   fate     sex          n percent
##   <fct>    <fct>    <dbl>   <dbl>
## 1 perished male      1364    62
## 2 perished female     126     5.7
## 3 survived male       367    16.7
## 4 survived female     344    15.6
```

出力の上部，そして下部に注目してください．tibble オブジェクトがデータフレームよりも詳細なデータの情報を戻してくれることを確認しておきましょう．

2.3.6　オブジェクトの内部を見るために その構造を取得する

　str() 関数はオブジェクトの中身を調べるときにしばしば利用される便利な関数です．

```
str(my_numbers)
```

```
##  num [1:7] 1 2 3 1 3 5 25
```

```
str(my_summary)
```

```
## Classes 'summaryDefault', 'table'
 Named num [1:6] 1 1.5 3 5.71 4 ...
## ..- attr(*, "names")= chr [1:6] "Min."
 "1st Qu." "Median" "Mean" ...
```

　注意：ベクトルのような数字の配列は比較的単純ですが，Rで扱うオブジェクトには複雑なものもあります．そのため str() で構造を確認するときに，大量の情報が出力されてしまうこともあります．Rでは一般的に，複雑なオブジェクトは単純なオブジェクトの集まりです．その多くはリストオブジェクトとして提供されていて，階層構造を持つこともあります[*10]．例えば引っ越しのような複雑な作業に用いる to-do リストを考えてみてください．それは大小さまざまな作業に整理され，各項目がいくつかの小さな作業を含んでいることがあります．作

*10　RStudio には Environment タブの中でオブジェクトを要約したり，内部構造を確認したりする機能も備わっています．

業の1つは，引っ越し業者とのスケジュール調整に関連しているかもしれないですし，別の作業リストでは，慈善団体へ寄付するものの整理，3つ目のリストには引っ越し先での荷下ろしなどの作業が含まれることもあります．この引っ越し作業と同様，プロットを描画するときにはto-do項目のようなものを埋めていくことになります．作成するオブジェクトには多くの構成要素があります．ただし一連の明確に定義された手順を踏むことで，複雑な図であっても段階的に構築することが可能です．また引っ越し時のto-doリストとは異なり，作業を実際に行うのはコンピュータです．私たちはプログラムが正しく動くように，to-doリストをしっかり作り上げることです．

2.4

自分自身，Rへの忍耐

　すべてのプログラミングがそうであるように，Rは望み通りに動いてくれるわけではなく，あなたが「指定した」通りに働きます．これは時としてイライラの原因になることがあります．プログラミングは大きな力を備えていますが，それを実行するには指示が必要であり，命令の通りに動くロボットのようでもあります．また，些細（ささい）なタイプミスから大きな落とし穴に至るまで，間違いはプログラムにはつきものです．エラーの確認やデバッグ，テストもまたプログラミングの重要な作業になります．そのため，忍耐強くあることが肝心です．エラーはいつか起こるもので，心配することはありません．エラーは何かを壊すわけではありません．コードの誤りを修正する過程で，言語の仕様を理解することにつながります．

　ここでは，Rのコードを書く際に留意するべき3つの点を解説します．

- 括弧は必ず閉じなくてはいけません．開始の (に対し，終了の) が必要です．
- 表現式を完成させてください．コードをコンソールへ送り，実行させたら次のコマンドプロンプトが次の入力を待つようになります．代わりに + が表示されているのであれば，Rはまだあなたの式が完全に終わっていると理解していないことを意味します．これを強制的に中断するには，Esc もしくは Control と C キーの同時入力を行います．
- ggplot の文法では特に，以下のように式を + で追加していくことでプロットを作成していきます．ここでの + は行頭ではなく行末にある点に注目してください．つまり ggplot ではこのようなコードを書きます．

```
ggplot(data = mpg, aes(x = displ, y = hwy)) +
  geom_point()
```

次はよくない例です．

```
ggplot(data = mpg, aes(x = displ, y = hwy))
+ geom_point()
```

　RStudio ではコード入力を補助する機能がたくさんあります．その1つがコードのシンタックスハイライトです．また，括弧を開始すると自動的に閉じ括弧も入力されます．これにより，括弧の閉じ忘れ，括弧の数が合わない問題を減らすことが期待できます．デバッグ機能として，実行に失敗したコードの問題を探ることも可能です．オブジェクトの名前を自動的に補完し，入力を補助します．関数のドキュメントの参照も簡単です．引数名もすべてを入力する必要はなく，コード補完が有効です．他の便利な機能については，RStudio を使いながらゆっくりと見ていくとよいでしょう．

2.5

Rにデータを読み込ませる

何かをプロットする前に，データを利用可能な形式でRに読み込ませる必要があります．データの読み込みとクリーニングは，RやStata，SAS，SPSSやその他の統計解析のソフトウェアなどを使用するかどうかに関係なく，データ分析の過程ですぐに実行できるものです [*11]．これが，本書で扱うデータセットの多くが手動で読み込むのではなく，socviz パッケージによって提供されている理由です．一方で，本書を通じて学ぶ技能を他のデータセットですぐにでも適用したい場合もあるでしょう．Rを学習する際も，用意されたデータセットを使うのではなく，自身が関心のあるデータを使うことでコードを試そうという気になることもあります．

read_csv() 関数でカンマ区切りのテキストファイルを読み込みます．この関数は tidyverse に含まれる readr パッケージによって提供されています．Rには多くの統計解析ソフトウェアとの互換のために，Stata，SASやSPSS形式のファイルを取り込む機能があります．tidyverse においては haven パッケージがその役割を担います．ここでは read_csv() 関数でテキストファイルを読み込む例を示します．対象のデータはローカル，つまりRを実行するコンピュータの特定のディレクトリ（例えば data/）や，コンピュータ上には存在しないリモート先にある場合があります．read_csv() 関数では対象のデータがあるパスまたは URL, FTP アドレスが与えられると，それを判別してデータを読み込みます．最初の例ではデータはリモート上の csv ファイルを対象としています．まずはファイルが置かれている URL を文字列としてオブジェクト化しておき，read_csv(file=) でその URL を与えて実行，organs というオブジェクトに保存しています．

*11 Stata, SAS, SPSS はいずれも商業利用されているもので有償です．特に Stata は社会科学の領域で広く使われています．

```
url <- "https://raw.githubusercontent.com/kjhealy/viz-organdata/master/organdonation.csv"

organs <- read_csv(file = url)

organs
```

```
## # A tibble: 238 x 21
##    country  year donors    pop pop.dens   gdp gdp.lag health health.lag pubhealth
##    <chr>   <dbl>  <dbl>  <dbl>    <dbl> <dbl>   <dbl>  <dbl>      <dbl>     <dbl>
##  1 Austra~    NA     NA  17065    0.220 16774   16591   1300       1224       4.8
##  2 Austra~  1991   12.1  17284    0.223 17171   16774   1379       1300       5.4
##  3 Austra~  1992   12.4  17495    0.226 17914   17171   1455       1379       5.4
##  4 Austra~  1993   12.5  17667    0.228 18883   17914   1540       1455       5.4
##  5 Austra~  1994   10.2  17855    0.231 19849   18883   1626       1540       5.4
##  6 Austra~  1995   10.2  18072    0.233 21079   19849   1737       1626       5.5
##  7 Austra~  1996   10.6  18311    0.237 21923   21079   1846       1737       5.6
##  8 Austra~  1997   10.3  18518    0.239 22961   21923   1948       1846       5.7
##  9 Austra~  1998   10.5  18711    0.242 24148   22961   2077       1948       5.9
## 10 Austra~  1999    8.67 18926    0.244 25445   24148   2231       2077       6.1
## # ... with 228 more rows, and 11 more variables: roads <dbl>, cerebvas <dbl>,
## #   assault <dbl>, external <dbl>, txp.pop <dbl>, world <chr>, opt <chr>,
## #   consent.law <chr>, consent.practice <chr>, consistent <chr>, ccode <chr>
```

read_csv() 関数の実行時に出力される情報は，csv ファイ
ルの各列がどのようなデータ型に割り当てられたかを示すもの
です．この場合は実数と文字列が構造の情報として出力されま
す．読み込み時にデータ型が表示されることで，意図した通り
にデータが読み込まれているかを確認するのに役立ちます．具
体的には数値列として扱いたい列に文字列が含まれてしまっ
ているために文字列型で読み込んでしまった場合に，この表示
によって間違いの発見が早まることがあります．先に述べた通
り，データ型によって適用できる処理に違いがあります．csv
ファイルの読み込み関数には，関数名に _ を使わずに . を使っ
た read.csv() 関数が利用されることもあります．これは R 標
準の関数です．この違いの 1 つは，read_csv() 関数では文字
列をあらかじめ因子型に変換しないことです．これはデフォル
トで文字列を因子型として扱う read.csv() 関数とは対照的で
す^{訳注10}．データを因子化しておくと，R では有益な機能がありま
す（特に実験などで複数の処理や対照グループが存在するとき）
が，それは常に必要なものではありません．意図しないデータ

訳注 10 R4.0.0 からこの仕様が変更され，デフォルトで文字列型として扱われるようになりま
した．

*12　Rではデータベースに接続することもできますが，ここでは解説しません．

*13　詳細は haven パッケージのドキュメントをご覧ください．

の変換によるユーザーの混乱を防ぐために read_csv() 関数ではこのような実装となっています．

　R は多様な形式のデータを読み込めます*12．tidyverse パッケージに含まれる haven パッケージを使うことで，商用のソフトウェアが扱う形式のファイルも R に読み込めるようになります．例えば手持ちのデータが Stata の .dta ファイルの場合には，上記の read_csv() 関数と同様に read_dta() 関数でデータを R に取り入れることが可能です．この関数では .dta ファイルに記録されたデータを論理値，整数，文字列，因子として読み書きできるのに加え，Stata が持つラベル付きのデータを処理する機能があります*13．これにより，ラベル付き変数を R のクラスの1つとして扱うことになります．Stata では欠損値のコーディングスキームもサポートされていますが，R ではこれがサポートされていない点には注意が必要です．R では欠損値は単純に NA として処理されます．

　R で使用するデータ，特に ggplot による作図を行うときは，データが「tidy」と称される表現形式となっていることが最善であることを心に留めておいてください．「tidy」なデータの基本は，すべての観測が1行に記録され，変数が独立した列であることです．これによりデータの行数が多くなる傾向にあります．これについては第3章で詳しく見ていきます．また付録でも tidy データの解説をしています．

2.6

最初の図を作る

　Rについての理解は十分でしょう．本書のテーマはすぐれた
グラフィックスの作成方法にあるので，Rのより詳しい使い方
を知ることは先延ばしにしておきましょう．いよいよ，作図の
ための関数を使ってデータを可視化する方法を紹介します．こ
こではgapminder^{訳注11}データセットを使います．これはすでに利
用可能となっているはずです．まずはlibrary()関数でデー
タセットを参照できるようにしましょう．

```
library(gapminder)
gapminder
```

```
## # A tibble: 1,704 x 6
##    country     continent  year lifeExp      pop gdpPercap
##    <fct>       <fct>     <int>   <dbl>    <int>     <dbl>
##  1 Afghanistan Asia       1952    28.8  8425333      779.
##  2 Afghanistan Asia       1957    30.3  9240934      821.
##  3 Afghanistan Asia       1962    32.0 10267083      853.
##  4 Afghanistan Asia       1967    34.0 11537966      836.
##  5 Afghanistan Asia       1972    36.1 13079460      740.
##  6 Afghanistan Asia       1977    38.4 14880372      786.
##  7 Afghanistan Asia       1982    39.9 12881816      978.
##  8 Afghanistan Asia       1987    40.8 13867957      852.
##  9 Afghanistan Asia       1992    41.7 16317921      649.
## 10 Afghanistan Asia       1997    41.8 22227415      635.
## # ... with 1,694 more rows
```

　このデータは国別の平均寿命や1人あたりの国内総生産
（Gross Domestic Product: GDP）などを記録したデータで，
年ごとに行が分かれています．これを散布図でプロットしま
しょう．以下のコードを入力して，何が起きるのかを確認して
みてください．

訳注11 gapminderデータセットは，スウェーデンの独立非営利財団Gapminder
　　　　Foundationによって運営され，さまざまな統計情報を公開し，また教材として提供
　　　　しています．cf: https://www.gapminder.org/

```
# 図2.6
p <- ggplot(data = gapminder,
            mapping = aes(x = gdpPercap, y = lifeExp))
p + geom_point()
```

　図2.6は最初の図としては悪くありません．グラフの軸には，どのデータを示しているかのラベルが与えられており，選択した2つの変数の関係が読みやすく視覚化されています．もちろんこの図はよりよくすることが可能です．それについては次章以降で学んでいきましょう．

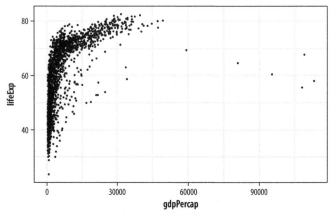

図2.6：1人あたりの GDP に対する平均寿命のプロット．多くの国の年間の値を表示しています．

2.7

次の一手

　次章へと進みましょう．しかし，ここで立ち止まってもう少しRやRStudioに慣れるために時間を費やしてもよいでしょう．本書の付録にあるいくつかの情報，特にRに関する入門資料やデータ読み込み時に発生しがちな共通の問題を議論した項目は一見する価値があるかもしれません．Rについて学べる無料のオンライン学習コースがいくつかあります[*14]．本書を読み進めるにあたり，これらの資料が役立つかもしれません．一方で，行き詰まったときの問題が資料の中で解決できていなくても心配はありません．これらの資料は，問題の本質とは離れたプログラミングの基礎やツールを紹介する傾向にあります．

　またRStudioでできることやその機能についてもう少し理解しておくことも価値があります．RStudioのウェブサイトには，あなたの学習を支援する入門的な資料が豊富にあります．RStudioやR Markdown，tidyverseの各パッケージの利用方法を整理したチートシートもそのうちの1つです．

[*14] https://swirlstats.com/, https://www.pluralsight.com/, https://www.datacamp.com/ [訳注11]

訳注12 原著では www.pluralsight.com の箇所が tryr.codeschool.com でしたが，サイトリニューアルのためにドメインが変更されています．

3

プロットを作る

　本章では ggplot のコアとなる関数群を使って一連の散布図を作る方法を紹介します．本章では意図的にとてもゆっくりと注意深く，入力するコマンドの背景にある論理を理解できるように時間をかけて進めていきます．ggplot を使ってデータを可視化する作業の中心には，多かれ少なかれ同様の一連のステップが含まれているからです．ぜひこのやり方を学んでみてください．

　といいつつも，別の観点から見ると，このやり方はとても速いペースで学習を進めていることになります．ひとたび基本的な作業の流れを決め，最終的な画像に含まれる予定の断片情報を ggplot がどのように集めて組み上げるかを理解すれば，分析的にも審美的にも洗練されたプロットをすぐにでも作り出せることがわかると思います．例えば，本章が終わる頃には，多数の国々の時系列データセットについて小規模の多次元プロットを作り，それぞれのパネルに平滑化回帰直線を書き加えることができるようになっているでしょう．

ggplotはどうやって動くのか

第1章で見たように，視覚化には線・形状・色などを用いたデータ表現が含まれます．データ内の変数と，画面や紙面に描かれているプロットに含まれる変数の表象（representation）の間には構造化された関係があり，これをマッピング（mapping）と呼びます．すべての種類の変数がマッピングに関連しているわけではないことと，（それとは別の話ですが）いくつかの表象は他よりも解釈するのが難しいということもすでに学んできました．ggplotは，データをプロットの中の視覚的要素としてマッピングし，作り出すプロットの種類を望み通りに指定して，それから図の表示方法を詳細に制御することができる一連のツールセットを提供しています．**図3.1**は上から下に向けてデータから始まりプロットを完成させるまでのプロセスの概略を示しています．今のところこの図の詳細な情報については心配しないでください．次に続くいくつかの章を使って徐々にピースをそろえていきます．

ggplotを使う上で最も大切なことは，ggplotを使って作りたいプロットの論理的な構造を考えることです．あなたが記述するコードはデータにある変数（群）と，色・点・形状といったスクリーンに表示される要素を結びつけます．ggplotでは，こうしたデータとプロット要素の接続性は，審美的要素のマッピング（aesthetic mappings）もしくは単に審美的要素（エセティクス，aesthetics）と呼ばれます．プロットを作り始めるには，常に，まずggplot()関数を使ってどのデータを使うのか，データの中のどの変数をプロットの審美的要素として論理的にマップするのかを指定します．その結果を受けてから，作りたいグラフの種類（散布図，箱ひげ図，棒グラフなど）を指定します．ggplotではこうしたプロットのタイプはgeom（ジオム）と呼ばれます．それぞれのgeomには対応する作図関数があります．例えば，geom_point()関数は散布図を，geom_

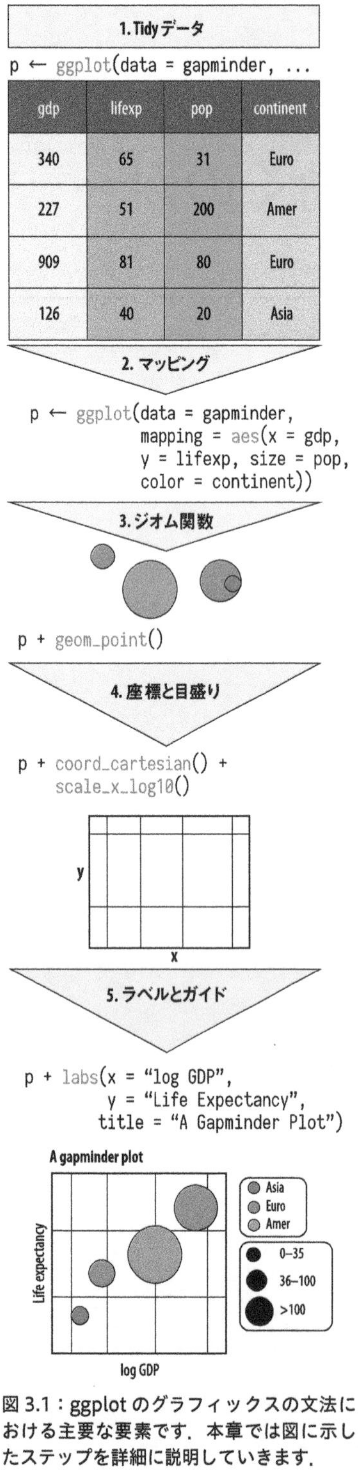
1. Tidy データ
p ← ggplot(data = gapminder, ...
gdp lifexp pop continent
340 65 31 Euro
227 51 200 Amer
909 81 80 Euro
126 40 20 Asia
2. マッピング
p ← ggplot(data = gapminder,
mapping = aes(x = gdp,
y = lifexp, size = pop,
color = continent))
3. ジオム関数
p + geom_point()
4. 座標と目盛り
p + coord_cartesian() +
scale_x_log10()
y
x
5. ラベルとガイド
p + labs(x = "log GDP",
y = "Life Expectancy",
title = "A Gapminder Plot")
A gapminder plot
Life expectancy
log GDP
Asia
Euro
Amer
0–35
36–100
>100

図 3.1：ggplot のグラフィックスの文法における主要な要素です．本章では図に示したステップを詳細に説明していきます．

bar() 関数は棒グラフを，geom_boxplot() 関数は箱ひげ図を作るといった具合です[訳注1]．プロットを作る際にはこの２つのオブジェクト，つまり ggplot() オブジェクトと geom オブジェクトを統合する必要があり，これは + 記号によって互いが結合されるように記述します．

この時点で，ggplot はプロットを描くために十分な情報を与えられています．残りは見栄えを好みに応じて整えるだけです．他に何も指定しなければ，ggplot は与えられた内容を賢く反映した一連の初期設定を適用します．とはいえ，多くの場合では，スケールに関する情報，凡例や軸のラベル，あるいは図を読むための手がかりとなるその他のガイド要素（ラベルやマークなど）についてより厳密に望み通りに指定したくなるでしょう．こうした要素は geom_ 関数と同様の書式でプロットに追加できます．各構成要素はそれぞれ独自の関数を持っているので，対応する指定が必要な要素をわたした上で，コードの最後に文字通り (+ 記号を使って) 追加します．このようにプロットを要素ごとに体系的に組み上げていきます．

本章では，上記プロセスの主な手順を説明していきます．作図例をたどりながら進めていき，プロットのシリーズを繰り返し作っていこうと思います．前にも書きましたが，コードを自分の手で（コピー・ペーストではなく）入力しながら学習を進めることを強くお勧めします．退屈な作業に思えるかもしれませんが，そうすることはコードによって何が引き起こされるのかに慣れ，R の文法を理解するためには，断然に効率的な方法です．もちろん必然的に打ち間違いが生じるでしょうが，それを通じて自分のミスをすばやく見つけ出して診断できるようになり，また，プロットの高次構造についてよりよく把握できるようになります．R Markdown ファイルをメモ用に開き，tidyverse パッケージをロードして（library(tidyverse) を実行します)，ノートとコメントを残すように心がけてください．

訳注１　geom は geometric object（幾何学的なオブジェクト）の略で，グラフ上に要素をマッピングする関数の接頭語となっています．本章でもそのうちのいくつかが紹介されます．本文ではこれらの geom_ で始まる関数をまとめて「geom_ 関数」と表記します．

tidy データ

これから tidyverse パッケージのツール群を使っていくために，データを tidy データと呼ばれる特定の様式に整えておきます（Wickham, 2014）．社会科学者にはデータを横長の形式（wide format）にするか，縦長の形式（long format）にするかの問題といえば馴染みがあるかもしれません．縦長の形式ではすべての変数は列（column）に割り振られ，観察情報はすべて行（row）に分けられています．横長のデータでは，変数のいくつかが複数の列にまたがって展開（spread）されています．例えば，**表3.1** には各国の平均寿命を示した表の一部を載せました．これは横長の形式です．変数の1つである「年」が表の列にまたがって広がっているためです．

これと対照的に，**表3.2** には同じデータを縦長の形式にしたものの先頭部分を掲載しました．ggplot において求められる tidy データはこの縦長の形式です．関連する用語を挙げておきますと，この表3.2の year 変数はキー（key）と呼ばれることがあり，lifeExp 変数はそのキーが行ごとにとる値として value と呼ばれます．これらの用語はデータを横長の形式から縦長の形式に変換する際に役立ちます．ここでは詳しいことに立ち入らず，少しおおざっぱに書いておきます．これらの用語の背後には，テーブルデータの保存形式についての理論的背景がありますが，現時点ではここで述べる以上の詳細は必要ありません．tidy データというアイディアについてもっと知りたいという場合は，付録にて詳細を説明していますので参照してください．また付録には，いくつかの変数が表の列にまたがっ

訳注2

訳注 2 この「tidy」という単語はあまり馴染みがないかもしれません．ぴったりな日本語を充てるのが難しい概念ですが，「こぎれいな，整然とした，心地のよい」といった意味の形容詞です．2019年にはこんまり（KonMari）さんこと近藤理恵氏が『*Tidying Up with Marie Kondo*（邦題：KonMari〜人生がときめく片づけの魔法〜）』というウェブ番組で話題になりました．tidy データもこれと同じで，tidyverse パッケージで取り扱いやすいように「片付いているデータ」の様式を指します．

表3.1：横長の形式（wide format）の平均寿命データ

country	1952	1957	1962	1967	1972	1977	1982	1987	1992	1997	2002	2007
Afghanistan	29	30	32	34	36	38	40	41	42	42	42	44
Albania	55	59	65	66	68	69	70	72	72	73	76	76
Algeria	43	46	48	51	55	58	61	66	68	69	71	72
Angola	30	32	34	36	38	39	40	40	41	41	41	43
Argentina	62	64	65	66	67	68	70	71	72	73	74	75
Australia	69	70	71	71	72	73	75	76	78	79	80	81

表3.2：縦長の形式（long format）の平均寿命データ

country	year	lifeExp
Afghanistan	1952	29
Afghanistan	1957	30
Afghanistan	1962	32
Afghanistan	1967	34
Afghanistan	1972	36
Afghanistan	1977	38
⋮	⋮	⋮

て展開されている一般的な横長の形式のデータをtidyデータ
に整形するためのRコードの例も掲載してあります．

　表3.1と表3.2を比べてみると，tidyデータは最もコンパク
トなデータ表現形式ではないということがわかると思います．
実際のところ，他人に数字を見せたいだけであれば，tidyデー
タは通常あまり得策ではありません．tidyでないデータは「乱
雑」だということではなく，また，「間違っている」わけでもあ
りません．データを縦長の形式にすることで長く伸びるかもし
れませんが，プロットを首尾一貫して記述するためのマッピ
ングを指定する際に最も直接的ですぐれたデータ形式がtidy
データなのです．

マッピングがデータと表示物を結びつける

プロットを作るとき，そのつど，作ろうとしているプロットのレシピやテンプレートを始めの段階で考えておくと便利です．**図3.2**はそのことを示しています．始まりはいつもたった1つのオブジェクトで，そこにはggplotに理解できるような形式に整えられた私たちのデータが入っています．通常，このオブジェクトはdata.frameかその拡張版であるtibbleで与えられています．整えられたデータをggplot()関数にわたします．本書では，これをpというオブジェクトを作成するプロセスで行います（pという名前は単に便利だから使っているだけです）．pを作ったら，次にプロットの種類を選びます．これはgeom_関数を選択してpに追加するプロセスです．ここから必要に応じてプロットに要素を追加していきます．例えば追加の要素・スケールの調整・タイトル・その他のラベルなどです．

それでは第2章で紹介したgapminderデータセットを使って最初のプロットを作っていきましょう．このデータが含まれているパッケージがロードされていることを確認してください．もし前章から続けて同じRStudioセッション（もしくは同じR Markdownドキュメント）で作業する場合は，再度読み込む必要はありません．それ以外の場合はlibrary()関数を使用してデータを利用可能にします．

```
library(gapminder)
```

前章の繰り返しになりますが，オブジェクト名をコンソールに打ち込むことでデータの中身を確認できます．

```
p ← ggplot(data= <data>,
    mapping= aes(<aesthetic> = <variable>,
                 <aesthetic> = <variable>,
                 <...> = <...>)

p + geom_<type>(<...>)+
    scale_<mapping>_<type>(<...>)+
    coord_<type>(<...>)+
    labs(<...>)
```

図 3.2：プロットを作成するための枠組み

```
gapminder
```

```
## # A tibble: 1,704 x 6
##    country     continent  year lifeExp      pop gdpPercap
##    <fct>       <fct>     <int>   <dbl>    <int>     <dbl>
##  1 Afghanistan Asia       1952    28.8  8425333      779.
##  2 Afghanistan Asia       1957    30.3  9240934      821.
##  3 Afghanistan Asia       1962    32.0 10267083      853.
##  4 Afghanistan Asia       1967    34.0 11537966      836.
##  5 Afghanistan Asia       1972    36.1 13079460      740.
##  6 Afghanistan Asia       1977    38.4 14880372      786.
##  7 Afghanistan Asia       1982    39.9 12881816      978.
##  8 Afghanistan Asia       1987    40.8 13867957      852.
##  9 Afghanistan Asia       1992    41.7 16317921      649.
## 10 Afghanistan Asia       1997    41.8 22227415      635.
## # ... with 1,694 more rows
```

それでは平均寿命と1人あたりのGDPをデータに入っているすべての国と年を軸にとったプロットしてみましょう. そのためには必要な情報を含んでいるオブジェクトを作成し, そこから図を構築していきます. 最初に, ggplot()関数にどのデータを使用するかを伝える必要があります[*1].

```
p <- ggplot(data = gapminder)
```

この段階で ggplot は作図に使用するデータがどれであるかは認識していますがマッピングについては認識していません. そこで, データの中のどの変数をプロットの要素として視覚的に表すかを指定する必要があります[*2]. また, 描画するプロットの種類も指定されていません. ggplot では, マッピングは aes() 関数を使って以下のように指定します.

```
p <- ggplot(data = gapminder, mapping = aes(x = gdpPercap, y = lifeExp))
```

今, 私たちは ggplot() 関数に data と mapping という2つの引数を指定しました. data 引数は, ggplot に使いたい変数が含まれているデータの場所を指定しています. こうしておくことで, 次の段落で見るように aes() 関数の中で変数名を完全な形式で表記するという退屈な作業から解放されます. その代わりに, 変数に言及する際はすべて data 引数で指定された場所から開始されます.

次がマッピングの指定です. mapping 引数にわたすのは

データオブジェクトでも文字列でもなく，関数です（関数を他の関数の引数として指定できることを覚えておいてください）．aes()関数にわたした引数は後でggplotに対して使いたい変数の一連の定義になっています．ここでは「x軸の変数はgdpPercapで，y軸の変数はlifeExpです」という内容を指定しています．aes()関数はこれらの名前を持った変数がどこにあるかを示していません．それはggplot()関数は，aes()関数において指定されたマッピングに用いる変数名が，data引数で指定されたデータの中にあることを想定しているからです．

この mapping = aes(...) 引数は，変数をプロット上の目に見える要素と結びつけます．xとyは最も明白な要素です．他にも審美的要素のマッピングをここに含めることができます．例えば，色・形・大きさ・線の種類（線が実線か破線か，もしくはその他のパターンか）なども指定可能です．すぐ後でこの例を見ていきます．マッピングは指定された要素（例えば色や形など）について，プロットの中での具体的な値を直接指定するわけではありません．代わりにマッピングは，データの中のどの変数が色や形などのプロット領域上の視覚的要素として表象されるのかを指定します．

このタイミングでpとコンソールに入力してreturnキーを押すとどうなるでしょうか．その結果は**図3.3**に示します．

```
# 図 3.3
p
```

ggplot()関数によって作成されたpオブジェクトは，私たちが思うままに指定したマッピングに関する情報に加え，多くの初期設定で指定されている値も持っています（pオブジェクトがどれだけ情報を持っているかを確認したければstr(p)を実行してみてください）．しかし，私たちはこの段階では描かれるはずのプロットの種類についてまったく情報を与えていません．つまりpオブジェクトにプロットのレイヤー（それぞれの可視化要素の層）を重ねていく必要があります．これはプロットにあったgeom_関数を選ぶことを意味します．訳注3 geom_

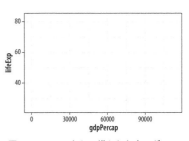

図 3.3：geom なしで描かれた空のグラフ

訳注3 プロットに点や線，文字などの可視化要素を追加していく際に，ggplotではそれぞれを独立にgeom_関数を使って描画し，それを + 記号を使って重ねていきます．こうして重ねられるそれぞれの要素をレイヤーと呼びます．最初に書かれているレイヤーが最下層となり，そこから順番に重なっていきます．イラスト描画やプレゼンテーション作成の際のレイヤーと同様の概念です．

point() 関数を使ってみましょう．この関数では x と y の値を使って散布図を描くことができます．

```
# 図 3.4
p + geom_point()
```

成功ですね！（**図 3.4**）

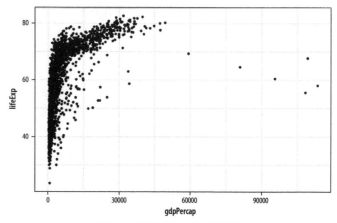

図 3.4：平均寿命 vs.GDP の散布図

プロットをレイヤーごとに作り上げていく

　第 2 章の最後に少しだけ ggplot について触れましたが，本章では最初のグラフをしっかり作成することに時間をかけてきました．また，統合開発環境（IDE）を整備して作図を再現可能な形で作業を進めてきました．そして R の仕組みの基礎と ggplot に適した tidy データについて学びました．前節では変数と審美的要素のマッピングを組み上げることから始め，ggplot の主要なアイディアに取り掛かりました．それは体系的で予測可能な流儀で一度に 1 つずつプロットの要素を作り上げていくというアイディアです．これまで多くの作業を行い，そしてやっと 1 つのプロットを作りました（図 3.4）．

　よいニュースもあります．これから進める作業は，本質的にはこれまでと大きくは変わらないということです．そうやってもう少し詳細な ggplot の方法論について学んでいきましょう．例えば異なる種類の geom（すなわち異なる種類のプロット）を使えるようにし，座標系・スケール・ガイド要素（ラベルやマークなど）・プロットのテーマなどを制御する関数について学んでいきましょう．この学習を通じて驚くほどすばやく洗練されたプロットを作成することができます．しかし，概念的には，常に同じことを繰り返していきます．tidy データに整えられたテーブルから始めて，以下のステップを踏んでいきます．

1. ggplot() 関数にデータがどれであるかを明示する（data = ... のステップ）．
2. ggplot() 関数にどれとどれの関係性を描きたいのか示す（mapping = aes(...) のステップ）．この最初の 2 つのステップを終えた結果を便宜上オブジェクト p と呼ぶ．
3. ggplot にどうやってデータの関係性を描きたいのか示す（geom_関数の選択）．
4. 求められている geom_ 関数のレイヤーをオブジェクト p に

対して1つずつ重ねる.

5 追加で使える関数（scale_関数，labs() 関数と guides() 関数）で軸・ラベル・区切りのラベル・タイトルなどを調整する．これらの関数については次節以降で学びます.

　最初の段階では，ggplot の初期設定値の多くをそのまま使っていくことになります．例えば，ほとんどのプロットは直交座標系です．すなわち x 軸と y 軸によって張られる平面のことです．特に他のものを指定しない限り ggplot は直交座標系を採用します．ただし調整するのは容易です．ここでもプロットにレイヤーを追加するプロセスは加法的である（足し算でつながっている）ことにもう一度注意を払ってください[*3]．通常，R では関数をオブジェクトに単純に追加していくことはできません．そうではなくて，オブジェクトを入力として受け取り，そこから出力として新たなオブジェクトを生成します．しかし，ggplot() 関数によって作成されたオブジェクトは特別です．この加法性によって，プロットを一度に1ステップずつ組み立てていき，その各ステップで何を行っているかを調べやすくなっています．例えば，先ほどのプロットに別の geom_ 関数を試してみましょう.

*3　実際にはパーツごとに作られたプロットを描画する命令を畳み込んだ大きなリスト・オブジェクトを1つ作成することになります.

```
# 図 3.5
p <- ggplot(data = gapminder, mapping = aes(x = gdpPercap, y = lifeExp))
p + geom_smooth()
```

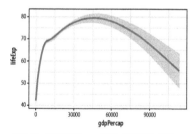

図 3.5：平均寿命 vs. GDP の平滑化グラフ

　図 3.5 を見るとわかるように，geom_ 関数のうちのいくつかは，単にグリッドの上にデータ点を配置するだけではありません．ここで使っている geom_smooth() 関数は平滑化曲線を計算し，線の信頼区間を示すリボンで影を付け加えています．もしデータ点とこのラインを一度に表示したい場合，単に geom_point() 関数を追加するだけです（**図 3.6**）.

```
# 図 3.6
p <- ggplot(data = gapminder, mapping = aes(x = gdpPercap, y = lifeExp))
p + geom_point() + geom_smooth()
```

```
## `geom_smooth()` using method = 'gam' and formula 'y ~ s(x, bs = "cs")'
```

　コンソールに表示されるメッセージは，R が geom_smooth()

関数を実行する際に method として gam を呼び出したという
内容です．これは一般化加法モデル（Generalized Additive
Model: GAM）を使ったことを意味しています．ということ
は，他にも geom_smooth() 関数が受け取ることができるメソッ
ドがあり，それを代わりに指定することも可能なはずです．こ
の指示は geom_smooth() 関数の引数として与えることができ，
ここでは method = "lm" を試してみましょう（**図 3.7**）．

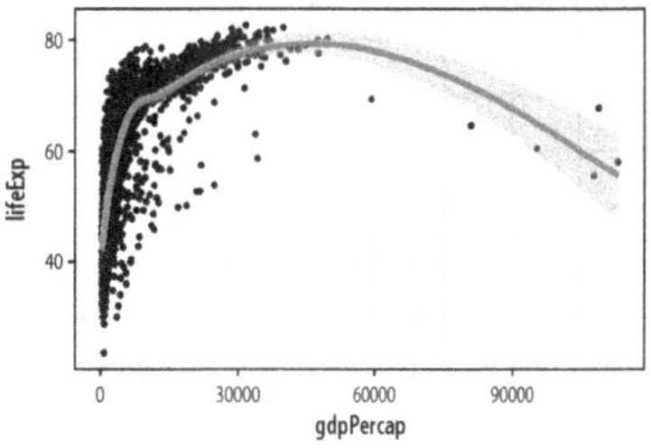

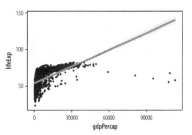

図 3.6：平均寿命 vs. GDP のグラフ．デー
タ点と GAM 平滑化曲線．

```
# 図 3.7
p <- ggplot(data = gapminder, mapping = aes(x = gdpPercap, y = lifeExp))
p + geom_point() + geom_smooth(method = "lm")
```

ここで geom_point() 関数や geom_smooth() 関数に対して使
用するデータやマッピング要素を指定する必要はありません．
この情報は元のオブジェクト p から継承されるからです．こ
の後で見ていきますが，各 geom_関数に個別のマッピングを指
定することも可能です．しかしそうした情報が他になければ，
geom_関数は ggplot() 関数の中や，それによって作成されたオ
ブジェクトの中から必要なマッピングの指定を引き継ぎます．

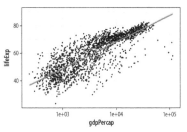

図 3.7：平均寿命 vs. GDP のグラフ．デー
タ点と不適切な線形近似．

　さて，このプロットではデータは左側に極端に偏っています．
1 人あたりの GDP（国内総生産）は国や年ごとに正規分布して
いるわけではありません．x 軸の目盛りはおそらく線形軸より
も対数軸にとった方が見栄えがよくなりそうです．これを描く
ために scale_x_log10() 関数を使用することができます．こ
の関数は期待通りの挙動をし，x 軸の目盛りを log10 スケール
に変更します．以下のように単にプロットのコードに追加する
ことで使えます（**図 3.8**）．

```
# 図 3.8
p <- ggplot(data = gapminder, mapping = aes(x = gdpPercap, y = lifeExp))
p + geom_point() + geom_smooth(method = "gam") + scale_x_log10()
```

　x 軸の変更に伴ってデータ点が再配置され，平滑化曲線の形
状も変化します（平滑化オプションは lm から gam に戻してい
ます）．ggplot() 関数とそれに関連した関数群は，元になって
いる data.frame を一切変更していませんが，目盛りの変更は
平滑化の操作がプロットに施される前に適用されています．こ
れとまったく同じ方法で適用できるさまざまな軸スケールが用
意されています．それぞれの scale_関数は，適用したい軸操
作と，その軸の名前がセットになって命名されています．この
場合は scale_x_log10() という関数でした．

図 3.8：平均寿命 vs.GDP の散布図．GAM
平滑化曲線と対数 x 軸．

　さてここまで来たところで，平均寿命と GDP のグラフをい
い感じの軸と平滑化曲線を使ってプロットするという当初の
目的を思い出してみましょう．後は軸のラベルとタイトルを洗
練されたものにしていきたいですね．x 軸の科学表記法も実際
の額面を表すドル表記に変更したいとしたらどうやればよいで
しょうか．これらの操作はとても簡単に実行できます．軸の方
から取り掛かっていきましょう．軸の目盛りにあてるラベル
を操作する場合は scale_ 関数を用います．独自関数を定義し
て軸ラベルを制御することもできなくはないです（また後述す
るように手動でラベルを指定することもできます）が，いろい
ろと便利な書式設定のための関数が組み込まれている scales
パッケージがお手軽なので使ってみましょう．パッケージ全体
を読み込むには library(scales) としますが，より簡単には，
自分たちの使いたい初期設定関数だけをパッケージから取得す
ることもできます．例えばこのパッケージには dollar() 関数
があるのでこれを使いたいと思います．環境に読み込まれてい
ないパッケージから特定の関数を直接取得する場合，パッケー
ジ名 :: 関数名という構文を使います．例えば，次のように書
きます（**図 3.9**）．

```
# 図 3.9
p <- ggplot(data = gapminder, mapping = aes(x = gdpPercap, y = lifeExp))
p + geom_point() +
    geom_smooth(method = "gam") +
    scale_x_log10(labels = scales::dollar)
```

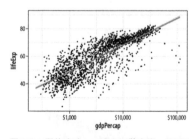

図 3.9：平均寿命 vs.GDP の散布図．GAM
平滑化を行い，x 軸を対数軸にとり，軸目
盛りのラベルを調整．

　軸変更関数群については後ほど詳しく学んでいきましょう．
今は 2 つのポイントだけ頭に入れてください．まず，プロッ
トの x 軸と y 軸は，scake_x_log10() や scale_y_log10() と
いった関数を加えることで直接変更できます．そうする場合，
x 軸や y 軸の変更が適用され，初期設定では軸目盛りが科学的
表記法に変更されます．2 点目は，これらの scale_ 関数群の
labels 引数を指定することで，軸目盛りの下に表示されるテ
キストの書式を変更することができます．例えば，scale_x_
log10() 関数に対して labels=scales::comma を指定してみて
ください．

訳注 4　科学的表記法（scientific notation）とは，桁数の大きな数値を対数を用いて短く
　　　　表記する方法です．例えば 100000 は 10^5 ですが，科学的表記法を用いると 1e+5
　　　　と書けます．次ページの図 3.10 の x 軸を参照してください．

審美的要素のマッピングと
テーマの設定

審美的要素のマッピング（aesthetic mapping）では，変数と視覚的要素（大きさ・色・形など）の1:1の対応関係を指定します．これまで見てきたように，変数を視覚的要素としてマップするには以下のように指定します．

```
p <- ggplot(data = gapminder,
            mapping = aes(x = gdpPercap, y = lifeExp, color = continent))
```

このコードは「データ点を紫色にしなさい」という直接的な命令を与えてはいません．その代わりに「色の詳細はcontinent変数に従って表現されます」もしくは「色はcontinentによってマッピングされます」という言い回しで書かれています．もし図中のデータ点をすべて紫色に指定したい場合，マッピング関数の中で色を特定するような指定はしてはいけません．もしそうしたらどうなるのか，見てみましょう．

```
# 図 3.10
p <- ggplot(data = gapminder,
            mapping = aes(x = gdpPercap, y = lifeExp, color = "purple"))
p + geom_point() +
    geom_smooth(method = "loess") +
    scale_x_log10()
```

図3.10では何が起きてしまったのでしょうか．なぜ，凡例にpurpleと書かれているのでしょうか．そしてなぜすべてのデータ点は紫色にならず，ピンクがかった赤色になってしまったのでしょうか．復習ですが審美的要素とは，あなたのデータの中にある変数を，グラフ中の視覚的要素としてマップしたものです．aes()関数は何をどこにマップするかを指定するものであり，忠実に指定された通りの内容を実行します．つまり，ある変数を審美的な色要素としてマップしようとするので，そこに指定された変数をあなたが与えたものだと推測します．と

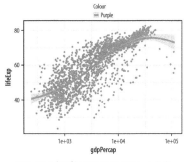

図 3.10：何が起きているのでしょうか

ころが私たちはたった1つの単語 "purple" しか与えていません．それでも aes() 関数は，その単語が変数であるかのように取り扱うためにベストを尽くします．本来，変数はデータの行と同じ長さの観測値を含んでいるべきですが，そうではない場合，aes() 関数は R のリサイクルルールに立ち戻って異なる長さのベクトルを一致させようとします[訳注5] *4．

実際には，このコードはあなたのデータに新しいカテゴリカル変数を作り出します．それは "purple" という文字列がデータのすべての行に対してリサイクルされたものです．というわけで新しい列が誕生します．そのすべての要素は同一の値で "purple" です．この状況で，ggplot はあなたが求めている結果，つまり色に関する審美的要素をグラフ上にマップしようとします．凡例は忠実にこの新しい変数を表します．また ggplot の初期設定に従って，データ点はカテゴリ "purple"（すべての観察がこのカテゴリに含まれますが）として評価され，第1のカテゴリの色相を割り当てられ，そしてそれが赤色なのです．

aes() 関数はマッピングのためだけに使います．あるプロパティを特定の値に変更するためには用いないでください．もしプロパティを設定したい場合は，geom_ 関数の中，つまり mapping = aes(...) の外側で行います．試してみましょう．

```
# 図 3.11
p <- ggplot(data = gapminder,
            mapping = aes(x = gdpPercap, y = lifeExp))
p + geom_point(color = "purple") +
  geom_smooth(method = "loess") +
  scale_x_log10()
```

*4　第2章で見た，my_numbers + 1 のような書き方をした場合，ベクトルのそれぞれの要素に1を加えることができるのと同様の理屈です．

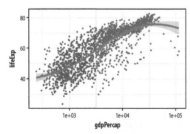

図 3.11：データ点の色属性を直接指定してみます

geom_point() 関数では color 引数を直接指定でき，そして R は "purple" という色が何かを知っています（**図 3.11** の色ですね）．これはグラフの基本的な構造を定義するという審美的要素のマッピングのパートではありません．グラフにおける文法的もしくは論理的な側面から見ると，データ点が紫色に着色されているという事実はたいして重要なことではありません．この紫色は変数やデータの特徴に関連するような表現やマッピングではないからです．

訳注5　R の初期設定の挙動では，計算しようとしている2つのオブジェクトの長さが異なる場合，長さが足りない部分を埋めるために元のオブジェクトの先頭から順番に必要な長さの分だけリサイクルされます．

```
# 図 3.12
p <- ggplot(data = gapminder,
            mapping = aes(x = gdpPercap, y = lifeExp))
p + geom_point(alpha = 0.3) +
    geom_smooth(color = "orange", se = FALSE, size = 8, method = "lm") +
    scale_x_log10()
```

いろいろな geom_ 関数があり，それぞれプロットの表現に影響するさまざまな引数をとることができますが，そこには変数の審美的要素へのマッピングは含まれません．したがってこれらの引数はけっして aes() 関数の中に入ることはありません．色や大きさなど調整したい項目はマップできる要素と同じ名前を持っていることもあります．他の，例えば geom_smooth() 関数の method や se といった引数も，それぞれの調整項目でプロットに影響を与えます．**図 3.12** を描くコードですが，geom_smooth() 関数は線の色をオレンジ色に，そのサイズ（つまり厚さ）を 8 に設定されています（これは大きすぎる値ですね）．また，se オプションを切るために，初期値である TRUE から FALSE に指定しています．その結果，信頼区間を示すリボンが消されています．

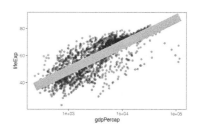

図 3.12：他の引数を設定する

一方，geom_point() 関数では alpha 引数を 0.3 に設定しています．色・サイズ・形状と同様に，"alpha" もデータ点（や他のいくつかのプロット要素）が持つ審美的な特徴の 1 つで，マップすることもできる要素です．この変数はオブジェクトの透明度を制御する値で，0〜1 の間の値をとり，alpha 引数が 0 のオブジェクトは完全に透明になります．したがってこの値を 0 にすると，色や形など他のマッピング要素も非表示になります．alpha 引数が 1 のオブジェクトは完全に不透明に描画されます．プロットにすると重なりが多くなってしまうデータを描画する際には，適切な透明度を設定することで，観測値の重なった塊がどこにあるのかを簡単に表示することができます[*5]．

[*5] 連続値を単色の濃淡でマップすることと同様に，透明度 alpha としてマップすることも可能です．しかしこの表現は，一般的には量的変動を正確に伝える効果的な手段ではありません．

```
# 図 3.13
p <- ggplot(data = gapminder,
            mapping = aes(x = gdpPercap, y = lifeExp))
p + geom_point(alpha = 0.3) +
    geom_smooth(method = "gam") +
    scale_x_log10(labels = scales::dollar) +
    labs(x = "GDP Per Capita",
         y = "Life Expectancy in Years",
         title = "Economic Growth and Life Expectancy",
         subtitle = "Data points are country-years",
         caption = "Source: Gapminder.")
```

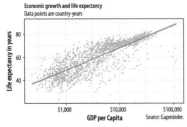

図 3.13：平均寿命と GDP．より洗練されたプロット．

それでは，図 3.12 をほどよく洗練されたプロットに仕上げてみましょう（**図 3.13**）．データ点の alpha 引数を低めの値に設定し，x 軸と y 軸のラベルをいい感じにして，タイトルとサブタイトルとキャプションを加えてみます．上記のコードにあるように，labs() 関数は x や y やその他の審美的要素のマッピング（size，fill，color など）に加えて，title，subtitle，caption のテキストも設定できます．これは軸のメインラベルを制御するためのものです．軸の目盛りなどの外観の調整は，ここで使っている scale_x_log10() 関数のような，各種の scale_ 関数の役割です．scale_ 関数を使ってもっといろいろな調整ができることは 8 章で紹介します．

このデータの中に審美的要素の color としてマップするとよい変数はあるでしょうか．continent 変数をとってみましょう．**図 3.14** では，個々のデータ点が continent 変数に従って色分けされ，また，色の区分に応じた凡例が自動的に加えられています．さらに，平滑化曲線がこれまで 1 本だったのに 5 本に増えています．この 5 本の曲線は continent 変数の中で値の種類に応じて引かれているわけです．これは審美的要素のマッピングの継承方法によるものです．色の審美的要素のマッピングはオブジェクト p を作るときに使った ggplot() 関数の中で呼び出された x と y に沿って設定されます．他に指定がない場合，元のプロットオブジェクトに重ねられるすべての geom_ 関数は，ggplot() 関数にあるすべてのマッピングを継承します．このコードでは，データ点と平滑化曲線のどちらも国ごとに色分けされる結果となります．

```
# 図 3.14
p <- ggplot(data = gapminder,
            mapping = aes(x = gdpPercap, y = lifeExp, color = continent))
p + geom_point() +
    geom_smooth(method = "loess") +
    scale_x_log10()
```

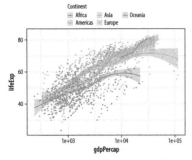

図 3.14：continent 変数に従った審美的な色要素をマッピング

もしやりたければ，信頼区間を表すリボンの色をその系列の色に一致させることもできます．信頼区間のリボンは審美的要素のうち fill によって制御することができます．color 要素がデータ点と線の両方に影響を与えたのと同様に fill は棒グラフの領域，ポリゴン，あるいはこのケースのように平滑化曲線の信頼区間のリボンの塗りつぶしに影響します（**図 3.15**）．

```
# 図 3.15
p <- ggplot(data = gapminder,
            mapping = aes(x = gdpPercap, y = lifeExp, color = continent,
            fill = continent))
p + geom_point() +
   geom_smooth(method = "loess") +
   scale_x_log10()
```

この方法によって色と塗りつぶしの審美性が一貫すること
で，プロットの外観が大きく改善しました．マッピングに対し
て同じ変数を指定するだけで，これが実現できるのです．

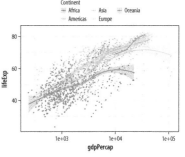

図 3.15：continent 変数を審美的な color
要素にとり，信頼区間の fill も同じ変数で
制御した

審美的要素は geom でも
マッピングできる

　5つに分れた平滑化曲線は多すぎるから1本だけにしたい
と考えることもあります．ただし，点に関しては色が大陸
(continent) ごとに分かれた状態を維持したいとします．初
期設定では，geom_ 関数は ggplot() 関数からマッピングを継
承します．これを変更するためには，変更を適用したい geom_
関数だけに対して審美的要素のマッピングを設定します（**図
3.16**）．最初に呼び出した ggplot() 関数と同じ表現方法で
mapping = aes(...) が使えますが，今度は geom_ 関数の中で
指定し，それぞれの中で適用したいマッピングのみを特定する
ように用います．最初の ggplot() 関数で指定されているマッ
ピング（ここでは x と y ですね）だけは後続の geom_ 関数群に
引き継がれます．

```
# 図 3.16
p <- ggplot(data = gapminder, mapping = aes(x = gdpPercap, y = lifeExp))
p + geom_point(mapping = aes(color = continent)) +
    geom_smooth(method = "loess") +
    scale_x_log10()
```

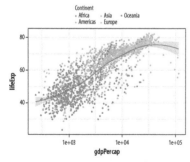

図 3.16：geom_ 関数ごとの審美的要素のマッピング．ここでは色はデータ点のマップに使われ，平滑化関数の色には適用されていません．

　連続量に対して色の審美的要素を指定することもできます．
例えば，国−年ごとの人口の対数値 (pop 変数) に対して色を
マップしてみましょう（人口を対数に変換する操作は log() 関
数を使いますが，これは aes() 関数の引数の指定の中で実行
できます．この書式でも R はバッチリ正しく評価してくれま
す）．これを実行すると，ggplot はグラデーションスケールを
作り出します（**図 3.17**）．これは連続的なスケールですが凡例
には分割されて表記されます．状況に応じ，人口のような量を
連続的なカラー勾配で表すことは，値の高低をカテゴリカルに
区切って表すよりも多かれ少なかれ効果的です．一般的には，
データを最初から切り出したりまとめたりしてカテゴリ化する
のではなく，まずは連続量として捉えて確認するのが有用です．

```
# 図3.17
p <- ggplot(data = gapminder, mapping = aes(x = gdpPercap, y = lifeExp))
p + geom_point(mapping = aes(color = log(pop))) +
   scale_x_log10()
```

最後に，ggplot がスケールを描画する方法にもう少しだけ
注意を払ってみましょう．マップされているすべての変数はス
ケールを持っているため，プロットがどのように構成されてい
るのか，マップが何を含んでいるのかについてさまざまな内容
を凡例から読み取る必要があります．例えば，図3.15 と図3.16
の凡例を詳しくみて見てしょう（**図3.18**）．

図3.15 の凡例（左側）では，いくつか見てとれる要素があ
ります．それぞれの大陸（continent）のキーに対して点・線・
背景が示されています．図3.16 の凡例（右側）では，線や背景
がなく，点についてのみ示されています．図3.15 と図3.16 の
コードをもう一度見てみますと，図3.15 では continent 変数
に対して color と fill の両方をマップとして指定したことが
わかると思います．そして geom_point() 関数と，それぞれの
大陸に対する線形補完 geom_smooth() 関数を使って図を描き
ました．点は color の指定を受けているだけですが，平滑化
曲線は color（線自体の色に対して）と，fill（信頼区間のリ
ボンの色に対して）の両方の指定を受けています．これらそれ
ぞれの要素，つまり点の色・線の色・リボンの塗りつぶしは凡
例に反映されています．図3.16 では，シンプルな表現を採用
するために，大陸ごとのデータ点にのみ色をつけました．そし
てグラフ全体に対して1 本だけ平滑化曲線を引きました．し
たがって，この図の凡例には，色のついた線と背景の四角はど
ちらも描かれていません．凡例では geom_point() 関数に指定
された通り continent 変数に対する color のマッピングが表
されています．一方，グラフ上では geom_smooth() 関数の平
滑化曲線は，スケールに表示されている色のどれとも異なる初
期設定の明るめの青色で描かれていて，信頼区間を表すリボン
も初期設定の灰色です．このような細かい事柄も偶然生じてい
るわけではありません．これらはプロットの背後にあるデータ
と，それらが表象された視覚的要素との間の関係性について，
ggplot の文法がどう取り扱うかという手法からの直接的な帰
結です．

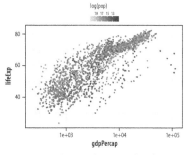

図3.17：連続量を色でマッピングする

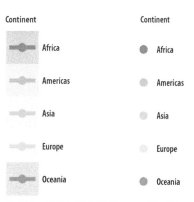

図3.18：凡例とガイドには，マッピングさ
れたデータの値とそれに対応する色や形状
の対応関係が忠実に反映されています

保存しよう

さてプロットを作り始めたところですが，そろそろ図を
どうやって保存すればよいか心配になってきた頃でしょう
か．サイズやフォントの調整もやらなければなりません．R
Markdownドキュメントで作業している場合は，すでに紹介
したように，プロットはドキュメントの中に埋め込まれて保存
されます．.Rmdドキュメントの最初のコードチャンクの中で
オプションを設定すれば，図のサイズの初期値を自分で決める
ことができます．例えば8×5インチの図を作りたければ次の
ようにします．

```
knitr::opts_chunk$set(fig.width = 8, fig.height = 5)
```

さまざまな種類のサイズと形状の図を作りたいときに，初期
設定を変えずに特定の図のサイズを調整したい場合がありま
す．このために，特定のチャンクの最初に中括弧を使ってオプ
ションを追加で指定することができます．これは復習ですが，
それぞれのチャンクは3つ並べたバックティック[訳注6]で開始し，
最初に言語の名前（通常はr）を書き，それに続けて必須では
ありませんがチャンクのラベルを書き込むことができます．

```{r example}
p + geom_point()
```

ラベルの後にカンマを打ち，必要な一連のオプションを書き
込みます．ここに書かれた内容はそのチャンク限定で効果を発
揮します．図を12インチ幅・9インチ高で作る場合，中括弧
のセクションは {r example, fig.width = 12, fig.height =

訳注6　69ページの訳注4参照

9} というようになります.

　図をスライドに載せたり, R Markdown を使っていない論文に載せたりしたいときには, 図を個別に保存する必要があります. 図をファイルに保存するには数種類の方法があります. ggplot で作業しているなら, 最も簡単なのは ggsave() 関数を使う方法です. 直近に表示した図を保存したい場合, 保存したい名前を次のように指定します.

```
ggsave(filename = "my_figure.png")
```

　このコードは図をウェブページに適したフォーマットである PNG 形式で保存することができます [*6]. PDF 形式にしたい場合は, 指定内容の拡張子を変えます.

*6　他にもいくつかの拡張子が利用可能です. 詳細は関数のヘルプドキュメントを確認してください.

```
ggsave(filename = "my_figure.pdf")
```

　簡潔に書きたい場合, 繰り返しになりますが, それが ggsave() 関数の最初に指定する引数である限り filename = を省略することができます. また, ggsave() 関数の中でプロットオブジェクトの名前を指定することもできます. 例えば, p_out というオブジェクトを作って直前のプロットを格納し, それを保存したいオブジェクトとして ggsave() 関数に受け渡すことができます.

```
p_out <- p + geom_point() +
    geom_smooth(method = "loess") +
    scale_x_log10()

ggsave("my_figure.pdf", plot = p_out)
```

　作業内容を保存するときに, 1つの図もしくは数個の図を保存するためだけのサブフォルダを作っておくと便利です. また, 図を保存する際にはわかりやすい名前をつけるように注意してください. fig_1.pdf や my_figure.pdf はよい名前ではありません. 図の名前は簡潔でありながら内容をよく表していて, かつプロジェクトの中の図の名前は一貫している方がよいでしょう. さらに, 今時はあまり起こらないことではありますが, 将来的にコードを詰まらせる可能性があるような文字を避けた名前にするのが賢いでしょう. これには例えば, アポストロフィ・

3　プロットを作る

バックティック・スペース・スラッシュ・バックスラッシュ・クオートといった文字が含まれます.

　付録の中で,プロジェクトフォルダの中でファイルを管理する方法について少し解説しました.プロジェクトフォルダを,今取り組んでいる仕事や論文のホームベースとして扱い,そしてそのサブフォルダにデータや図をまとめておきましょう.まずは手始めに,「figures」というフォルダをプロジェクトフォルダの中に作ってみましょう.図を保存する際にキリル・ミュラー (Kirill Müller) が作った here パッケージを使うとフォルダやサブフォルダを,ファイルのフルパスをいちいち書かなくて済むように,簡単に取り扱うことができます.このライブラリを R Markdown ドキュメントのセットアップチャンクで読み込んでおきましょう.そうしておけば,現在のプロジェクトの場所を「here(この場所)」として参照できるようになります.実行してみると,次のようなメッセージを表示させることができるでしょう(ファイルパスとユーザー名はご自分のもので表示されるはずです).

```
# here() starts at /Users/kjhealy/projects/socviz
```

　here() 関数を使うことで,作業内容をより安全に,またわかりやすい方法で読み込んだり保存したりできます.例えば,プロジェクトフォルダの中の「figures」フォルダに図を保存したいときは次のようにします.

```
ggsave(here("figures", "lifexp_vs_gdp_gradient.pdf"), plot = p_out)
```

　このコードを実行すると,p_out オブジェクトを「here」つまり現在のプロジェクトフォルダにある figures ディレクトリの中に,lifeexp_vs_gdp_gradient.pdf という名前で保存することができます.

　図を保存する際には,必要(あるいは,もう少し限定的には,あなたのコンピュータシステム)に応じてさまざまなフォーマットが利用可能です.心に留めておくべき最も大切な区別は,ベクター形式とラスター形式の違いです.PDF や SVG といったベクター形式のファイルでは,線・形状・色とそれらの関係性についての情報が一連の指定となって保存されています.描

画ソフト（Adobe 製の Acrobat や，Apple 製の PDF を取り扱う Preview アプリケーション）は，それらの指示を解釈して図を表示することができます．この方法で図を表すことで，図を歪ませることなく簡単にリサイズできます．PDF 形式の基礎になっている言語は Postscript ですが，これはモダンな組版や印刷のための言語でもあります．ということで，論文雑誌へ投稿する際には PDF のようなベクター形式が最適の選択肢となっています．

　もう 1 つのラスター形式では，画像は事前に大きさが定義されたピクセルのグリッドとして保存され，その位置・色・明るさといった個々のピクセルに対して書き込まれています．これは保存容量を節約するために画像の冗長性を活用できる圧縮方法と組み合わせることで，特に効率的なストレージ方法となります．JPG のようなフォーマットは，圧縮ラスター形式です．PNG ファイルは可逆的圧縮をサポートしているラスター画像形式です．多くのデータを含むグラフでは PNG ファイルにすることで PDF よりも容量を非常に小さくできる傾向にあります．しかし，ラスター形式ではリサイズは簡単にはできません．特に，リサイズで拡張する場合，ザラザラになったりカクカクになったりするのを避けられません．JPG や PNG はウェブ上で画像を表示する標準的なフォーマットです．SVG はより最近になって使われているフォーマットです．これはベクター形式を基礎としていながら多くのウェブブラウザでサポートされています．

　一般的には，作業内容はいくつかの異なったフォーマットで保存しておくのがよいでしょう．さまざまなフォーマットや異なるサイズで図を保存する場合，プロットの見た目をよくするために目盛りのとり方やフォントのサイズを実際に試してみる必要があります．ggsave() 関数の scale 引数を使うとよいでしょう（例えば scale=1.3, scale=5 というようにいくつか試してみてください）．また，ggsave() 関数に対してプロットの高さと幅を選択した単位を使って明示的に指定することもできます[訳注7]．

訳注 7 　最後の units 引数ではプロットの出力サイズの単位を指定しています．インチ("in")，センチメートル（"cm"），ミリメートル（"mm"）を選ぶことができます．デフォルトではインチが適用されます．

```
ggsave(here("figures", "lifexp_vs_gdp_gradient.pdf"),
       plot = p_out, height = 8, width = 10, units = "in")
```

　さあこれで図の保存方法はわかりましたね．もっとグラフを
作っていきましょう．

3.8

次の一手

gapminder データセットにもう少し手をかけてみましょう．geom_point() 関数と geom_smooth() 関数それぞれ単独や，どちらも実行した場合をいろいろと比べてみてください．

- これまで後ろに書いていた geom_smooth() 関数の前に geom_point() 関数を持ってくると何が起きましたか．このことがプロットの描画について教えてくれることは何でしょうか．プロットを描画するときにこれを役立てる方法を考えてみてください．

- aes() 関数の中のマッピングを変えてみてください．これまで平均寿命に対して，1人あたりのGDPをプロットしていましたが，x軸を人口 (pop) に変更してみてください．グラフの見た目はどうなりましたか．データセットの観察に対する単位について考えてみてください．

- 別の縮尺でマッピングを試してみてください．scale_x_log10() 関数の代わりに，例えば scale_x_sqrt() 関数や scale_x_reverse() 関数などがあります．y軸の変換についての関数も用意されています．単に x を y に置き換えるだけです．これらを試してみてプロットにどのような影響があるかを確かめてみた上で，どうやって使えば意味があるか考えてみてください．

- continent 変数の代わりに year 変数を色のマッピングに使用した場合どうなるでしょうか．望んだ通りの結果が得られましたか．year 変数のクラスについて考えてみてください．データの先頭をパッと見るために gapminder と入力すると，それぞれの変数のクラスの情報が手短に表示されることを思い出してみてください．

- マッピングを color = year とする代わりに color = factor(year) とするとどうなるでしょうか．

こうしてさまざまな散布図を見た上で，図3.13についてもう少し批判的に捉え直してみましょう．適度に洗練されたプロットを作るという目的で作業していたと思いますが，国－年のデータを表示する方法としてこれは本当に適切だったでしょうか．データの時間的な構造や国レベルの情報を無視することで何を得て何を失うのでしょうか．よりよいものにするにはどうしたらよいでしょうか．他の可視化方法がどのような結果になるのか試してみてください．

試行錯誤を始めるときに，2つの点を心に留めてください．1つ目は，何かを試すことには常に価値があるということです．たとえその結果何が起こるか完全にはわかっていなかったとしてもです．コンソールを怖がってはいけません．コードを使ってグラフを作るすばらしい点は，いったん壊したら元に戻せないような操作が含まれていないことです[7]．もし何かがうまくいかなかったら，何が起きているかを特定し，それを修正し，そして作図コードをもう一度実行すればよいのです．

2つ目の点は，ggplotを使った作業の主な流れはいつも同じだということです．それは，テーブル型のデータから始め，位置・色・形といったグラフに表示される審美的要素に当たる変数をマップし，そしてグラフを描画するために1つか2つのgeom_関数を選ぶ，という流れです．コードの上ではこの流れは，まずデータとマッピングに関する基礎的な情報を持ったオブジェクトを作り，そこに必要な情報を重ねたり加えたりするというプロセスで実装されます．この作図法を一度身につけてしまえば，特に審美的要素のマッピングの指定とその継承方法が重要ですが，図を作るのが簡単になります．これまでスクリーンにほしい色や形を表示する方法に悩んできたかもしれませんが，多くのgeom_関数がその点を担ってくれます．同じように，あなたが選んだ審美的要素のマッピングを表示するための方法論だと捉えることで，新しいgeom_関数の学習も簡単になります．ggplotの学習曲線の大部分は，データと，そのグラフにおける表象についてのこの考え方を身につける部分に費やされます．次章では，もう少し具体的にこのアイディアについて触れ，いくつかの奇妙な（おかしな表示に見える）図を作ってしまう陥りがちな失敗を紹介し，その問題の捉え方と回避する方法を学んでいきます．

[7] この利点は，例えば，データを上書きしてしまったり消してしまったりするミスには対応していません．最小限のバックアップをとりながら責任を持ってプロジェクトを管理していく必要があるでしょう．しかしそれでも，Rを使って探索的にグラフを描いていく段階では，多くの自由を手にすることができるでしょう．

正しい数値の示し方

本章ではこれまでに引き続き，ggplot の主なワークフローについての理解を進め，作成可能な図のレパートリーを広げていきます．本章の目的の 1 つは，作図のために新たな geom の使い方を学び，いろいろな種類の図を作れるようになることです．また，図を描画する際に ggplot が何をしているのかについて理解を深める，作図にあたってデータを前処理するためのコードの書き方についても紹介します．

はじめて書いたコードにはバグや誤りが含まれていることが多く，期待した通りに動作しないこともよくあります．このため，新しい言語を習得する際には練習問題をコピー・ペーストではなく，実際にコードを手入力して実行することが重要です．コードを手入力すると，R 言語の構文（シンタックス）がどのように働くのか，どこでエラーが発生しやすいのか，エラーが起きたときコンピュータが何をしたのかを理解しやすくなります．バグや誤りに直面するとイライラしますが，成長の機会だと捉えておきましょう．エラーはわかりづらいものだと考えるでしょうが，たいていのエラーは調べれば原因を特定できます．エラーの原因が本当にわけのわからないものや偶然発生するようなものであることは多くありません．

R や ggplot で作図する際にコードに誤りがあると，図が正しく表示されないことがあります．ここまでの章でも，変数ではなく定数値を審美的要素に代入してしまうという，最もよくある誤りについて紹介しました．本章では ggplot の便利な機能が，同時に誤りの原因にもなりうる点について解説します．また，どうやって ggplot にデータの内部構造を伝えるか，データを複数の図に分割する方法（facet），図を作る前に ggplot でデータを計算・要約する方法（変換）についての解説も本章で取り扱います．これらの中には ggplot 自体の機能も含まれているので，関連する stat_ 関数群と連動しながら，geom が作図する前にデータを内部でどうやって扱っているかについて解説します．また，ggplot で直接データを変換することもできますが，本章ではよりスマートな方法についても解説します．

4.1

文法としては正しいが意味をなさない

　Rでggplotのコードを書くのは，データを可視化し，物事を視覚を通じて伝えたいときだと思います．しかし，正確に物事を伝えるときには，1回の説明だけでは不十分です．ggplotは2005年にウィルキンソンによって開発された，グラフィックスの文法（grammar of graphics）というアイディアを実装したパッケージです．グラフィックスの文法とはデータから図を作成するための一連の規則です．具体的にはデータを分割して色・位置・大きさを適切に設定した線や点に落とし込むことや，必要であればスムージングや対数変換のようなデータの加工，座標系へのデータの投影（たいていは直交座標系）などが挙げられます[*1].

*1　直交座標系以外の場合に関しては後の章で紹介します．

　重要な点として，他のプログラミング言語の構文規則と同じように，コードの文法は伝えられる物事の構造を制限します．しかし，文法それ自体が自動的に伝えたいことを意味づけ，わかりやすくしてくれたりするわけではありません．データを可視化するには，データのマッピングから始まる長い「文章」を記述し，プロットの意味付け，軸のスケーリングなどのさまざまなコードを追加する必要があります．また，コードから望んだ通りの出力が得られる保証はありません．Rの構文が誤っているせいで図が出力されないことがありえます．また，geom_関数の＋記号や括弧閉じを忘れると，関数の宣言が不十分になり，Rはエラーを（おそらくあまり具体的ではない形で）返してくるでしょう．また，Rから図が出力されても，意図したものではない図が出力される場合もあります．このようなときにはggplotの文法としては正しくても，記述した内容が無意味になってしまっているか，コードの意図が誤ってggplotに伝わっている可能性があります．このような問題は，表示させたい内容を図にするために必要な情報が，ggplotにうまく伝わっていないときに発生します．

4.2

グループ別データに対応する審美的要素

まず gapminder データセットを例に取り上げ，各国の国民1人あたりの GDP の推移を可視化してみましょう．ここでは年（year）を x 軸，国民1人あたりの GDP（gdpPercap）を y 軸にとります．ggplot のドキュメントを参照したところ，以下のように geom_line() 関数を使い，x 軸の変数の順序で観測値である国民1人あたりの GDP を示した図を作るとよさそうです．

```
# 図 4.1
p <- ggplot(data = gapminder,
            mapping = aes(x = year,
                          y = gdpPercap))
p + geom_line()
```

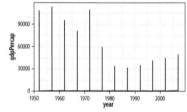

図 4.1：国ごとに時系列データを示そうとしたが……

*2 データセットに含まれている国が1つだけならこのコードで問題ありません．

さて，出力した**図 4.1** は意図していた図だったでしょうか[*2]．そうでないとすると何が起きているのでしょうか．ggplot は自動でデータの構造を読み取ってくれますが，年ごとに得られているデータが，実は国ごとにもグループ化されていることまでは察してくれません．先ほどのコードではこのデータが国別に分かれていることを明示していないため，geom_line() 関数はデフォルトのまま，データセットに含まれる年代でデータを層別し，国ごとには区別せずに出力してしまいます．まずデータの1行目にある 1952 年のデータを見てみましょう．年と GDP からは，このデータがアフガニスタンのデータであることはわかりません．また，1953 年のアフガニスタンのデータはありませんが，1952 年のデータが複数あることがわかります．続いてデータを国別にアルファベット順で並び替えてみると，1952 年のデータにはアフガニスタン（Afghanistan）からジンバブエ（Zimbabwe）のデータが含まれていることがわかります．また，1952 年の次にデータがとられた時期を確認する

128

と，間が飛んで1957年であることがわかるでしょう．

このため，先ほどプロットした図から得られる情報は，デー
タをきちんと反映したものではありませんでした．ggplotで
は探索的に図を作っていくので，探索の途上でおかしな図が出
てしまうのはよくあることです．また，ミスもどのような図を
作るか試行錯誤する上でよく起こることなので気にすることは
ありません．ggplotが図を出力してきたのにその結果がおか
しく見える場合は，geom_関数中のデータと審美的要素のマッ
ピングがうまくいっていない場合がほとんどです．これらは本
当によく起こることで，おかしな作図結果を収集するTwitter
アカウント（@accidental__aRt）があるほどです．繰り返しに
なりますがミスは気にしないことにしましょう！

以下は国別の構造をグループとして利用した場合のggplot
の作図用コードです．

```
# 図 4.2
p <- ggplot(data = gapminder,
            mapping = aes(x = year,
                          y = gdpPercap))
p + geom_line(mapping = aes(group = country))
```

図 4.2 は依然おおざっぱな印象を受けますが，それぞれの
線が各国の国民1人あたりにおけるGDPの経時的な変化を
表しています．ちなみに図4.2中の大きな外れ値はクウェート
(Kuwait)の値です．

グループとして使いたい情報がggplotでマッピングすべき
変数として読み込まれていない場合には，group引数を使って
審美的要素にグループの情報を明記する必要があります．例え
ば，gapminderデータセットを大陸別（continent）に色分け
してプロットしたい場合，continentはカテゴリカル変数なの
でcolor引数にcontinentを指定するだけで大陸別に色分け
された図が作れます．一方x軸に年（year）を指定した場合，
ggplotは年代データが国別に分類されたデータであることが
わかりません．そのため，データが国別にも分類されているこ
とを，審美的要素を使って明示的にコードで記述する必要があ
ります．

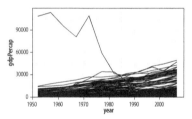

図 4.2：国ごとの時系列データ可視化に再挑戦

4.3 複数の図を並べるための facet_ 関数群

先ほどの図4.2にはたくさんの線が描かれているため，全体的な傾向を確認するだけならともかく，それぞれの傾向を細かく見るには適切な図とはいえません．このような問題に対処する手段として，変数をfacetとして利用し，選択した変数に基づいてデータを層別化し，複数の図を並べて表示するパネル形式の図を作る方法があります．これにより大量のデータを一貫した手法でコンパクトに図で出力できます．分割した個別の図は，facetに入力した変数それぞれに対応しています．facet_ 関数群は一連のgeomをまとめて取り扱うための手法です．ここでは大陸(continent)で層別化したプロットを作るために，facet_wrap()関数のfacet引数に大陸を指定した例を紹介します．

facet_wrap()関数はさまざまな引数をとりますが，中でも最も重要なのはRのformula記法チルダ("~"を用いて記述)を使って指定する第1引数です．facet_wrap()関数の引数は通常片側のformulaで，式の右側には変数1つだけを記述する場合がほとんどです．しかし，facet_ 関数は得られたデータが非常に複雑な場合に備え，複数の変数でデータを分割して可視化する機能も備えています．ここでは手始めに，facet_wrap(~ continent)のように，formulaに単一の変数としてcontinentのみを指定し，大陸ごとに図をパネル形式で出力してみましょう．

```
# 図4.3
p <- ggplot(data = gapminder,
            mapping = aes(x = year,
                          y = gdpPercap))

p + geom_line(mapping = aes(group = country)) +
    facet_wrap(~ continent)
```

訳注1 facetは対象の変数ごとに図を切り出し，パネル形式で出力するための関数群です．

130

大陸ごとに層別化されたそれぞれの図の上部には，facet_wrap() 関数の formula に引数として入力したカテゴリである各大陸のラベルが記載されています．**図 4.3** 全体を眺めてみると，軸ラベル・スケールの重複が最小限に抑えられていることがわかります．facet で階層化したそれぞれの図に対して，これまでと同様に geom_ 関数を適用できます．また，facet_wrap() 関数の引数である ncol 引数の数値を編集することで，図の列数を変更できます．今回の例では大陸のカテゴリ数は 5 つしかないため，1 行 5 列のレイアウトで十分でしょう．さらに，図の見た目をスムーズかつきれいにするために，それぞれの国の線の色をデフォルトの黒からライトグレーに変更するためのコードを示します（**図 4.4**）．それぞれのコードが何をしているのかわからない場合には，コードを書き足しながら試行錯誤ができる ggplot のメリットを活かしましょう．以下のコードの下から上に向かって，+ some_function(...) の形で記述されているコードの塊をひとつずつ削除すると，出力される図が変化するはずです．図がどう変化するかを追うことで，それぞれのコードの働きを理解できるでしょう．

```
# 図 4.4
p + geom_line(color = "gray70",
              mapping = aes(group = country)) +
    geom_smooth(size = 1.1,
                method = "loess",
                se = FALSE) +
    scale_y_log10(labels = scales::dollar) +
    facet_wrap(~ continent, ncol = 5) +
    labs(x = "Year",
         y = "log GDP per capita",
         title = "GDP per capita on Five Continents")
```

出力された図は年（year）を x 軸，国民 1 人あたりの GDP（gdpPercap）を y 軸にとり，各国を審美的要素で指定したものです．また，この図には geom_line，geom_smooth の 2 つの geom が利用されており，縦軸である y 軸は対数変換されています．さらに，図は facet で大陸別（continent）に層別化されており，軸ラベル・図のタイトルが labs に指定されています [3]．

facet_wrap() 関数は単一のカテゴリカル変数に基づいて，層別化した図をパネル形式で出力するのに向いた関数です．この場合，出力した図は順番通りに配置され，グリッドの形でま

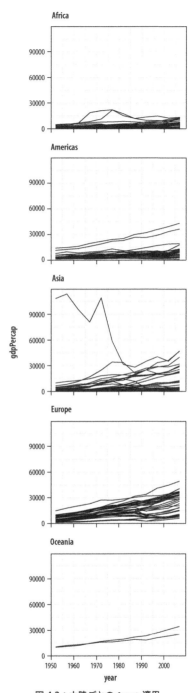

図 4.3：大陸ごとの facet 適用

[3] facet を国に指定すれば aes にグループを指定する必要はなくなりますが，国の総数である 150 のパネルが出力されることになってしまいます．

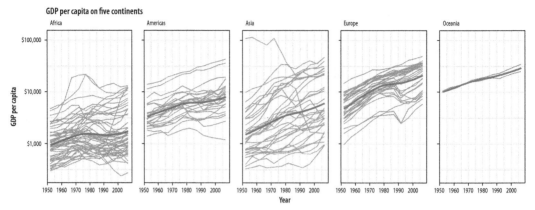

図 4.4：大陸ごとの facet 適用（図 4.3 の改良版）

とめられます．さらに，必要に応じてグリッドの行数・列数を編集することもできます．しかしより複雑な図を facet で作ることもできます．例えば，データを 2 種類のカテゴリカル変数に基づいて相互に分類する場合には facet_grid() 関数を利用します．この関数ではグリットとしてまとめた集合として図を出力する facet_wrap() 関数とは，実際に 2 次元の配列を使って図をレイアウトする点で異なっています．

では gss_sm データセットを例に取り上げ，facet_wrap() 関数と facet_grid() 関数の違いを見ていきましょう．このデータは本章以降でも可視化の題材に利用します．gss_sm は 2016 年に行われた General Social Survey（GSS: 総合的社会調査）の一部を抽出したデータセットです．GSS はアメリカ合衆国に居住する成人を対象として実施された，社会科学者が関心のあるさまざまなトピックについての質問票調査です．先ほどまで可視化の対象にしてきた gapminder データセットは主に，各年ごとにそれぞれの国で測定された，連続変数からなるデータセットでした．例えば国民 1 人あたりの GDP（gdpPercap）は連続変数であるため，広い範囲にわたって任意の値をとることができ，滑らかに値が変化します．gapminder データセットに含まれている唯一のカテゴリカル変数は大陸（continent）の変数でした．それぞれの国は 1 つの大陸に属していますが，大陸自体に自然な順序はないため，大陸は順不同のカテゴリカル変数と見なせます．一方，gapminder データセットとは対照的に，gss_sm データセットは多くのカテゴリカル変数が含まれます[4]．

*4　本章では gss_sm データセットの詳細な解析は行いません．特に，本章では作図の際に各サンプルの重みについて考慮せずにデータを解析します．第 6 章ではより複雑なデータや重み付けを行ったデータを使い，頻度やその他の統計量を計算する方法を紹介します．

　社会科学分野の中でも，特に個人レベルの調査データを分析する分野では，しばしばさまざまな種類のカテゴリカル変数を取り扱うことになります．カテゴリカル変数の中には人種や性別のようにカテゴリが順序付けされていないものもありますが，教育水準のように，小学校から大学院まで順序付けられたカテゴリカル変数も存在します．GSS はおおむね，はい・いいえの 2 択，あるいは真ん中の数字を中間の点数とした 5 段階または 7 段階の答えからなる設問から構成されています．また，連続変数のデータであったとしても，子供の数のように比較的範囲の狭い整数値しか入力されていない変数が大半です．また，それらの連続変数も実際には 0 から順番に増えた後，一定の上限で 6 以上とまとめられるような順序型のカテゴリカル変数として取り扱われることが多いです．所得のように確実に連続変数であるデータであっても，「所得は何ドルです」と数値で記入させることはなく，「所得は X~Y ドルの範囲内である」というように，順序付けられたカテゴリカル変数として記入されています．gss_sm データセットにはこのような測定値が多数含まれており，コンソールで変数名を入力することでそれらを確認できます．また，glimpse(gss_sm) を実行することで，変数すべての概要を把握できます．

　では gss_sm データセットを使って，回答者の年齢と子供の数の関係を散布図にし，それらの関係を平滑化した線で結んだ図を作ってみましょう（**図 4.5**）．gss_sm データセットの child 変数は，回答者の子供の数を表す連続変数です（データセット内には kids という子供の数を示す変数がもう 1 つありますが，kids は順序付けられたカテゴリカル変数です）．facet を使って回答者の性別・人種で層別化した上で child 変数と age 変数の散布図を作り，回答者の年齢と子供の数の関係を確認してみましょう．facet_grid() 関数内で formula 記法を使い，性別 sex と人種 race を記述します．今回は結果を相互に参照して表記するため，コードは下記の通りになります．

```
# 図 4.5
p <- ggplot(data = gss_sm,
            mapping = aes(x = age, y = childs))
p + geom_point(alpha = 0.2) +
    geom_smooth() +
    facet_grid(sex ~ race)
```

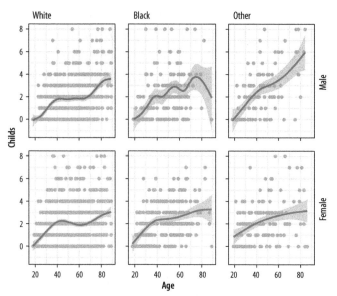

図 4.5：2 変数を `facet` に利用した場合の例．それぞれの図は年齢と子供の数の関係を表しており，横方向に人種，縦方向に性別でそれぞれ層別化されている．

　このようなマルチパネル形式でレイアウトされた図は，2 つ以上のカテゴリカル変数にまたがる連続変数の変化を可視化する場合に役立ちます（散布図も同様に有効です）．カテゴリカル変数が順序付けられている場合にはさらに効果的といえるでしょう．また，2 つの変数に限定せず，`formula` にカテゴリカル変数をさらに追加してより複雑な多次元プロットを出力することもできます（例：`sex ~ race + degree`）．しかし，多次元プロットの `facet` に使う変数それぞれが多数のカテゴリを持っている場合，図があまりに複雑になってしまうことに注意しましょう．

geom によるデータの変換

図に回帰直線を追加する場合に，本書では geom_smooth() 関数を使って LOESS 回帰や線形回帰，一般化加法モデルなどの結果を図示する方法を紹介しました．これまでは可視化したいモデルの違いについて考えをめぐらせる必要はなく，可視化のために geom_smooth() 関数の method 引数を指定するだけで，後は geom_smooth() 関数が内部で残りの作業をすべてやっておいてくれていたというわけです．

一部の geom にはデータを直接グリッド上にプロットする機能があります．例えば geom_point() 関数は x, y に変数を指定し，それらの点をグリッド上にプロットします．しかし多くの geom はプロットされる前のデータにさまざまな変換・加工を行っています．すべての geom_ 関数には，関数を呼び出したときにデフォルトで使用される stat_ 関数が関連付けられています．逆も同様で，すべての stat_ 関数にはデフォルトで呼び出される geom_ 関数が用意されています．そのこと自体は特に重要ではないのですが，次のセクションで解説するように，geom のデフォルトとは異なる統計量を計算し，可視化に用いる場合には stat_ 関数を意識する必要があります [5]．

stat_ 関数での計算を意識するといっても，図を見ただけでは stat_ 関数が実行されているかはわかりません．新しく登場した geom_ 関数である geom_bar() 関数を使った，**図 4.6** の例を見てみましょう．

```
# 図 4.6
p <- ggplot(data = gss_sm,
            mapping = aes(x = bigregion))
p + geom_bar()
```

図 4.6 で図示する変数は aes(x = bigregion) のみとします．出力した棒グラフはアメリカ合衆国の各地域において得

[5] 試しに p + stat_smooth() 関数を実行してみましょう．

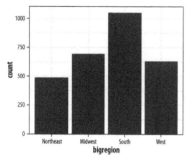

図 4.6：棒グラフを出力した際の例

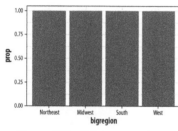

図 4.7：縦軸に割合をとった棒グラフ

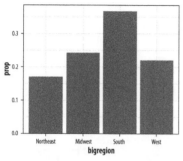

図 4.8：割合に関するコードを修正した棒
グラフ

られた観測値の数を示しています．この図に特に問題はないようですが，もともとデータになかったはずの y 軸の変数 count はどこから現れたのでしょうか．この値は geom_bar() 関数に対応する stat_ 関数である stat_count() 関数により算出された値です．この関数は 2 つの新しい変数である count と prop（[proportion: 割合] の略語）を内部で算出し，geom_bar() 関数ではこれらのうち count をデフォルトで図示に利用しています．

```
# 図 4.7
p <- ggplot(data = gss_sm,
            mapping = aes(x = bigregion))
p + geom_bar(mapping = aes(y = after_stat(prop)))
```

　総数ではなく割合の図を作る場合には，geom_bar(mapping = aes(y = after_stat(prop))) のように count ではなく prop と明記します（**図 4.7**）．ここで，prop が after_stat() 関数という関数でラップされていることに気がついたでしょうか．ggplot が総数を数えたり割合を計算したりする場合には，プロット内でマッピングの対象として利用できる一時的な変数を ggplot は返す仕組みになっています．prop が一時的な変数として扱われている場合には，すでに使われている可能性がある変数 prop と区別するために，この統計量には after_stat() 関数という特殊な関数を介してアクセスします（これはデータセットに count や prop という名の変数がすでに存在する可能性があり，それらとの重複を避けるためです）．このため，aes() 関数からこれを呼び出す際には一般的に，<mapping> = after_stat(<statistic>) という形でコードを記述することになります．ここでは y に内部で計算済みの割合を利用したかったため，aes(y = after_stat(prop)) という記述になったわけです．

　しかし図 4.7 はまだ正しいとはいえません．y 軸はカウントではなくなりましたが，割合を示しているはずの棒がすべて 1 となり，同じ高さになってしまっています．正しくは**図 4.8** のように，それぞれの棒が 1 つの地域あたりの観測値の値が全体の観測値に対する割合になり，棒の高さの合計値が 1 になる図を作る必要があります．これもまたグループ化に関する問題であり，ある意味では本章のはじめに解説した，年次データが

国別に分類されていることを ggplot に示す必要があるという問題の逆といえるでしょう．今回の場合は比率の分母を計算したいので，対象とする変数のカテゴリを使わずに，データの合計値を使って計算するように ggplot のコードを書き換える必要があります．そのため，ここでは aes() 関数の呼び出しに group = 1 と指定します．ここでの 1 は単なる「ダミーグループ」であり，prop を計算する際に，分母をデータセット全体にするためにこのコードを記述しています．[訳注2]

```
# 図4.8
p <- ggplot(data = gss_sm,
            mapping = aes(x = bigregion))
p + geom_bar(mapping = aes(y = after_stat(prop), group = 1))
```

では次の可視化の例に移りましょう．gss_sm には，「あなたの教派は何ですか．プロテスタントですか，カトリックですか，ユダヤ教ですか，他の信仰ですか，あるいは無信仰でしょうか」という質問から得られた回答者の信仰についての変数が含まれています [*6]．

*6　$ 記号はデータフレームや tibble の個別の列にアクセスする際に使われます．

```
table(gss_sm$religion)

##
## Protestant   Catholic     Jewish       None      Other
##      1371        649         51        619        159
```

このデータを可視化する場合，x 軸に信仰（religion）がカテゴリカル変数として示されており，かつ信仰別に色分けされた棒グラフが出力されるのが理想的でしょう．棒が灰色でつまらないときには，x 引数に religion をマッピングするだけではなく，fill 引数にも religion をマッピングします．fill 引数は図形の内側を塗りつぶすために使われると覚えておきましょう．ここで，fill 引数ではなく color 引数に religion をマッピングしてしまうと，棒の外枠だけに色が割り当てられ，内側は灰色のままになってしまうので注意しましょう．

訳注2　原著では ..var.. が利用されていましたが，新しいバージョンの ggplot2 に合わせて after_stat() 関数で記述しています．https://github.com/tidyverse/ggplot2/blob/master/NEWS.md#ggplot2-330

```
# 図4.9上
p <- ggplot(data = gss_sm,
            mapping = aes(x = religion, color = religion))
p + geom_bar()

# 図4.9下
p <- ggplot(data = gss_sm,
            mapping = aes(x = religion, fill = religion))
p + geom_bar() + guides(fill = "none")
```

ここでは x 引数と fill 引数の2つの審美的要素に同じ変数である religion をマッピングしていますが，これはまったく問題ありません．とはいえこれらは別々のマッピングなので，それぞれが個別にスケールを取得します（**図4.9**）．デフォルトでは凡例の描画は color 引数に設定された変数を反映します．図4.9上に凡例が表示されていますが，信仰に関する回答はすでに x 軸で分離されているので冗長です．これを解決するための簡単な方法として，guides() 関数を使う手があります．guides() 関数は特定のマッピングに関する情報の表示を制御するための関数であり，図4.9下を出力するコードのように guides(fill = "none") とすることで凡例を削除できます[訳注3]．これは当該のマッピングについて参照する情報を，図の出力に利用しないという意味の記述です．ただし，マッピングのガイドを "none" にする設定が生きるのは，無効にしたい凡例がある場合のみです．例えば x = "none" や y = "none" としても，これらのマッピングには値を表示する以外のガイドや凡例がないので意味がありません．また，x, y の値の出力をなくすこともできますが，この詳細については scale_ 関数についての説明のときに紹介します．

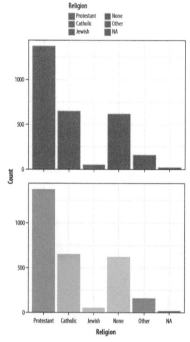

図4.9：gss_sm データセットの信仰に関する質問において，religion を color 引数にのみマッピングした例（上段）および color 引数と fill 引数両方にマッピングした例（下段）

度数分布を回りくどく描いてみる

　geom_bar() 関数の審美的要素である fill 引数をよりうまく使うには，異なる2種のカテゴリカル変数を x 引数と fill 引数それぞれに適用してみるとよいでしょう．これは総数や割合の度数分布表に相当します．例としてまず gss_sm データセットを使い，アメリカ合衆国の各地域における信仰の分布を ggplot を使って可視化してみましょう．しかし，本節で紹介する方法は度数分布表を作る際の最適な方法ではありません．次節では簡単で誤りが発生しにくいアプローチとして，図の詳細を ggplot にわたす前に，まずデータを集計しておく方法を紹介します．本節で紹介する作図のコードを回りくどく感じたり複雑に感じたりしたなら，それがなぜなのか考えてみましょう．

　早速，gss_sm データセットの地域別における信仰の分布を可視化してみましょう．ここではアメリカ合衆国の地域を表す変数 (bigregion) に基づいて，信仰の変数 (religion) を可視化します．棒グラフでカテゴリカル変数を相互に分類するための可視化方法は多岐にわたります．geom_bar() 関数で出力される図の形式は position 引数により制御されます．まずは以下のコードのように religion を fill 引数にマッピングしてみましょう．

```
# 図 4.10
p <- ggplot(data = gss_sm,
            mapping = aes(x = bigregion,
                          fill = religion))
p + geom_bar()
```

　geom_bar() 関数はデフォルトで，y軸を総数のカウントにした積み上げ棒グラフを出力します（**図 4.10**）．棒の積み上げの内部ではそれぞれのセグメントに，count が実行されていま

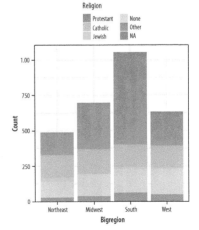

図 4.10：gss_sm データセットにおける信仰の地域別積み上げ棒グラフ

139

す．図 4.10 では，地域（bigregion）は x 軸，信仰（religion）は棒グラフ内に積み上げられる形で示されています．第 1 章でも見たように，チャートの長さと面積がそろえられていないと，読者は図示されている尺度を比較できません．図の下部に示されているカテゴリは x 軸上に配置されているため簡単に比較できますが，例えばカテゴリ「カトリック（catholic）」はそれぞれの棒の中で開始点の高さがばらばらなので割合の比較が困難です．代わりに position 引数に fill を設定してみましょう（これは審美的要素の fill 引数ではありません）．

```
# 図 4.11
p <- ggplot(data = gss_sm,
            mapping = aes(x = bigregion,
                          fill = religion))
p + geom_bar(position = "fill")
```

この操作により棒の高さがそろったのでグループ間の比率を比較しやすくなりました（**図 4.11**）．しかしこの表記では開始点が異なるので各グループの相対的な大きさを比較できません．図 4.11 のように，地域内の信仰の組成やパーセンテージを表示したいが，積み上げ型ではなくそれぞれのバーを分割したい場合にはどうすればよいでしょうか．まずはじめに position 引数に dodge を設定し，地域別の棒を並べて表示してみましょう．ggplot は意図した通りに棒を並べて出力してくれますが，y 軸が各カテゴリ内の総数（count）に戻ってしまいます．図 4.8 を例に挙げた際に，y = after_stat(prop) とすることでそれぞれの割合を計算できることを学びましたが，これがうまくいくか試してみましょう（**図 4.12**）．

```
# 図 4.12
p <- ggplot(data = gss_sm,
            mapping = aes(x = bigregion,
                          fill = religion))
p + geom_bar(position = "dodge",
             mapping = aes(y = after_stat(prop)))
```

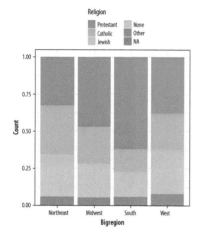

図 4.11：position 引数に fill を設定し，カテゴリの相対的な比率を示す

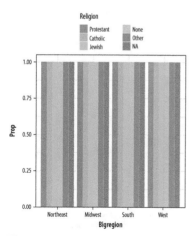

図 4.12：y = after_stat(prop) とした場合の出力

　図 4.12 は色鮮やかですが，これは作りたかった図ではあ
りません．図 4.7 のように，おそらくグループ化に問題があ
るのでしょう．総数に対する 1 つの変数の割合を示す場合に
は，group = 1 をマッピングして総数に対する変数の割合を計
算していました．今回のケースではグループ化したい変数が
religion なので，以下のように審美的要素に信仰の変数をマッ
ピングするとよいかもしれません（**図 4.13**）．

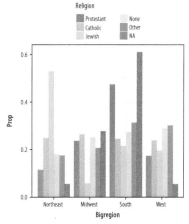

図 4.13：割合を y 軸に設定した比較棒グラ
フ（図 4.12 の改良版）

```
# 図 4.13
p <- ggplot(data = gss_sm,
            mapping = aes(x = bigregion,
                          fill = religion))
p + geom_bar(position = "dodge",
             mapping = aes(y = after_stat(prop),
                           group = religion))
```

　このコードにより，y 軸を信仰の地域別割合で示した，割合
を比較可能な棒グラフが得られます．しかし図 4.13 をよく見
てみると，各地域ごとの割合の合計が 1 になるのではなく，そ
れぞれの信仰の合計が 1 として棒グラフが出力されていること
に気がつきます．

　図 4.13 より，信仰がプロテスタント（Protestant）であると
答えた人の約半数がアメリカ南部に在住していますが，北東部
ではその割合は 10% 強であることがわかります．また，南部
では 1/4 程度であるユダヤ教が，北東部では 50% 以上を占め
ることもわかるでしょう．

　しかし図 4.13 も当初作成したかった図ではありません．も
ともとの目標は，図 4.10 の積み上げグラフのそれぞれの項目
を，横に並べて表示し，それぞれの高さを比較することでした．

```
# 図 4.14
p <- ggplot(data = gss_sm,
            mapping = aes(x = religion))

p + geom_bar(position = "dodge",
             mapping = aes(y = after_stat(prop),
                           group = bigregion)) +
    facet_wrap( ~ bigregion, ncol = 2)
```

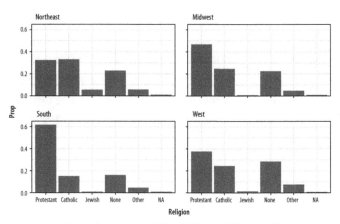

図 4.14：facet により地域を層別化した信仰の分布 [7]

*7　GSS に含まれる集団の小さなサブセット中での割合は調査年ごとに変動する傾向にあります.

　解決法の 1 つとして，一度にすべての作業を geom_bar() 関数に詰め込むのをやめるという手があります. geom_bar() 関数にすべてを委ねるのではなく，facet を使って地域をパネル表示し，それぞれにおける信仰の割合を記述するとどうでしょうか (**図 4.14**). 図 4.14 における信仰の比率は各地域ごとに算出されており，これこそが求めていた図だといえるでしょう. また，図 4.14 では各カテゴリ内のバーが少ないため，比較が容易というメリットもあります.

　図 4.14 には改善の余地も残されていますが，今はここまでにしておきます. 頻度をプロットする場合，ggplot で直接作成すると望んだ結果がなかなか得られず，マッピングに適当な変数をあてはめて試行錯誤しながら正しい分類を探索してみたが，なかなかうまくいかないという沼にハマりがちです. 第 5 章では tidyverse の dplyr パッケージを使い，作図の元になる集計用のテーブルを作る方法について紹介します. この方法は信頼性が高く，エラーの確認も簡単です. さらに，dplyr はデータの要約にとどまらず，よりさまざまなタスクに対応した柔軟なツールとして働いてくれます.

ヒストグラムと密度プロット

データを内部で変換する方法は geom によって異なっていますが，ggplot 内でそれらを記述するためのコードは一貫しています．例えば連続変数をヒストグラムで要約するときにも，内部でデータが変換されています．ヒストグラムは連続変数をいくつかの区分または「ビン（bin）」に分割し，それぞれのビン内に観測値がいくつあるかを数えることで連続変数を要約する手法です．前節の棒グラフで地域や信仰などのカテゴリカル変数を ggplot に入力していたように，ヒストグラムを使う際には，ビンの幅を調節してデータをどの程度まで細かく要約するかを決める必要があります．

ここではアメリカ中西部州の郡に関わる情報が含まれた midwest データセットを取り上げます．大きさがまちまちなアメリカ中西部の郡の面積の分布をヒストグラムで表してみましょう．郡の面積は平方マイルで測定されています．ここではヒストグラムで連続変数を要約するので，観測値をグループもしくはビンに分割し，それぞれにあてはまる観測値がいくつあるのかを数える必要があります．geom_histogram() 関数におけるデフォルトのビン数は経験則から 30 とされています．

```
# 図 4.15 左
p <- ggplot(data = midwest,
            mapping = aes(x = area))
p + geom_histogram()


## 'stat_bin()' using 'bins = 30'. Pick better value with
## 'binwidth'.


# 図 4.15 右
p <- ggplot(data = midwest,
            mapping = aes(x = area))
p + geom_histogram(bins = 10)
```

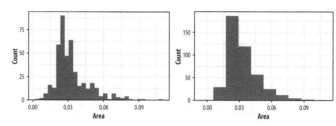

図 4.15：ビンの幅を変更した際における，同一変数を対象としたヒストグラムの比較

棒グラフを作ったときと同様に，内部で計算された変数 count が，**図 4.15** 左の y 軸に表示されていることがわかります．また，R から図が出力されるときに，stat_bin() 関数がビンを 30 個にしたこと，ビンの幅（binwidth）を自分で調節した方がよいことが通知されます．しかしここでは geom_histogram() 関数の bins 引数でビンの数を調節してみましょう（図 4.15 右）．ヒストグラムを描く際にビンの数を調整することは重要です．またオプションで x 軸の原点をずらすこともできます．特にビンの幅は図の外観に大きく影響するので注意しましょう．

一般的にヒストグラムは単一の変数の要約に使われますが，分布を比較するために複数の変数をまとめて図示することもできます．また，ヒストグラムを関心のある別の変数で facet することや，**図 4.16** で示したように別の変数を fill 引数にマッピングし，同じ図内でそれぞれの分布を比較することも可能です（図 4.16）．

```
# 図 4.16
oh_wi <- c("OH", "WI")

p <- ggplot(data = subset(midwest, subset = state %in% oh_wi),
            mapping = aes(x = percollege, fill = state))
p + geom_histogram(alpha = 0.4, bins = 20)
```

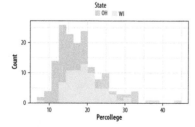

図 4.16：2 つのヒストグラムによる分布の比較

ここではデータから 2 つの州だけを抽出し，解析の対象とします．この作業を行うために，まず "OH"，"WI" の 2 つの要素を持つ文字ベクトルを作成します．次に subset() 関数を利用してベクトル内に "OH"，"WI" が含まれている行のみを抽出します．%in% 演算子は，subset() 関数で変数内の複数の要素を抽出するときに役立ちます．

連続変数を扱う際には，データをビンで分割してヒストグラ

ムとして表現する他に，`geom_density()` 関数を使って対象と
なる変数のカーネル密度推定値を計算して分布を図示すること
も選択肢の 1 つです（**図 4.17**）．

```
# 図 4.17
p <- ggplot(data = midwest,
            mapping = aes(x = area))
p + geom_density()
```

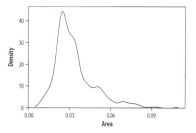

図 4.17：midwest データセットにおける郡
データのカーネル密度推定値を使った可視化

カーネル密度推定値を出力する場合も，線に対して `color`
引数，密度曲線の本体に対して `fill` 引数を適用できます．こ
れらを利用した図は非常に見栄えがよいのですが，**図 4.18**，
図 4.19 のようにプロット上にいくつか塗りつぶしの領域が重
なっている場合には，重複箇所が読み取りにくくなってしま
います．カーネル密度関数曲線のベースラインを取り除きたい
場合には，`geom_density()` 関数の代わりに `geom_line(stat =
"density")` を利用することができます．この書き方をすると，
`fill` の審美的要素が出力されないので，場合によっては図を
改善できる可能性があります．実際に図を出力して比較してみ
るとよいでしょう．

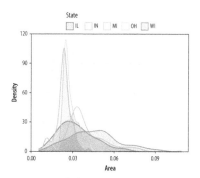

図 4.18：地域ごとのカーネル密度関数の
比較

```
# 図 4.18
p <- ggplot(data = midwest,
            mapping = aes(x = area, fill = state, color = state))
p + geom_density(alpha = 0.3)
```

`geom_bar()` 関数と同様に，`geom_histogram()` 関数，`geom_density()` 関数でもデフォルトの値だけでなく，必要に応じ
て内部の `stat_` 関数に基づいて新しく相対値を計算できます．
`geom_density()` 関数の場合，`stat_density()` 関数はデフォル
トで `density` の統計値，あるいは相対化された密度関数を返
す `scaled` として値を返しますが，密度とデータ点の数をかけ
合わせた統計量である `count` を返すこともできます．もちろん
この値を累積密度プロットで利用することもできます．

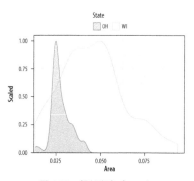

図 4.19：相対密度プロット

```
# 図 4.19
p <- ggplot(data = subset(midwest, subset = state %in% oh_wi),
            mapping = aes(x = area, fill = state, color = state))

p + geom_density(alpha = 0.3,
                 mapping = (aes(y = after_stat(scaled))))
```

不要な変換を避ける

ggplot は通常，データセット全体に基づいて図を生成します．geom_bar() 関数を呼び出すと，ggplot は内部で stat_count() 関数を使って表示されているカウント，あるいは比率を算出し，図を出力します．前節ではデータを ggplot にわたす前にデータをグループ化し，集約する場合について解説しました．しかし図にしたいデータがすでに要約済みのものしかなく，個別のデータがなくなってしまっていることもあります．これは，元のデータから周辺度数またはパーセンテージ[訳注4]のテーブルを計算したときに起こります．また，第6章で説明しますが，統計モデルの結果を図示する場合も同様です．また，国勢調査や公的機関から報告されたデータの場合，要約済みのものしか手に入らないということも起こりえます．例えば，タイタニック号の生存者に関する titanic データセットについて，性別ごとの生存数に関するデータは公表されていますが，個人の詳細については公開されていません．

```
titanic
```

```
##        fate    sex    n percent
## 1 perished   male 1364    62.0
## 2 perished female  126     5.7
## 3 survived   male  367    16.7
## 4 survived female  344    15.6
```

このデータを可視化する場合には要約済みの生存者割合データを直接扱えるので，ggplot を通じて値の数を数えたり計算させたりする必要はありません．逆に，geom_bar() 関数を実行した際に通常呼び出される stat_ 関数が動いては困るということです．このような場合に対して，geom_bar() 関数は実

訳注4 クロス集計表の行・列ごとの合計値または割合．

行時に，対象となる変数に対して変換を行わないようにすることができます．具体的には，geom_bar() 関数の stat 引数を，stat = "identity" と記述します．このとき，凡例は図の一番上に表示されます（**図 4.20**）．

```
# 図 4.20
p <- ggplot(data = titanic,
            mapping = aes(x = fate, y = percent, fill = sex))
p + geom_bar(position = "dodge", stat = "identity") + theme(legend.position = "top")
```

便宜上，ggplot には geom_bar() 関数に関連する geom として geom_col() 関数が用意されています．これは同じく棒グラフを出力する関数ですが，geom_bar() 関数とは異なり stat_ 関数のデフォルトの設定が stat = "identity" になっています．棒グラフを出力する上で，stat_ 関数による計算を行う必要がない場合には今後 geom_col() 関数を利用します．

geom_bar() 関数および geom_col() 関数の position 引数も identity の値をとることができます．stat = "identity" が「集計・計算を行わない」ことを意味するように，position = "identity" は「ただ与えられた値をプロットする」ことを意味しています．これを使うと，棒グラフを作る際に正の値だけでなく，負の値も図示することができます．このグラフは折れ線グラフの代わりに利用でき，特に特定のしきい値や指標となる値が重要な公共政策のデータを図示する際などによく利用されます．socviz パッケージに含まれている oecd_sum データセットを使った例をここでは紹介します．このデータにはアメリカ合衆国およびその他 OECD 諸国における出生時の平均寿命に関連する情報が含まれています．

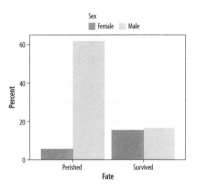

図 4.20：タイタニックデータにおける性別ごとの生存者割合

```
oecd_sum
```

```
## # A tibble: 57 x 5
## # Groups:   year [57]
##    year other  usa  diff hi_lo
##   <int> <dbl> <dbl> <dbl> <chr>
## 1  1960  68.6  69.9 1.3   Below
## 2  1961  69.2  70.4 1.2   Below
## 3  1962  68.9  70.2 1.30  Below
## 4  1963  69.1  70   0.9   Below
## 5  1964  69.5  70.3 0.800 Below
## 6  1965  69.6  70.3 0.7   Below
```

```
##  7   1966  69.9  70.3 0.400  Below
##  8   1967  70.1  70.7 0.6    Below
##  9   1968  70.1  70.4 0.3    Below
## 10   1969  70.1  70.6 0.5    Below
## # ... with 47 more rows
```

また，other カラムには特定の年代におけるアメリカ合衆国以外の OECD 諸国の平均寿命が，usa カラムにはアメリカ合衆国の平均寿命が，diff カラムには other カラムと usa カラムの差が，hi_lo カラムにはその年のアメリカ合衆国の値がOECD 平均より上か下かの情報がそれぞれ格納されています．**図 4.21** には時系列における diff 変数の変遷を hi_lo 変数を使って着色した例を紹介します．

```
# 図 4.21
p <- ggplot(data = oecd_sum,
            mapping = aes(x = year, y = diff, fill = hi_lo))
p + geom_col() + guides(fill = "none") +
    labs(x = NULL, y = "Difference in Years",
    title = "アメリカ合衆国の平均寿命格差",
    subtitle = "1960~2015 年におけるアメリカ合衆国と
            OECD 諸国の平均寿命の差",
    caption = "データ：OECD.2017 年 12 月 27 日，Washington Post の
            Christopher Ingraham によるチャート")
```

タイタニックデータを図示したときのように，geom_col()関数はデフォルトで stat 引数と position 引数を "identity"に設定します．geom_bar() 関数で同じ図を作るためには，geom_bar(position = "identity") と記述する必要がありま

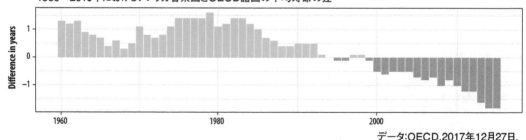

図 4.21：geom_col() 関数を用いて正負の値の棒グラフを図示

す．また，先ほどと同様に，`guides(fill = "none")` とすることで凡例を消すこともできます．何も記述しない場合には自動的に fill 引数のマッピングに合わせて凡例が生成されます．

　ここまでで，データを可視化する際に必要となる基本的なステップの大半を紹介することができました．実際，ggplot のデフォルト設定に基づき豊富な情報を持った図を作れるようになったと思います．本章では tidy なデータセットを例に，変換したデータを審美的要素にマッピングすること，さまざまな `geom()` 関数の使い分け，値の変換の方法について解説し，図に出力する適切な統計量の選び方，facet を使っていくつかの変数に基づいて層別化された図を描く方法について学びました．さらに，軸や図のタイトル，サブタイトル，キャプションを理解し，これらを組み合わせることでよりスムーズに図を作れるようになってきたのではないでしょうか．

次の一手

- gapminder データセットに立ち返り，いろいろな変数を使って facet による層別を試してみましょう．例えば人口や国民 1 人あたりの GDP に対し，年代や国ごとに facet を試してみるとよいでしょう．国ごとで facet を試みた場合には非常に多くの図が出力されるため，普通にそれらを描画しているとかなりの時間がかかってしまうかもしれません．その場合，図を出力する代わりにオブジェクトへ割り当て，PDF ファイルとして図を保存しておくためのフォルダ（例えば "figures"）に保存してみましょう．また，図の高さや幅を調節してみましょう．

- facet_grid(sex ~ race) とした際の図と facet_grid(~ sex + race) と記述した際の図を比べ，これらの formula の違いについて考えてみましょう．

- facet_grid() 関数の代わりに facet_warp() 関数を利用する場合に，facet_warp(~ sex + race) のような複雑な formula 記法を適用すると何が起こるか実験してみましょう．facet_grid 同様，facet_warp() 関数でも 2 つ以上の変数に対して facet を一度に設定することができます．しかし facet_warp() 関数では完全にカテゴリカル変数によってクロス集計で分類されたグリッドを表示するのではなく，1 次元のテーブルに図を配置することで層別化を実現している点が異なる部分です．

- 累積折れ線グラフはヒストグラムとよく似た使われ方をしますが，観測数を棒で表示する代わりに，一連の連続した線で結果を表示するところが異なります．本章で多用した geom_histogram() 関数の代わりに，geom_freqpoly() 関数を使うと累積折れ線グラフを出力できます．

- 密度推定でも geom_density_2d() 関数を利用すると，2 次元のカーネル密度推定の図を出力できます．これにより 2

つの変数の同時分布を推定する等高線を描くことができます．midwest データセットを使って大学教育を受けた割合（percollege）に対する貧困ライン（percbelowpoverty）を下回る割合を図示してみましょう．また，geom_point() 関数のレイヤーの有無で図がどう変化するかについても確認しておきましょう．

5

データの整形・ラベル・メモ
の追加

本章ではここまで学んできたことに基づき，より洗練された次の 3 つの方法に基づいて作図に取り組んでいきます．1 つ目はデータを ggplot で作図する前に，データを整形する方法です．第 4 章で見たように ggplot の geom はしばしば入力したデータを内部で要約してから図として出力します．これは便利なのですが，自動要約がうまくいかなかったり，中身がはっきりしないことがあったりすることは第 4 章で見た通りです．このため，ggplot にデータを送る前に，データを適切な形に整形することを考えましょう．ここで役に立つのが本章で紹介する tidyverse パッケージ群の 1 つである dplyr パッケージです．ここでは dplyr パッケージを使い，データの抽出や要約，変換について学びます．

2 つ目はさらにいろいろな種類の geom を学び，それらを使い分ける方法です．扱える geom が増えれば，手持ちのデータの可視化に最適な geom を選べるようになるでしょう．一方，新しい geom について学べば学ぶほど，デフォルトの引数や条件とは異なるコードを書くことになります．そのために本章では図示されている変数を並び替えたり，可視化の前にデータセットの一部を抽出したりする方法について学びます．

3 つ目は，段階的に図をカスタマイズするプロセスです．これまで当たり前のように行ってきた scale_ 関数・guides() 関数・theme() 関数などの機能について理解を深め，グラフの内容や外観をより細かく設定できるようになることを目指します．これらの機能を駆使することで，データの内容をよりスムーズに伝えることができるようになります．これにより，データを構造化されたわかりやすい方法で示し，特に関心のある要素を特徴付けて図示できるようになるでしょう．また，geom をレイヤーとして重ねることで，より体系的でわかりやすい高度な図を作れるようになるでしょう．

とはいえ基本的なアプローチが変わるわけではありません．図の複雑さが増したり，たくさんのレイヤーの作成や微調整のためにどれだけのステップを踏んだりしたとしても，基本的にはやることは同じです．必要なのは tidy データとその変数を審美的要素へマッピングすること，そしてデータの可視化に最適な図を選び出すことです．この点を常に意識しておくことで，データの適切な可視化作業に自信を持って取り組むことができます．

パイプを使ったデータの集計

第 4 章で変数の分布と割合に関する図を作成したように，得られた値を特定の指標に基づいて相互に分類することは，データの分析における基本的なタスクの 1 つです．**表 5.1**，**表 5.2** は General Social Survey（GSS: 総合的社会調査）から得られた信仰と居住地域の分布を使ってデータを集計した結果です．表 5.1 は列の合計が 100 となるように集計されており，特定の信仰を持つ人がどの地域に多いかを把握できます．一方，表 5.2 では行の合計が 100 になっており，特定の地域内における信仰の分布の確認に向いています．

第 4 章では geom_bar() 関数を使って観測数や割合を図示する方法を紹介しましたが，geom やそれらが集計に使う stat_ 関数にすべてを委ねると，意図しない図が出力されてしまうことも目にしてきました．例えば行・列の集計や，全体に対する割合などの扱いを geom にまかせてしまうと，集計に使うはずの数値がマッピングされてしまうため，実際に何を計算したか

表 5.1：列方向の集計（列の合計が 100）

	Protestant	Catholic	Jewish	None	Other	NA
Northeast	12	25	53	18	18	6
Midwest	24	27	6	25	21	28
South	47	25	22	27	31	61
West	17	24	20	29	30	6

表 5.2：行方向の集計（行の合計が 100）

	Protestant	Catholic	Jewish	None	Other	NA
Northeast	32	33	6	23	6	0
Midwest	47	25	0	23	5	1
South	62	15	1	16	5	1
West	38	25	2	28	8	0

がわかりにくくなってしまいます．間違いを避けるためのより
よい方法は，先に割合などを表の形に集計・加工しておくこと
です．加工済みの表に基づいて作図することで，表内の数値の
整合性をすばやくチェックし，エラーがないことを確認できる
という利点があります．

　gss_sm データセットから各地域における信仰に関連する行
で集計し，図を作ってみましょう．まずベースとなる gss_sm
データセットから作図に使うデータを得るため，データを加工・
集計します．ここでは tidyverse パッケージ群の 1 つであり，
データの操作・整形を行うためのツールである dplyr パッケー
ジを使い，データを加工します．個人レベルのデータが収めら
れている gss_sm データセットを読み込み，信仰の割合を地域
ごとにまとめた表を作ることがここでの目的です．

　図 5.1 に作業のフローを示したように，まずは 2500 人の回
答が集まった個人レベルの gss_sm データセットを読み込みま
す．続いて，このデータから地域でグループ化した各信仰の信
徒数を集計した表を作成します．最終的にその値と地域ごとの
回答者の総数を組み合わせてパーセンテージを算出するという
流れです．dplyr パッケージにはこれらの作業に使うコードの
可読性を高めるためのいろいろな関数が用意されています．中
でも本章ではパイプ演算子と呼ばれる特殊な演算子 %>% に注
目します．パイプ演算子 %>% は，ある表から次の表に移る際の，
図 5.1 における黄色の三角矢印の役割を果たします．

　これまで ggplot の基本オブジェクトに新しい要素を重ねて
いくことで，足し算的に作図していました．同様に，%>% 演算

1. 居住地域と信仰に関する
**　 個人レベルのgss_smデータセット**

id	bigregion	religion
1014	Midwest	Protestant
1544	South	Protestant
665	Northeast	None
1618	South	None
2115	West	Catholic
417	South	Protestant
2045	West	Protestant
1863	Northeast	Other
1884	Midwest	Christian
1628	South	Protestant

2. 地域における各信仰の
**　 信徒数を集計**

bigregion	religion	N
Northeast	Protestant	123
Northeast	Catholic	149
Northeast	Jewish	15
Northeast	None	97
Northeast	Christian	14
Northeast	Other	31

3. 地域における信徒数の
**　 パーセンテージを算出**

bigregion	religion	N	pct
Northeast	Protestant	123	28.3
Northeast	Catholic	149	34.3
Northeast	Jewish	15	3.4
Northeast	None	97	22.3
Northeast	Christian	14	3.2
Northeast	Other	31	7.1

図 5.1：個人レベルのデータ集計の流れ

子はベースとなるデータフレームを，別のデータフレームに集計・変換するためのパイプライン操作に使う演算子です．データはパイプの片側から入り，dplyr の関数で加工された後，もう一方の側から加工済みのデータとして出力されます．パイプラインの主な働きは以下の 4 つの操作です．

「地域における信徒数」や「年ごとにおける出版物の著者」などのように，要約に必要なネスト構造[訳注1]のデータをグループ化する[*1]．

行・列，あるいはその両方でデータを取捨選択する．これにより作業に用いるデータのみを元データから抽出できる[*2]．

グループ化済みのデータに基づいて新しい変数を作成・追加し，集計を介することなく新たな変数を表に追加できる[*3]．

グループ化されたデータのまとめ・集計を行う．グループ化済みのデータ内で mean() 関数を用いた平均値や n() 関数を用いた合計のカウントなどから新しい変数を作成し，より高レベルのグループ化を行う．この結果，より小さな要約済み表が作成される．また，必要に応じて，さらに要約したデータを作成したり，変更したりすることもできる[*4]．

*1 group_by() 関数

*2 列: filter() 関数，行: select() 関数

*3 mutate() 関数

*4 summarize() 関数

パイプライン内でこれらのタスクを実行するには，dplyr パッケージに含まれる group_by() 関数，filter() 関数，select() 関数，mutate() 関数，summarize() 関数を利用します．これらの関数は演算子の左側からデータを受け取り，右側に加工したデータを受け渡すという思想に基づいて作られているため，簡単にパイプ演算子と組み合わせることができます．dplyr のドキュメントにはグループ化，フィルタリング，データの選択，変換に関わる関数についての有用なドキュメントが用意されています．また，Wickham & Grolemund (2016) ではこれらについての詳細な説明や例が紹介されています．

gss_sm データセットから rel_by_region という名前の新しい表を作成するためのコードは以下の通りです．

訳注1　ネスト構造とはデータフレームの中にデータフレーム・リストが入れ子状に格納された構造のことです．入れ子状に格納されたデータフレームやリストを，元のデータフレームの変数を使ってまとめて集計できる点がメリットです．

```
rel_by_region <-
  gss_sm %>%
  group_by(bigregion, religion) %>%
  summarize(N = n()) %>%
  mutate(freq = N / sum(N),
         pct = round((freq * 100), 0))
```

　これらのコードは何をしているのでしょうか．はじめに慣れ親しんだ代入演算子である <- を使っていつものようにオブジェクト（rel_by_region）を作成します．次から出てくるのがパイプライン部分です．ここではオブジェクトと関数を左から右に，また，「%>%」を「そしてそれから……」と読んでおくと理解しやすいでしょう．パイプの左側にあるオブジェクトはパイプを「通過」し，パイプの右側にある関数がオブジェクトに対して実行されます．実行結果はオブジェクトとしてさらに次のパイプの右側に通過し，パイプラインの最後まで続きます．

　このコードを左から読んだ場合の意味合いは以下の通りです．

- 新規オブジェクトの rel_by_region を作り，gss_sm にデータセット基づいて処理されたパイプラインの最終結果を格納する [5]．

- 行を bigregion 変数でグループ化した上で，その中の religion 変数でさらにグループ化する [6]．

- グループ化した表を要約して bigregion，religion 変数と各地域における信徒数の合計を示す新しい変数 N で構成された表を作成する [7]．

- この新しく作られた表の変数 N に基づいて新しく2つの列（freq: 割合，pct: パーセンテージ）を作る．パーセンテージについては桁数を丸めて整数とする [8]．

　パイプラインを通して受け渡されるオブジェクトと，それらに作用する関数群の書き方にはいくつか暗黙の了解があります．1つ目は，作業の基盤となるデータフレームオブジェクトの名前を繰り返し指定する必要がないということです．また，元データである gss_sm データセットに基づいて処理が行われるだけではなく，パイプライン内で変換・要約により生成された一時的なオブジェクトも同じように処理されます．

　2つ目は，group_by() 関数はグループ化・ネスト化され

たデータを summarize() 関数内でどのように処理されるか
を設定します．mean() 関数，sd() 関数，n() 関数のように，
summarize() 関数内で新しい変数を作るために利用する関数
は，はじめに括弧の最も内側のグループ化のレベルに適用され
ます．グループ化のレベルには group_by() 関数内の外側から
内側まで，左から右に向かって名前がつけられます．rel_by_
region オブジェクト作成時の summarize(N = n()) による集
計に着目してみましょう．ここでは各地域内（bigregion）の
信徒数（religion）をカウントし，その値を N という名前の新
しい変数に格納しています．dplyr の関数による集計により，
集計の対象と集約に使った変数以外が削除され，要約の結果の
みが残ります．今回の例では，個人レベルの観察結果のデータ
に基づき，地域ごとの信仰でデータをグループ化するため，こ
のコードでの summarize() は，個々の計測結果に基づき，地
域ごとにおける各信仰の信徒数を集計することになります．

　3つ目は，mutate() 関数で新しい変数を作るステップにつ
いてです．ここでは変数 N に基づいて地域ごとのサブグルー
プである割合 freq を作成し，その値を丸めてパーセンテージ
である変数 pct を算出します．これらの mutate() 関数に関連
する動作では表にカラムを加えたり取り除いたりしますが，グ
ループ化のレベルが変わることはありません．

　mutate() 関数，summarize() 関数はここではじめて紹介す
る新たな変数の作成方法です．通常，関数内に name = value
のような記述がある場合，name は一般的に名前付きの引数で
あり，その関数はそれがとるべき特定の値についての情報が示
されることを期待しています[*9]．通常，関数に認識されない名
前付きの引数，例えば（aes(chuckles = year)）を指定しても，
無視されたり，エラーが表示されたりして，処理が中断される
だけです．しかし，mutate() 関数，summarize() 関数を使う
場合には新しく名前付きの引数を作ることができます．この例
では，N，freq，pct の値には数値が割り当てられていますが，
これらの変数名は自分で決めることができます．これらの値は
集計された表に新しく作成された変数につけられる名前です
が，mutate() 関数，summarize() 関数はこれらの名前が何に
なるか事前に明示しなくても処理を行うことができます．

　最後に，mutate() 関数を使って freq 変数を作成する場合，
関数内で変数の名前をつけられるだけではなく，pct 変数を作

*9　例えば，aes(x = gdpPercap, y = lifeExp)
のような記述が期待されています．

成するために同じ行内で作成した freq 変数を使って処理を実行できます．つまり，新しく作りたい変数ごとに mutate() 関数を繰り返し呼び出す必要はないということです．

　ここで作成したパイプラインは，2867 行 32 列の gss_sm データセットを，以下のように 24 行 5 列の集計済み表である rel_by_region オブジェクトに変換します．以下がその一部です．

```
rel_by_region
```

```
## # A tibble: 24 x 5
## # Groups:   bigregion [4]
##    bigregion religion        N    freq   pct
##    <fct>     <fct>       <int>   <dbl> <dbl>
##  1 Northeast Protestant    158 0.324      32
##  2 Northeast Catholic      162 0.332      33
##  3 Northeast Jewish         27 0.0553      6
##  4 Northeast None          112 0.230      23
##  5 Northeast Other          28 0.0574      6
##  6 Northeast <NA>            1 0.00205     0
##  7 Midwest   Protestant    325 0.468      47
##  8 Midwest   Catholic      172 0.247      25
##  9 Midwest   Jewish          3 0.00432     0
## 10 Midwest   None          157 0.226      23
## # ... with 14 more rows
```

　出力された結果を確認すると，新しい集計済みの表には group_by() 関数で指定した変数はすべて残っているものの，mutate() 関数，summarize() 関数で作成した新しい変数を除いて，元の gss_sm データセットに含まれていたその他の変数はすべて削除されていることがわかります．

　第4章で紹介したように，ggplot() 関数の各ステップが何をしているのかを確認したい場合には，そのステップが含まれていない場合にどんな図が出力されるか，該当するステップを削除して図を出力してみるとよいでしょう．同様に，パイプライン化されたコードの働きを確認したい場合には，%>% が含まれたステップを削除すると，中間オブジェクトがどう変化するか確認するとよいでしょう．例えば mutate() 関数ステップを削除した際に rel_by_region オブジェクトはどのように変化するでしょうか．また，summarize() 関数を削除するとどうでしょうか．それぞれのステップを削除したときに，表の大きさやグループ化のレベル，追加・削除された変数がどのように変

化するかを実際に確認してみましょう.

　図のレイアウトはマッピング変数と階層化された geom の組み合わせによって処理されます. そのため, 図を作るために逐次的なデータの集計や変換を必要としない場合には, ggplot に直接記述すると簡単です. また, 比率の計算や特定のサブセットの抽出のような, 1 ステップのみのフィルタリングや集計も ggplot への直接記述で問題ないでしょう. しかし, データから図を出力するために必要なステップがいくつか必要な場合, 特に表をグループ化・集計したり, 図を出力する前にさらに計算を行ったりする必要がある場合には, dplyr パッケージを使って集計済み表をはじめに作成しておく方が簡単です. たとえ ggplot() 関数だけで集計できるとしても, dplyr パッケージを使うことでコードの可読性が上がるだけでなく, パイプを使うことで結果の健全性を簡単にチェックできるため, 正しい順序でデータのグループ化・集計ができる点がすぐれています. 例えば, 正しく rel_by_region オブジェクトを集計できた場合には, 多少の丸め誤差はあるものの, 各地域における信徒数の割合を示す pct の値の合計値は 100 になるはずです. これについては以下の短いパイプラインを使って簡単に確認できます.

```
rel_by_region %>% group_by(bigregion) %>% summarize(total = sum(pct))
```

```
## # A tibble: 4 x 2
##   bigregion total
##   <fct>     <dbl>
## 1 Northeast   100
## 2 Midwest     101
## 3 South       100
## 4 West        101
```

　問題なさそうですね. また第4章で示したように, 集計済みの表でパーセンテージを直接取り扱っているので, geom_bar() 関数の代わりに geom_col() 関数も利用できます.

```
# 図 5.2
p <- ggplot(rel_by_region, aes(x = bigregion, y = pct, fill = religion))
p + geom_col(position = "dodge2") +
    labs(x = "Region", y = "Percent", fill = "Religion") +
    theme(legend.position = "top")
```

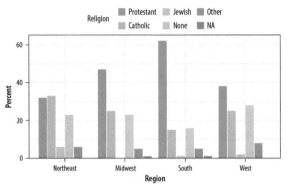

図 5.2：各地域における信徒数の割合

geom_col() 関数で事前に集計した値を作図に利用する場合，position 引数はデフォルトで比例積み上げグラフを出力します．そのためここでは position の引数に，以前利用した dodge の代わりに dodge2 を利用します [*10]．これによりバーが横並びに配置されます．ここで position 引数に dodge を使うと柱の間が埋まってしまい，結果が読みにくくなってしまうかもしれません．一方，dodge2 ならサブカテゴリである信仰に関するバーを地域ごとに出力する際に，互いがくっつかないように配置することができます．

図 5.2 の棒グラフの値は，図 4.10 のカウント積み上げに相当するパーセンテージの積み上げであり，地域内における信徒数の割合の合計が 100% になっています．ここまでに度数分布表を作る明確な手段を学んだので，バーがたくさん並んでいて混沌としたこの図を作り替え，よりよい図にする方法を考えてみましょう．

原則として，dodge で出力する棒グラフに facet() 関数を使うと図がパネル化されるので凡例が不要になり，図が読みやすくなります．さらにここでは x 軸，y 軸の表示を操作し，図をさらに見やすくするための新たな機能について紹介します．信仰を x 軸にマッピングすると，ラベルの文字が重なって判読できなくなってしまいます．ラベルの傾きを調整すると，ラベルを傾けて出力できますが，これも読みやすいとはいえません．このような場合には信仰を y 軸，パーセンテージの値を x 軸にすると図が見やすくなります．しかし geom_bar() 関数は内部で処理を行うため，単に x, y のマッピングを逆にするだけでは軸は入れ替わりません（実際に x, y を入れ替えると何が起きるか試してみましょう）．信仰のラベルを y 軸の位置に表

示させるには coord_flip() 関数を使い，図示される座標軸を
変換する必要があります．[訳注2]

```
# 図 5.3
p <- ggplot(rel_by_region, aes(x = religion, y = pct, fill = religion))
p + geom_col(position = "dodge2") +
    labs(x = NULL, y = "Percent", fill = "Religion") +
    guides(fill = "none") +
    coord_flip() +
    facet_grid(~ bigregion)
```

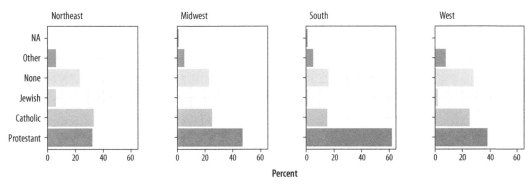

図 5.3：facet を用いた場合における地域ごとの信徒数の割合の図示

　ほとんどのプロットの座標系は直交座標系であり，x 軸と y
軸で定義される平面上に図がプロットされます．ggplot では
coord_cartesian() 関数が直交座標系を管理していますが，作
図の際にこの関数を呼び出す必要はありません．先ほど紹介し
た coord_flip() 関数は図が出力された後で x，y 軸を入れ替
えるための関数なので，審美的要素に変数を再度マッピングす
る必要はありません．このため，今回の例では religion，pct
変数はそれぞれ x，y にマッピングされたままになっています．
また，信仰は軸ラベルの出力に不要なため，labs() 関数の中
で x = NULL と設定しています（**図 5.3**）．
　この後 dplyr の柔軟で強力なフレームワークであるグルー
プ化，フィルタリング操作についてより詳しく紹介しますが，
今のところ dplyr は ggplot() 関数や geom_ 関数の本体にコー
ドを記述せずに，データを簡単に要約する際に便利だと理解し
ておけば十分です．

訳注2　現バージョンでは p <- ggplot(rel_by_region, aes(x = pct, y = religion,
　　　　fill = religion)) のように x，y を入れ替えれば coord_flip() 関数を使わず
　　　　に同じ図を作ることができます．

ここからは新たなデータセットであるorgandataデータセットを使って解説を進めていきます．organdataデータセットはgapminderデータセットと同様に，年代・国の構造を持ったデータセットです．このデータには17カ国のOECD諸国における，移植のための臓器提供意志に関する情報が10年分以上含まれています．臓器提供率は，移植手術に使われた亡くなった臓器提供者から得られた臓器の数に関するデータです．この臓器提供率に関するデータに加え，organdataデータセットには人口統計に関する連続変数や，健康・福祉政策や法律に関わるカテゴリカル変数が含まれています．また，gapminderデータセットと異なる点として，いくつかの観測値については欠測があり，これらはデータ上でRの標準の欠損値を表すNAで表現されています．このorgandataデータセットはsocvizパッケージに含まれているので，まずはデータを読み込んでみましょう．今回はhead()関数でデータセットの最初の6行を表示してデータ構造を把握するのではなく，slice_sample()関数という関数を使ってデータの中からランダムに10行を選択して表示するためのパイプラインを作成してみましょう[*11]．slice_sample()関数は2つの引数をとる関数です．1つ目の引数は表示したいデータそのものですが，パイプを使う場合には暗黙的な了解としてパイプの先頭にあるデータが引数に当たるため，明示する必要はありません．2つ目の引数nは表示したい行の数です[訳注3]．

*11 select()関数に数値を入れて指定することで，データフレームの列番号に応じてデータを選択できます．また，変数名で列を直接選ぶこともできます．

```
organdata %>% select(1:6) %>% slice_sample(n = 10)
```

訳注3 原著ではsample_n()関数が利用されていますが，dplyrパッケージの更新に伴いslice_sample()関数で記述しています．また，set.seed()関数で乱数を固定しない場合，出力結果が毎回異なることに注意してください．https://github.com/tidyverse/dplyr/blob/master/NEWS.md#new-features

```
## # A tibble: 10 x 6
##    country        year       donors    pop pop_dens   gdp
##    <chr>          <date>      <dbl>  <int>    <dbl> <int>
##  1 United Kingdom 1991-01-01   14.2  57439     23.6 16729
##  2 Denmark        2001-01-01   12.9   5359     12.4 29203
##  3 Germany        2000-01-01   12.5  82212     23.0 24942
##  4 United Kingdom 1995-01-01   14.4  58005     23.9 19998
##  5 Switzerland    1991-01-01   15.6   6797     16.5 24879
##  6 Netherlands    NA             NA  14952     36.0 17707
##  7 United States  2000-01-01   21.2 282224     2.93 34590
##  8 United Kingdom 2001-01-01   13.2  59051     24.3 26720
##  9 France         2001-01-01   17.8  59192     10.7 27394
## 10 Canada         1991-01-01   14.7  28031    0.281 19101
```

データの一部を簡単な図にするところから始めていきましょう．まず年に対するドナーの数を散布図で示します（**図 5.4**）．

```
# 図 5.4
p <- ggplot(data = organdata,
            mapping = aes(x = year, y = donors))
p + geom_point()
```

```
## Warning: Removed 34 rows containing missing values (geom_point).
```

コードを実行すると ggplot から欠損値に関する警告が出力されます．今後の例では紙面の都合上，警告が表示されないようにしますが，一見コードが正しく実行されているように見えても R から出力される警告はきちんと読んで理解しておく方がよいでしょう．警告が大量に出力される場合には，R はそれをまとめて保存し，warnings() 関数でそれらを確認するように促します．

gapminder データセットを可視化したときと同様に，geom_line() 関数で国別に時系列の変化を可視化してみましょう．そのためには ggplot に，グループ化に使う変数を伝える必要があります．今回の organdata データセットに含まれる国は17 カ国とそれほど多くもないので，以下のように facet を使ってそれぞれの国を個別に表示してもよいでしょう（**図 5.5**）．

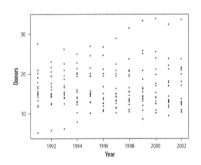

図 5.4：あまり有用とはいえない図

```
# 図 5.5
p <- ggplot(data = organdata,
            mapping = aes(x = year, y = donors))
p + geom_line(aes(group = country)) + facet_wrap(~ country)
```

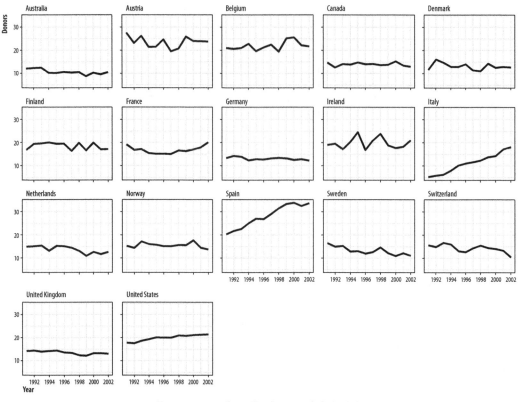

図 5.5：`facet` で国別に層別化された時系列の出力

　`facet` はデフォルトで国をアルファベット順に出力します
が，出力順を変更する方法についても後ほど紹介します.

　続いて時系列の変化の確認は後回しにして，`geom_boxplot()`
関数で国ごとの臓器提供者数のばらつきを可視化してみましょ
う. `geom_bar()` 関数がデフォルトで x 引数にマッピングする
観測数をカテゴリ別に数え上げるように，`geom_boxplot()` 関
数と連携して働く `stat_boxplot()` 関数は箱ひげ図を描く際
に，箱ひげ図に関係するさまざまな統計量を計算する関数です.
以下のように，`geom_boxplot()` に分類したいカテゴリカル変
数（country），要約したい連続変数（donor）が伝わるように記
述します.

```
# 図 5.6
p <- ggplot(data = organdata,
            mapping = aes(x = country, y = donors))
p + geom_boxplot()
```

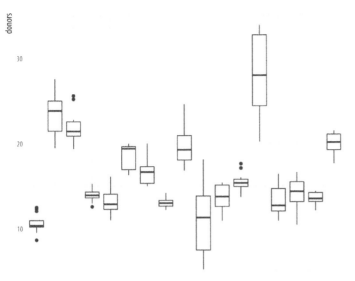

図5.6：国ごとの箱ひげ図

図5.6 はよい図に見えますが，2つの問題を抱えています．1つ目は先ほど示したように，ラベルが重なってしまう恐れがあるためx軸に国名を示すのはあまりよい考えではないということです．このため，以下のコードから出力される図5.7 では，coord_flip()関数を使うことでx, y軸を入れ替えています（マッピングに変更はありません）．

```
# 図5.7
p <- ggplot(data = organdata,
            mapping = aes(x = country, y = donors))
p + geom_boxplot() + coord_flip()
```

かなり見やすい図になりましたが，これでもまだ理想的な図とはいえません．一般的に，図中のデータの表示順には意味があるものですが，この図はアルファベット順のままになっています．より図をわかりやすくするための手段として，臓器提供率が高い順に国を並び替えることはよいアイディアです．これは，reorder()関数を使ってcountry変数をdonors変数の平均値順に並び替えることで実現できます．reorder()関数は，並べ替えたいカテゴリカル変数，あるいは要素（ここではcountry）と，並べ替えの順序に使う変数（ここでは

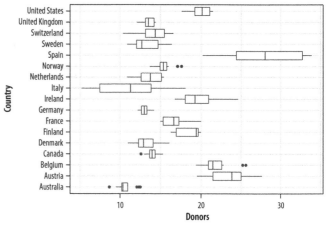

図 5.7：国名を y 軸に移動

donors) の 2 つの引数を必要とします．また，オプションとして reorder() 関数に 3 つ目の引数に要約統計量を指定することもできます．reorder() 関数に必須の 2 つの引数のみを指定した場合には，最初の変数のカテゴリを 2 番目の変数の平均値で並び替えます．また，ここでオプションの引数を median, sd のように指定することで，その他の要約統計量で変数を並び替えることもできます．また，欠測への対応も重要な項目です．R では mean() 関数を使って平均値を計算する際に，対象となる変数に欠測があるとエラーを返します．エラーを避けるには，reorder() 関数の引数に na.rm = TRUE を記述することで内部的にこの引数を mean() 関数に送る機能を使い，欠測を取り除いて平均値を計算するように指示するとよいでしょう．変数の並び替えは変数 x を審美的要素にマッピングする際に行うため，以下のように reorder() 関数もこのタイミングで記述しておきます．

```
# 図 5.8
p <- ggplot(data = organdata,
            mapping = aes(x = reorder(country, donors, na.rm = TRUE),
                          y = donors))
p + geom_boxplot() + labs(x = NULL) + coord_flip()
```

x 軸は明らかに国名なので，labs() 関数を labs(x = NULL) とすることで x 軸のラベルを空に設定しています．ggplot は箱ひげ図だけでなく，バイオリンプロットのような箱ひげ図の派生となる出力にも対応しています．例えば**図 5.8** の geom_ boxplot() 関数を geom_violin() 関数に書き換えて実行してみましょう．また，箱・ひげの幅など，図の細部を設定するための引数も数多く用意されています．他の geom_ 関数同様，**図 5.9** のように審美的要素に fill，color 引数をマッピングすることもできます．

```
# 図 5.9
p <- ggplot(data = organdata,
            mapping = aes(x = reorder(country, donors, na.rm = TRUE),
                          y = donors, fill = world))
p + geom_boxplot() + labs(x = NULL) +
    coord_flip() + theme(legend.position = "top")
```

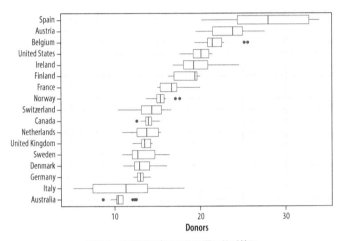

図 5.8：臓器提供率の平均値順に並び替え

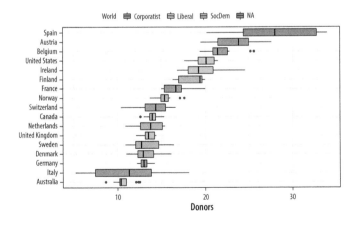

図 5.9：fill 引数を使った箱ひげ図への着色

カテゴリカル変数を y 軸に配置し，x 軸で比較したい変数の分布を確認することは強力な可視化手法の 1 つです．これにより，多くのカテゴリカル変数の要約データを効果的かつ簡単に示すことができます．図は非常にコンパクトであり，比較的たくさんの変数をまとめて可視化したとしても，その結果を小さな図にまとめることができます．この方法には，比較対象とする変数を x 軸に配置することで，簡単にカテゴリごとの分布を比較できるというメリットもあります．また，各カテゴリ内の観測数がそれほど多くない場合には，箱ひげ図を補足に使う，あるいは使わずにそれぞれの観測値を直接図示するのもよい可視化法です．`geom_point()` 関数で出力されるデフォルトの shape は `fill` 引数に対応していないため，**図 5.10** では world 変数を `fill` 引数の代わりに `color` 引数にマッピングしています．

```
# 図 5.10
p <- ggplot(data = organdata,
            mapping = aes(x = reorder(country, donors, na.rm = TRUE),
                          y = donors, color = world))
p + geom_point() + labs(x = NULL) +
    coord_flip() + theme(legend.position = "top")
```

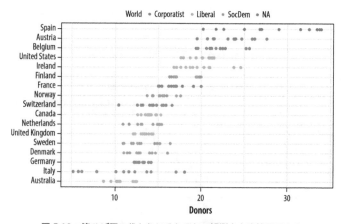

図 5.10：箱ひげ図の代わりにそれぞれの観測点を直接図示する

```
# 図 5.11
p <- ggplot(data = organdata,
            mapping = aes(x = reorder(country, donors, na.rm = TRUE),
                          y = donors, color = world))
p + geom_jitter() + labs(x = NULL) +
    coord_flip() + theme(legend.position = "top")
```

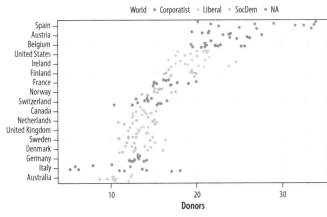

図 5.11：観測点にゆらぎを与える

図 5.10 のように geom_point() 関数を使って図を作ると，いくつかの観測点が重なって見えなくなってしまう場合があります．どのくらいの点が重なっているのかを把握したい場合には，geom_jitter() 関数を使って観測点にゆらぎを与えてやると有効です（**図 5.11**）．この geom は geom_point() 関数とよく似た働きをしますが，それぞれの観測点をランダムに少しずつずらす点が異なっています．

デフォルトのゆらぎの大きさは少し大きすぎるため geom 内の position_jitter() 関数における height, width 引数を使ってゆらぎの大きさをコントロールしましょう．この図では要約の方向が 1 次元なので，値を編集するのは width 引数だけでよいでしょう[*12]．**図 5.12** は width 引数の値を調整した図です．

[*12] height を調整しない理由は何でしょうか．実際に確かめてみましょう．

```
# 図 5.12
p <- ggplot(data = organdata,
            mapping = aes(x = reorder(country, donors, na.rm = TRUE),
                          y = donors, color = world))
p + geom_jitter(position = position_jitter(width = 0.15)) +
    labs(x = NULL) + coord_flip() + theme(legend.position = "top")
```

各カテゴリごとに 1 つのデータ点しか持たないカテゴリカル変数を要約する場合にも，同じように作図することができます．この図はクリーブランドドットプロット（Cleveland dotplot）と呼ばれ，棒グラフや表と比較して，シンプルで効果的なデータ可視化手法として知られています．例として，臓器提供率の平均値のデータを使ってクリーブランドドットプロットを作ってみましょう．

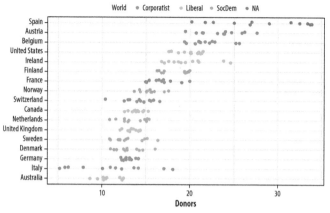

図 5.12：ゆらぎの大きさを調整した結果

　　ここでも dplyr のパイプラインを使ってデータを加工して
いきます．まず国・年別のデータフレームを加工し，国別の要
約統計量を集計します．集計の方法はいくつかありますが，ま
ず要約したい変数を選択した上で mean() 関数，sd() 関数を繰
り返し実行し，対象の変数の平均や標準偏差を求める方法を紹
介します．

```
by_country <- organdata %>% group_by(consent_law, country) %>%
    summarize(donors_mean= mean(donors, na.rm = TRUE),
              donors_sd = sd(donors, na.rm = TRUE),
              gdp_mean = mean(gdp, na.rm = TRUE),
              health_mean = mean(health, na.rm = TRUE),
              roads_mean = mean(roads, na.rm = TRUE),
              cerebvas_mean = mean(cerebvas, na.rm = TRUE))
```

　　このパイプラインは consent_law 変数と country 変数で
データをグループ化するステップと，organdata データセット
の各変数に対応する平均値，標準偏差を summarize() 関数を
使って算出し，新しく 6 つの変数を作成するステップから構成さ
れています [*13]．
　　一般的に，summarize() 関数を使うと元データからグループ
化についての情報が継承され，括弧の最も左側のグループ化レ
ベルでデータが要約されます．今回の場合，それぞれの国にお
ける観測値に基づいて平均，標準偏差が国ごとに算出され，以
下のオブジェクトに集計されます．

*13　グループ化の宣言を country から year に変
更したときに要約の出力がどう変化するか確認してみ
ましょう．

```
by_country
```

```
## # A tibble: 17 x 8
## # Groups:   consent_law [2]
##    consent_law country donors_mean donors_sd gdp_mean health_mean roads_mean
##    <chr>       <chr>         <dbl>     <dbl>    <dbl>       <dbl>      <dbl>
##  1 Informed    Austra~        10.6      1.14   22179.       1958.      105.
##  2 Informed    Canada         14.0      0.751  23711.       2272.      109.
##  3 Informed    Denmark        13.1      1.47   23722.       2054.      102.
##  4 Informed    Germany        13.0      0.611  22163.       2349.      113.
##  5 Informed    Ireland        19.8      2.48   20824.       1480.      118.
##  6 Informed    Nether~        13.7      1.55   23013.       1993.       76.1
##  7 Informed    United~        13.5      0.775  21359.       1561.       67.9
##  8 Informed    United~        20.0      1.33   29212.       3988.      155.
##  9 Presumed    Austria        23.5      2.42   23876.       1875.      150.
## 10 Presumed    Belgium        21.9      1.94   22500.       1958.      155.
## 11 Presumed    Finland        18.4      1.53   21019.       1615.       93.6
## 12 Presumed    France         16.8      1.60   22603.       2160.      156.
## 13 Presumed    Italy          11.1      4.28   21554.       1757       122.
## 14 Presumed    Norway         15.4      1.11   26448.       2217.       70.0
## 15 Presumed    Spain          28.1      4.96   16933        1289.      161.
## 16 Presumed    Sweden         13.1      1.75   22415.       1951.       72.3
## 17 Presumed    Switze~        14.2      1.71   27233        2776.       96.4
## # ... with 1 more variable: cerebvas_mean <dbl>
```

　これまでに紹介したように，group_by() 関数で指定した変数と summarize() 関数で追加した変数は新しく集計したデータフレームに保持されますが，元データにあるその他のデータはすべて削除されます．パイプラインの開始時に group_by() 関数で指定したうち，最も右側のグループ化変数である国名は consent_law オブジェクトに集計済みデータとしてアルファベット順に集計されています．

　このようにパイプラインを組み上げていくのは合理的ですが，記述したコードについては再考する価値があります．このコードでは mean() 関数，sd() 関数を繰り返し入力し，それぞれに要約するデータを格納するための変数名を記述しなくてはいけません．さらに，欠測についての警告が出ないように na.rm = TRUE 引数をすべての関数実行時に記述しましたが，これも繰り返しが多くエレガントとはいえません．その上，集計後の変数名として，もともとの変数名の末尾に _mean や _sd を加えていますが，今回要約に使う変数だけではなく，organdata データセットに含まれるすべての数値変数の平均，標準偏差を計算する際にはコードがさらに長くなってしまいます．また，デメリットとして，この方法では world 変数のようにグループ化に使わなかった，時間に依存しないカテゴリカ

ル変数は失われてしまいます．このように繰り返し同じ記述が
コードに含まれている場合には，より効率的なコードを書くこ
とができるはずです．

　では，より効率的なコードを紹介します．ここで紹介するの
は，organdata データセット中の数値変数だけを抽出し，それ
らに mean() 関数，sd() 関数を適用して集計する方法です．ま
た，一貫した新しい変数名を簡単に作成すること，world 変数
のようなカテゴリカル変数を保ったまま集計済み表を出力する
ことも目的の1つです．以下がRの関数型プログラミング機
能を使った，よりよい by_country オブジェクトを出力するた
めのコードです．

```
by_country <- organdata %>% group_by(consent_law, country) %>%
    summarize_if(is.numeric, funs(mean, sd), na.rm = TRUE) %>%
    ungroup()
```

　パイプラインの最初の部分である，取得した organdata
データセットを group_by() 関数を使って consent_law 変数，
country 変数でグループ化するという部分は先ほどのコードと
同じです．しかし次のステップで，変数の平均や分散を直接計
算する代わりに，summarize_if() 関数を使って集計の自動化
を試みている点がポイントです[14]．この関数はその名の通り，
データの各列を検査し，指定した条件が TRUE になった列のみ
を集計する働きをします．ここでの条件は is.numeric() 関数
であり，与えたベクトルが数値であることを集計の条件にし
ています．もし対象のベクトルが数値であれば，summarize_
if() 関数は organdata データセット内で対象となる変数に対
し，1つ以上の集計用の関数を適用します．ここでは平均，標
準偏差を計算したいので，funs() 関数を使って集計に使う関
数をリストにしておきます．summarize_if() 関数の引数の最
後に na.rm = TRUE を指定しておくと，mean() 関数，sd() 関
数両方の集計時に NA を取り除いて集計結果が出力されます．
パイプラインの最後にデータを ungroup することで，結果を
単純な tibble 型として出力することができます[15]．以下が本
コードを実行した際に出力される結果です．

[14]　summarize_if() 関数内で名前をつけるとき
に，括弧を使う必要はありません[訳注4]．

[15]　プロット内のグループを明示的に示していない
場合，グループ化 tibbles を作図に使うと混乱を招
くことがあります．

訳注4　最新の dplyr パッケージ（バージョン 1.0.0）では summarize_if(is.numeric,
　　　 list(mean = mean, sd = sd), na.rm = TRUE) のような記述が推奨されます．

```
by_country
```

```
## # A tibble: 17 x 28
##    consent_law country donors_mean pop_mean pop_dens_mean gdp_mean gdp_lag_mean
##    <chr>       <chr>         <dbl>    <dbl>         <dbl>    <dbl>        <dbl>
##  1 Informed    Austra~        10.6   18318.         0.237   22179.       21779.
##  2 Informed    Canada         14.0   29608.         0.297   23711.       23353.
##  3 Informed    Denmark        13.1    5257.        12.2     23722.       23275
##  4 Informed    Germany        13.0   80255.        22.5     22163.       21938.
##  5 Informed    Ireland        19.8    3674.         5.23    20824.       20154.
##  6 Informed    Nether~        13.7   15548.        37.4     23013.       22554.
##  7 Informed    United~        13.5   58187.        24.0     21359.       20962.
##  8 Informed    United~        20.0  269330.         2.80    29212.       28699.
##  9 Presumed    Austria        23.5    7927.         9.45    23876.       23415.
## 10 Presumed    Belgium        21.9   10153.        30.7     22500.       22096.
## 11 Presumed    Finland        18.4    5112.         1.51    21019.       20763
## 12 Presumed    France         16.8   58056.        10.5     22603.       22211.
## 13 Presumed    Italy          11.1   57360.        19.0     21554.       21195.
## 14 Presumed    Norway         15.4    4386.         1.35    26448.       25769.
## 15 Presumed    Spain          28.1   39666.         7.84    16933        16584.
## 16 Presumed    Sweden         13.1    8789.         1.95    22415.       22094
## 17 Presumed    Switze~        14.2    7037.        17.0     27233        26931.
## # ... with 21 more variables: health_mean <dbl>, health_lag_mean <dbl>,
## #   pubhealth_mean <dbl>, roads_mean <dbl>, cerebvas_mean <dbl>,
## #   assault_mean <dbl>, external_mean <dbl>, txp_pop_mean <dbl>,
## #   donors_sd <dbl>, pop_sd <dbl>, pop_dens_sd <dbl>, gdp_sd <dbl>,
## #   gdp_lag_sd <dbl>, health_sd <dbl>, health_lag_sd <dbl>, pubhealth_sd <dbl>,
## #   roads_sd <dbl>, cerebvas_sd <dbl>, assault_sd <dbl>, external_sd <dbl>,
## #   txp_pop_sd <dbl>
```

　早速, 結果を見てみましょう. すべての数値変数が要約され, 新しく作られた変数は donors_mean 変数や donors_sd 変数のように, もともとの変数名に基づいた新しい変数名がつけられています. このようなパイプラインはデータを柔軟かつ迅速に変換するために利用できる簡便な手法です. また, 発展としてさまざまなタスクや一括での集計に便利な summarize_ 関数と, 新しい列をデータに追加する際に便利な mutate_ 関数を相補的に使い分けることで, より柔軟にデータを加工できます.

　国別に集計したデータに geom_point() 関数を適用してクリーブランドドットプロットを作成しました (**図 5.13**). また, 各国における臓器提供の同意方法ごとに色分けしています.

```
# 図 5.13
p <- ggplot(data = by_country,
            mapping = aes(x = donors_mean, y = reorder(country, donors_mean),
                          color = consent_law))
p + geom_point(size = 3) +
    labs(x = "Donor Procurement Rate",
         y = "", color = "Consent Law") +
    theme(legend.position="top")
```

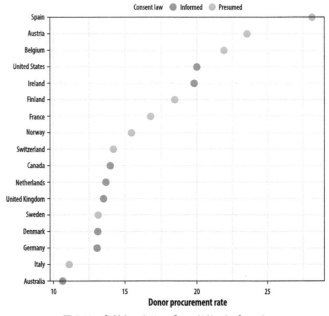

図 5.13：色付きのクリーブランドドットプロット

　色分けする代わりに，facet で同意方法を分類するのもよい
でしょう．facet_wrap() 関数を使って，consent_law 変数を
Informed と Presumed の 2 つのパネルに分割し，それぞれのパ
ネルごとの臓器提供率の順に国を並べられます．y 軸がカテゴ
リカル変数であることを考慮すると，この図には 2 つ注意すべ
き点があります．まずは facet_wrap() 関数の設定がデフォル
トのままだと，図が横並びに左から右に読まれてしまうため，
横軸のスケールをあわせて 2 つの図を比べるのが難しくなって
しまいます．これを避けるには facet_wrap() 関数の引数とし
て ncol = 1 を設定し，図を上下 1 列にまとめるとよいでしょ
う．また，y 軸がカテゴリカル変数であるため，facet のデ
フォルトでは，両方の図にすべての国名が表示され，それぞれ
Informed, Presumed に当たらない国についてはプロットが表

示されません (y 軸が連続変数であれば問題ありません).

この問題を回避するためには, `facet_wrap()` 関数の引数を `scales = "free_y"` とするとよいでしょう. facet を使うときに, 両方の変数が連続変数である場合には, データセット全体の数値範囲で値を調整できるだけではなく, それぞれのパネルごとに x, y 軸の値を調整できます. そのため一般的には `scales = "free_y"` と指定することはありません. なぜなら facet では複数パネル間のデータを比較することが重要なのに, `scales = "free_y"` とするとそれぞれのパネルに独自の x, y 軸の範囲が設定されてしまい, パネルごとに数値を比較するが難しくなってしまうためです. しかし, **図 5.14** のように軸がカテゴリカル変数の場合には `scales = "free_y"` を指定することで国名をパネルごとに振り分け, 連続変数である x 軸の値の範囲を固定できるので, 2 つの図の値を簡単に比較できます.

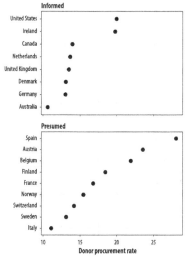

図 5.14: facet によりパネル表記にした上で `scales = "free_y"` を引数に設定した際のクリーブランドドットプロット

```
# 図 5.14
p <- ggplot(data = by_country,
            mapping = aes(x = donors_mean,
                          y = reorder(country, donors_mean)))

p + geom_point(size = 3) +
    facet_wrap(~ consent_law, scales = "free_y", ncol = 1) +
    labs(x= "Donor Procurement Rate",
         y= "")
```

クリーブランドドットプロットは一般的に縦棒グラフ, 横棒グラフよりも好まれる傾向があります. これらの図を作る場合には, 要約に利用する値をより効果的に示すことができるように y 軸のカテゴリカル変数を配置するとよいでしょう. また, この種の図はモデルの要約や, 誤差を含んだ結果を示す際に効果を発揮します. ドットプロットを出力する際には `geom_point()` 関数を利用します. まぎらわしい名前の関数として `geom_dotplot()` 関数という geom がありますが, これはそれぞれの観測値をドットで表し, それらの観測値がいくつあるかを積み上げて示す, 一種のヒストグラムなので間違わないように注意しましょう.

クリーブランドドットプロットを拡張し, 分散や誤差に関する情報を図に含めることもできます. `geom_pointrange()` 関

数を使うと，点推定値とその誤差範囲を描画することができます．ここでは誤差範囲を示すための例に，先ほど計算した臓器提供率の標準偏差を利用します．また，この方法は信頼区間を含むモデルの係数の推定値を示す際にも有用です．geom_pointrange() 関数を利用する際には通常通り x, y 変数をマッピングするだけでなく ymax, ymin 引数で定義される，点の両側に引く線の長さを指定する必要があります．今回のケースでは y 軸の値（donors_mean）にその標準偏差（donors_sd）の値をプラスマイナスで指定した値が y 変数および ymax, ymin 引数で定義される値です．この場合，以下のように関数の引数に直接数式を記述すると，コードの意図をくみとりやすいでしょう．

```
# 図 5.15
p <- ggplot(data = by_country, mapping = aes(x = reorder(country,
            donors_mean), y = donors_mean))

p + geom_pointrange(mapping = aes(ymin = donors_mean - donors_sd,
      ymax = donors_mean + donors_sd)) +
    labs(x= "", y= "Donor Procurement Rate") + coord_flip()
```

geom_pointrange() 関数は引数として y, ymax, ymin を想定しているので，**図 5.15** では y に donors_mean 変数，x に donors_mean 変数の順で並び替えた country を指定しています．さらに coord_flip() 関数を使って x, y 軸を入れ替えています．

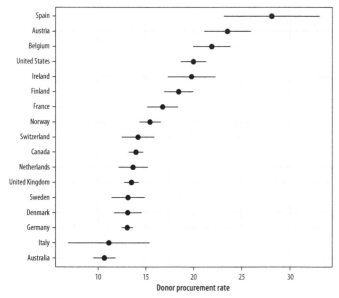

図 5.15：測定値に標準偏差を追加したひげ付きドットプロット

図にテキストを直接描画する

散布図でプロットした点にラベルをつける，図の中に有益な説明などを表記するなど，図内に直接テキストを書き込むことで図の詳細をスムーズに示せます．図内にテキストを追加するときには，以下のように geom_text() 関数を利用します．

```
# 図 5.16
p <- ggplot(data = by_country,
            mapping = aes(x = roads_mean, y = donors_mean))
p + geom_point() + geom_text(mapping = aes(label = country))
```

図 5.16 に表示されているテキストは，いずれも x, y へのマッピングを使って配置されており，それぞれの点の真上に文字が表示されてしまうため，図が見にくくなっています．この問題を解決するための方法の 1 つとして，図の正確性をそれほ

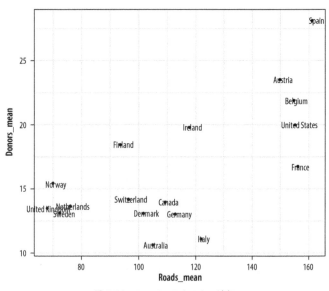

図 5.16：ラベル・テキストの追加

ど気にしないのであれば `geom_point()` 関数を実行せずに点を取り除き，文字だけを表示する手があります．別の手段として，`geom_text()` 関数の `hjust` 引数を調節し，テキストの位置を調節する方法もあります．`hjust` 引数を `hjust = 0` とするとラベルは左寄せ，`hjust = 1` とするとラベルは右寄せになります．

```
# 図 5.17
p <- ggplot(data = by_country,
            mapping = aes(x = roads_mean, y = donors_mean))

p + geom_point() + geom_text(mapping = aes(label = country), hjust = 0)
```

図 5.17 で示したように，`hjust` 引数でラベル位置を調整する方法もあるのですが，これはあまりよいアプローチとはいえません．ラベルと点のスペースはラベルの長さに比例するため，長いラベルが必要以上に遠くに出力され，意図した図と異なってしまうことがあるためです．別の回避手段もありますが，また別の問題を引き起こしてしまうため推奨できません．

このため，`geom_text()` 関数の詳細を詰めていくよりも，ここでは ggplot にラベル・テキスト追加に関わる有用な geom を追加する，ggrepel パッケージを使ったラベリングを紹介します．ggplot が R のプロットに関する機能を拡張するように，ggrepel パッケージは新しい geom を ggplot に追加し，その

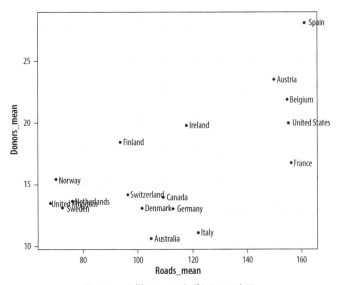

図 5.17：右側にラベルをずらしての表示

機能を拡張するためのパッケージです．このようなパッケージは他にも多数存在します．ggrepelパッケージの中でも重要なのは，geom_text_repel()関数，geom_label_repel()関数という2つのgeomです．これらを使うとデフォルトのgeom_text()関数に比べ，はるかに柔軟にラベルを設定することができます．まずパッケージがインストールされていることを確認の上，いつものようにパッケージを読み込みましょう．

```
library(ggrepel)
```

geom_text()関数の代わりにgeom_text_repel()関数を使うと何ができるか見ていきましょう．例としてsocvizパッケージに含まれている，過去のアメリカ大統領選挙に関するデータ（elections_historicデータセット）を使ってgeom_text_repel()関数の使い方を紹介します．

```
elections_historic %>% select(2:7)
```

```
## # A tibble: 49 x 6
##     year winner                  win_party ec_pct popular_pct popular_margin
##    <int> <chr>                   <chr>      <dbl>       <dbl>          <dbl>
##  1  1824 John Quincy Adams       D.-R.      0.322       0.309         -0.104
##  2  1828 Andrew Jackson          Dem.       0.682       0.559          0.122
##  3  1832 Andrew Jackson          Dem.       0.766       0.547          0.178
##  4  1836 Martin Van Buren        Dem.       0.578       0.508          0.142
##  5  1840 William Henry Harrison  Whig       0.796       0.529          0.0605
##  6  1844 James Polk              Dem.       0.618       0.495          0.0145
##  7  1848 Zachary Taylor          Whig       0.562       0.473          0.0479
##  8  1852 Franklin Pierce         Dem.       0.858       0.508          0.0695
##  9  1856 James Buchanan          Dem.       0.588       0.453          0.122
## 10  1860 Abraham Lincoln         Rep.       0.594       0.396          0.101
## # ... with 39 more rows
```

```
# 図 5.18
p_title <- "Presidential Elections: Popular & Electoral College Margins"
p_subtitle <- "1824-2016"
p_caption <- "Data for 2016 are provisional."
x_label <- "Winner's share of Popular Vote"
y_label <- "Winner's share of Electoral College Votes"

p <- ggplot(elections_historic, aes(x = popular_pct, y = ec_pct,
                          label = winner_label))

p + geom_hline(yintercept = 0.5, size = 1.4, color = "gray80") +
    geom_vline(xintercept = 0.5, size = 1.4, color = "gray80") +
```

```
geom_point() +
geom_text_repel() +
scale_x_continuous(labels = scales::percent) +
scale_y_continuous(labels = scales::percent) +
labs(x = x_label, y = y_label, title = p_title, subtitle = p_subtitle,
     caption = p_caption)
```

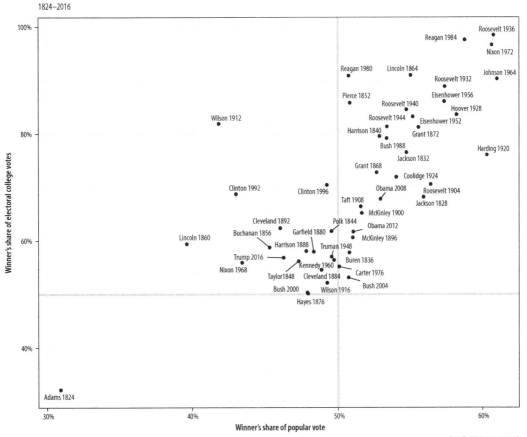

図 5.18：ggrepel パッケージを用いたテキストラベリング，国民・選挙人による大統領選挙の得票率，
y 軸：選挙の勝者における選挙人投票の得票率，x 軸：選挙の勝者における国民投票の得票率

図 5.18 は国民の投票数が記録されはじめた 1824 年以降の
アメリカ大統領選挙のデータに基づき，選挙の勝者における
選挙人投票の得票率（y 軸）と国民投票の得票率（x 軸）を示し
ています．得票率はパーセンテージではなく 0-1 の比率として
データに格納されているため，scale_x_continuous() 関数，
scale_y_continuous() 関数の labels 引数を scales::percent

と記述し，ラベルを書き換える必要があります．また，それぞ
れの点がどの年に当選したどの大統領なのかを確認するため，
各点にラベルをつけます．しかし点の多くは近接しているため，
ラベル同士が重なってしまったり，他の点にラベルが重なった
りする恐れがあります [16]．しかし，geom_text_repel() 関数
はテキストの位置をずらしたり印を追加したりすることで，テ
キストや点の重なりをうまく取り扱うことができます．また，
この図のタイトルはかなり長いため，コードに直接記入せずに
名前付きのオブジェクトに代入し，後に labs() 関数内でそれ
らのオブジェクトを指定しています．

　この図で注目したい点は，得票率 50% をしきい値とした場
合にそれぞれの点が xy 平面のどの象限に入っているのか，国
民投票の得票率（x 軸），選挙人投票の得票率（y 軸）のしきい
値から点がどの程度離れているかの 2 点です．これらを確認
しやすくするために，x 軸，y 軸それぞれの 50% の位置に基
準となる線を 2 本引いてみましょう．これらの線は可視化処
理の最初に描画されるため，点やラベルをそれらの上のレイ
ヤーに重ねることができます．線の作図には geom_hline()
関数，geom_vline() 関数を利用します．これらはそれぞれ
yintercept, xintercept 引数で線の色や太さを調節できます．
また，引数で指定された傾きと切片に基づいた直線を作図する
geom である geom_abline() 関数も，散布図に 45 度の基準線
を作図する場合などに有用です．

　ggrepel パッケージには点と一緒にラベルを図示する際に便
利な geom や geom のオプションが用意されており，それらの
作図能力は一貫して非常にすぐれています．テキスト描画の
第一選択肢として標準の関数である geom_text() 関数よりも，
たいていの場合はすぐれているといえるでしょう．

特定のデータへのラベリング

　データ内の関心のある点のみにラベルをつけることを考えて
みましょう．このような場合は，ラベルをつけたいデータを選
択して geom_text() 関数や geom_text_repel() 関数を実行し
ます．実際には geom_point() 関数で指定したデータとは異な
るデータセットを geom_text_repel() 関数に指定すると，内
部で subset() 関数が実行され，特定のデータのみがラベリン
グされます．

```
# 図 5.19 上
p <- ggplot(data = by_country,
            mapping = aes(x = gdp_mean, y = health_mean))

p + geom_point() +
    geom_text_repel(data = subset(by_country, gdp_mean > 25000),
                    mapping = aes(label = country))
# 図 5.19 下
p <- ggplot(data = by_country,
            mapping = aes(x = gdp_mean, y = health_mean))

p + geom_point() +
    geom_text_repel(data = subset(by_country,
                                  gdp_mean > 25000 | health_mean < 1500 |
                                  country %in% "Belgium"),
                    mapping = aes(label = country))
```

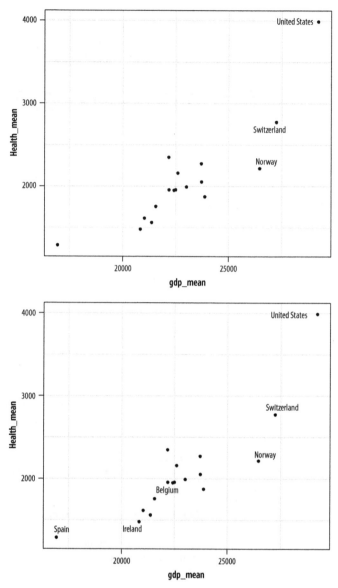

図 5.19：単一条件によるラベル付け（上段）．
複数条件の組み合わせによるラベル付け（下段）．

図 5.19 上では geom_text_repel() 関数の引数に subset() 関数を使い，はじめに ggplot() 関数内で指定した by_country オブジェクトの中から gdp_mean 変数が 25000 以上の値をとるデータを抽出しています．その結果，図内の点にラベリングされるのはここで抽出した点のみになります．また，論理式さえ定義できるなら，どのような基準を設けても大丈夫です．例えば図 5.19 下では，gdp_mean 変数が 25000 以上または health_mean 変数が 1500 以上または国がベルギーであるという論理式を記述しています．これらのラベル作成には geom_text_repel() 関数を利用しているため，国名のラベルが図の端で切り取られて見えなくなる心配をする必要はありません．

　特定の点にのみラベリングをする方法として，ラベリングに使うダミー変数を新たにデータ内に作るという手もあります．**図** 5.20 では organdata データセットに ind という名前の列を追加しています．この ind 変数は，ccode 変数が "Ita"，"Spa" のいずれかであり，かつ year 変数が 1998 以上である際に TRUE となるという論理式から成り立っています．図示においては ind 変数を，審美的要素へのマッピングと，ラベリングのための geom でデータを抽出する際の 2 回使うことになります．さらに，ind 変数が TRUE ではない点のラベルと色について説明する凡例を表示しないようにするために，guides() 関数を使っています．

```
# 図 5.20
organdata$ind <- organdata$ccode %in% c("Ita", "Spa") &
                    organdata$year > 1998

p <- ggplot(data = organdata,
            mapping = aes(x = roads,
                            y = donors, color = ind))
p + geom_point() +
    geom_text_repel(data = subset(organdata, ind),
                    mapping = aes(label = ccode)) +
    guides(label = "none", color = "none")
```

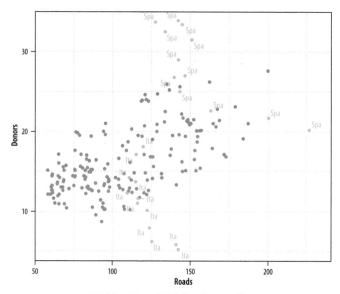

図 5.20：ダミー変数を使ったラベル付け

図内への描画と書き込み

　図内に直接注釈を入れたい場合や，マッピングしなかった変数について重要なコメントを残しておきたい場合などには，annotate()関数を利用するとよいでしょう．annotate()関数はgeomではないので変数のマッピングを取り扱うことはできません．代わりにgeomから出力された図を利用して，図の上に何かを配置することができます．具体的でわかりやすい例としては，図の上に任意のテキストを配置することが挙げられます（**図5.21**）．

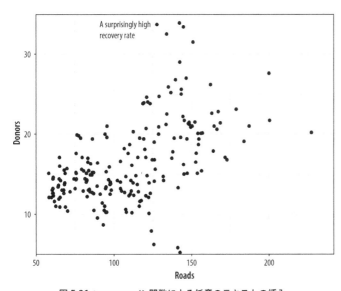

図 5.21：annotate() 関数による任意のテキストの挿入

　まずannotate()関数のgeom引数にtextをわたし，geom_text()関数のすべての引数をannotate()関数で使えるようにしましょう．ここではx, y, label引数のように描画の際に必須なものだけでなく，size, color, hjust, vjust引数の設定もannotate()関数内で設定します．また，ラベルが長く

複数行にわたる場合には，改行コードである \n を利用すると，余分なスペースを入力する必要がなくなり，ラベルをきれいに表示できます．

```
# 図 5.21
p <- ggplot(data = organdata, mapping = aes(x = roads, y = donors))
p + geom_point() + annotate(geom = "text", x = 91, y = 33,
                            label = "A surprisingly high \n recovery rate.",
                            hjust = 0)
```

annotate() 関数は geom_text() 関数以外の geom にも対応しており，利用する geom に正しく引数をわたすことで，図内に四角形や線分，矢印などを書き込むことができます．**図 5.22** を出力する際のコード内の，annotate(geom = "rect"...) から始まる部分は図内に長方形を書き込むためのコードです．

```
# 図 5.22
p <- ggplot(data = organdata,
            mapping = aes(x = roads, y = donors))
p + geom_point() +
    annotate(geom = "rect", xmin = 125, xmax = 155,
             ymin = 30, ymax = 35, fill = "red", alpha = 0.2) +
    annotate(geom = "text", x = 157, y = 33,
             label = "A surprisingly high \n recovery rate.", hjust = 0)
```

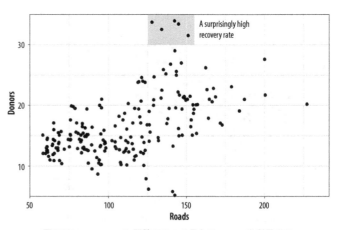

図 5.22：annotate() 関数で 2 つの異なる geom を利用する

scale_ 関数・guides() 関数・theme() 関数

　本章では ggplot の拡張について紹介してきました．1つ目は新しい geom_ 関数を導入し，描くことができる図の種類を増やしたこと，2つ目は図の外観を調整する関数についてでした．さらに，scale_x_log10() 関数や scale_x_continuous() 関数などの scale_ 関数を利用した軸ラベルの調節や，guides() 関数を使った color，label マッピングの凡例の削除，theme() 関数を使った凡例の位置の調整についても学びました．

　新しい geom を使って，既存の可視化法を拡張する方法についてはすでに解説しました．geom はさまざまな種類の図の出力に使われますが，出力したい図が変わるとマッピングの対象がはじめに使おうと思った geom のマッピング対象と変わってしまうこともあります．例えば geom_point() 関数を使って散布図を作る際には x，y のマッピングが必須ですが，geom_histogram() 関数でヒストグラムを描く場合には x のマッピングだけで十分です．同様に，geom_pointrange() 関数で点について範囲を示す棒を追加したい場合には，その上限，下限を示すために追加で ymin，ymax を指定する必要があります．geom_ 関数自体がオプションの引数をとる場合もあります．例えば geom_boxplot() 関数を使う場合には，outlier.shape や outlier.color などの引数を操作して，外れ値の示し方などをコントロールできます．

　次に新しい関数である scale_ 関数，guides() 関数，theme() 関数の使い方や，それら新しい概念について学習しました．しかし，これらをいつどのように使い分けるか，なぜたくさんの種類の scale_ 関数が用意されているか，今必要とされているものは何なのかについてはこれまで解説してきませんでした．これらの疑問についてのおおまかな回答は以下の通りです．

- すべての審美的要素のマッピングには scale が関係しています．例えば図内のマークや目盛りを調整したい場合には scale_ 関数を利用します．
- ほとんどの scale には読者が図を解釈する際に便利な凡例やキーがついており，これらは guides と呼ばれます．guides を使って凡例などを調節することもできますが，この中でおそらく最もよく使われるのは凡例を消す処理でしょう．また，凡例やカラーバーの配置を編集する際にも guides は利用されます．
- 表示されているデータの論理構造とはあまり関係がない項目ですが，ラベルのフォントや凡例の位置などを調整したいこともあります．この場合には theme() 関数を利用するとよいでしょう．

　ggplot 全体のアプローチ同様，図で表示する特徴を調整することは，可視化する特徴と元のデータの関係を考えることを意味します．おおまかにいうと，変更したい部分が特定の geom の本質的な部分，つまり出力される図の解釈に影響する場合には，geom の aes() 関数を使って審美的な要素をマッピングするか，scale_ 関数で変更内容を指定します．一方変更が geom_ 関数の出力する図に本質的に影響しない場合には，geom_ 関数内で変数を設定するか，theme() 関数で図の表面上の要素を変更します．

　scale_，guides() 関数は密接に関係しているため，違いがわかりにくくなってしまうことがよくあります．guides には凡例やカラーバーなど，scale にも関連する情報を記述できるため，scale_ 関数からも guide() 関数を調整できます．しかし，たいていの場合は guide() 関数を直接編集する方が簡単です．

```
# 図 5.23
p <- ggplot(data = organdata,
            mapping = aes(x = roads,
                          y = donors,
                          color = world))
p + geom_point()
```

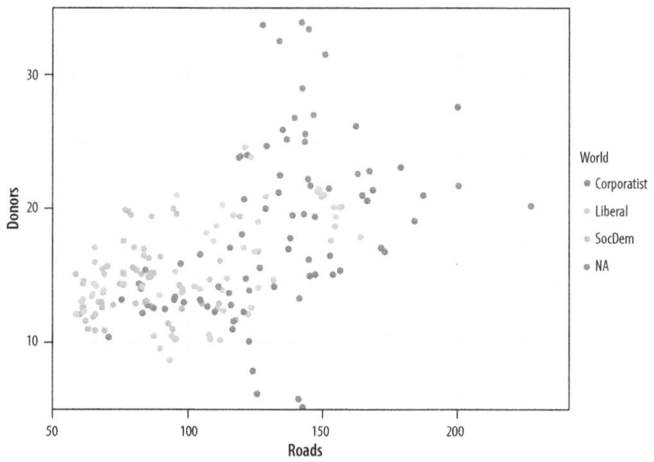

図 5.23：マッピングされたすべての値は scale を持つ

図 5.23 は x 引数に roads 変数を，y 引数に donors 変数，color 引数に world 変数をそれぞれマッピングした図です．x, y はいずれも連続変数であり，変数の最小値のすぐ下から最大値の少し上までの値のスケールがスムーズに出力されます．また，さまざまなラベルを軸につけて，それぞれの軸の値への理解を助けています．color 引数のマッピングにも scale が利用されています．ここで color 引数にマッピングされている world 変数はカテゴリカル変数です．このため，4 つのそれぞれの値に対応した色が選択され，図に使われています．

color 引数だけでなく，fill, shape, size 引数どをマッピングする場合にも，scale を使ったカスタマイズや調整が必要になる場合があります．例えば world 変数は color 引数だけでなく，shape 引数にもマッピングできます．この場合には 4 つのカテゴリカル変数を，4 つの異なる shape からなる scale で点を表現することになります．これらをマッピングする際には，特定の位置にある軸のラベルや，特定の色や形が scale の対象になるので，これらを調整するには scale_ 関数を使うとよいでしょう．

その他にもさまざまな変数をマッピングすることができますが，多くの場合 x, y にマッピングされるのは連続変数です．しかし，箱ひげ図やドットプロットを作成する際に国名を y 軸にマッピングしたように，マッピングする対象は必ずしも連続変数とは限りません．また，x, y を対数スケールに変換したり，日付のように特別な意味を持つ種類の数値として定義したりす

ることもあります．また，color 引数や fill 引数にマッピングする変数は，今回例に挙げた world 変数のように離散的かつ順序付けされていない場合もあれば，試験成績のように順序付けられた離散変数であることもあるでしょう．低値から高値まで滑らかに色が変化するグラデーションとしてcolor 引数や fill 引数を表現したい場合には，これらに連続変数をマッピングすることもあります．勾配のある連続変数と順序付き離散値をマッピングする場合には，値の中間点が定義された後，最大・最小の両方向に向かって色が発散するように指定することもできます．

　マッピングの対象は多岐にわたっており，それぞれのマッピングは異なる scale と対応している可能性があります．そのため，最終的にはいろいろな種類の個別の scale_ 関数を通じてそれぞれのマッピングを取り扱うことになります．個別の scale_ 関数はマッピングと scale の組み合わせを取り扱っており，**図 5.24** のように一貫した論理に基づいて命名されています．scale_ 関数の命名規則は，はじめに scale_ が記述された後，マッピングの対象，scale で表示する値という構成になっています．命名規則を参考にすると，scale_x_continuous() 関数は連続変数 x，scale_y_discrete() 関数は離散変数 y の scale を調節する関数だとわかります．同様に，scale_x_log10() 関数は変数 x を対数変換するための関数です．多くの場合，ggplot はマッピングの際にどのようなラベルや目盛りが必要になるかを自動で正しく判断し，ラベルや目盛りなどについてもデフォルトである程度の形で出力してくれます．また，たいていは scale を調整する必要はありません．x が連続変数にマッピングされている場合には，+ scale_x_continuous() 関数をコードに追加しても図は変化しません．これは暗黙のうちに，scale_x_continuous() 関数が内部で働いているためです．一方，コードに + scale_x_log10() 関数を追加すると，x は対数目盛りに変換され，連続変数 x が書き換えられます．

　scale 上のラベルや目盛りを調節したい場合には，それらがどのマッピングに対応しているか，どのような scale なのかを把握しておく必要があります．このような情報に基づき適切な scale_ 関数に引数をわたすことで，スケール上のラベルや目盛りをうまく調節できるでしょう．以下のコードでは先ほど作成した図 5.23 の x 軸を対数目盛りに変更し，y 軸のラベル

scale_<MAPPING>_<KIND>()

図 5.24：scale_ 関数の命名規則

と位置を書き換えています（**図 5.25**）．

```
# 図5.25
p <- ggplot(data = organdata,
            mapping = aes(x = roads,
                          y = donors,
                          color = world))
p + geom_point() +
    scale_x_log10() +
    scale_y_continuous(breaks = c(5, 15, 25),
                       labels = c("Five", "Fifteen", "Twenty Five"))
```

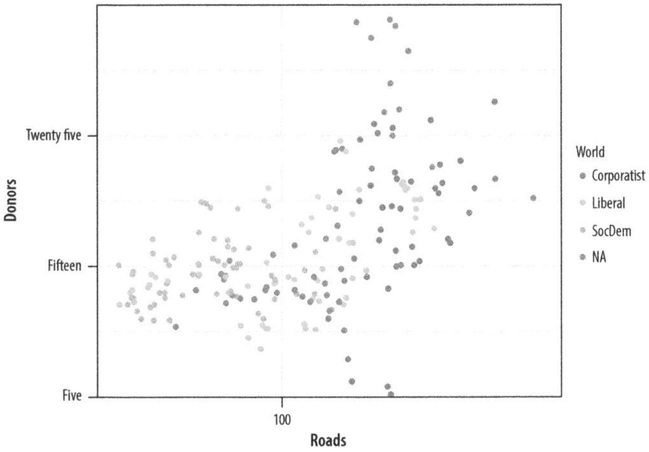

図 5.25：図 5.23 のスケール調整を行った例

図 5.26 に示したように，color 引数や fill 引数のマッピングを行う場合にも同じことがいえます．ここで利用できる scale_ 関数には，連続変数，意味のある中間値を持つ2極性の変数，離散変数を取り扱うときに使うものだけでなく，色やカラーパレットの詳細を調整する際に利用する関数も含まれています．凡例を生成する scale を取り扱う際には，その scale_ 関数に基づいてキー内のラベルを調整することもできます．ただし，凡例のタイトルを変更する際には scale_ 関数ではなく labs() 関数を利用します．これらを使いこなすことで，すべてのマッピングにラベルをつけることができるでしょう．

```
# 図 5.26
p <- ggplot(data = organdata,
            mapping = aes(x = roads,
                          y = donors,
                          color = world))
p + geom_point() +
   scale_color_discrete(labels =
                          c("Corporatist", "Liberal",
                            "Social Democratic", "Unclassified")) +
   labs(x = "Road Deaths",
        y = "Donor Procurement",
        color = "Welfare State")
```

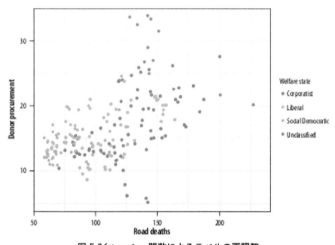

図 5.26：scale_ 関数によるラベルの再調整

　　凡例を別の位置に移動するときは，図に用いるデータを加工
する必要はなく，単純に図の見た目だけを操作することになりま
す．このような場合には theme() 関数を利用します．先ほ
ど解説した通り，+ theme(legend.position = "top") をコー
ドに書き加えることで凡例の位置を図の上部に移すことができ
ます．また，**図 5.27** に示した通り，guides(color = "none")
と記述することで凡例を消すこともできます．これは一般的に
は推奨されませんが，図 4.9 で例に挙げたように凡例の削除が
必要とされる場合もあるでしょう．

```
# 図 5.27
p <- ggplot(data = organdata,
            mapping = aes(x = roads,
                          y = donors,
                          color = world))
```

```
p + geom_point() +
    labs(x = "Road Deaths",
         y = "Donor Procurement") +
    guides(color = "none")
```

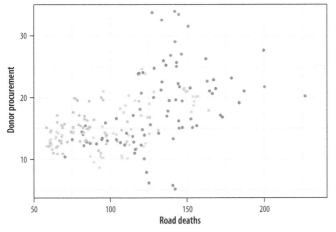

図 5.27：guides() 関数により凡例を削除した場合の例

第8章では scale_ 関数や theme() 関数についての解説を深め，すでに完成していたり公開の準備が整っていたりする図を，より効果的に見せるための手法を紹介します．本章では scale_ 関数を使った図のラベルや軸の調整や，theme() 関数を使った見た目の調整にとどめましたが，第8章でこれらがどのように機能し，図のブラッシュアップに役立つのかについて追加で解説するので楽しみにしていてください．本章での解説が十分でないことに不安を覚えたかもしれませんが，この時点で scale_ 関数の存在意義やその命名規則の論理である scale_<mapping>_<kind>() 関数則を理解することが重要です．scale_ 関数で図を調整するときに何が起こるのか理解するための下地を整備しておくことで，後の章でこれらが再登場したときに，より理解を深めることができるでしょう．

5.7

次の一手

本章では ggplot に関する新しい機能や，データの集約方法について解説しました．これらを発展させ，以下の課題を通じて練習を重ねておきましょう．

- subset() 関数は階層化された geom と組み合わせて使うことで効果を発揮します．図 5.18 のアメリカ大統領選挙に関するコードをベースに，すべてのデータ点は図示するが，1992 年以降のデータにのみラベリングを行うようにコードを書き換えてみましょう．どの変数を利用するとよいか確認するためには，elections_historic データセットの内容をもう一度調べる必要があるでしょう．また，政党ごとにデータを抽出したり，勝った政党で色分けを行ったりすることなどにも挑戦してみましょう．
- geom_point() 関数と reorder() 関数を組み合わせ，国民投票の割合が高い順番に大統領選挙の結果を並び替えたクリーブランドドットプロットを作ってみましょう．
- annotate() 関数を使って図 5.18 の第 2 象限全体を薄く着色する長方形を図に追加してみましょう．

dplyr パッケージの基本的な関数として，本章では group_by() 関数，filter() 関数，select() 関数，summarize() 関数，mutate() 関数を紹介しました．これらの関数を使いこなせるように，gapminder データセットを使って第 1 章でも紹介した**図 5.28** を出力できるようにデータを加工してみましょう．ggplot で図を出力する前に，いくつかの行を抽出したり，大陸ごとにデータをグループ化したりして平均寿命を計算するとスムーズでしょう．

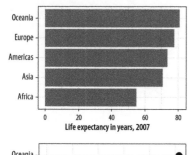

図 5.28：図 1.26 再掲

<section>198</section>

　データを取り扱う際に日常の作業になる，パイプラインを使ったデータのグループ化・加工・集計に慣れましょう．表を集約・変形する方法は多岐にわたりますが，group_by() 関数がデータを左から右にグループ化すること，mutate() 関数が現在のグループ化レベルに合わせて列を追加すること，summarize() 関数が次のグループ化レベルにデータを集計することを理解しましょう．gss_sm データセットに基づいてグループ化されたオブジェクトを複数作成し，頻度を計算した上で合計値が期待したものかどうかをそれぞれのオブジェクトについて確認してみましょう．例えば以下の例では人種で教育歴をグループ化しています．

```
gss_sm %>%
  group_by(race, degree) %>%
  summarize(N = n()) %>%
  mutate(pct = round(N / sum(N) * 100, 0))
```

```
## # A tibble: 18 x 4
## # Groups:   race [3]
##    race  degree             N   pct
##    <fct> <fct>          <int> <dbl>
##  1 White Lt High School   197     9
##  2 White High School     1057    50
##  3 White Junior College   166     8
##  4 White Bachelor         426    20
##  5 White Graduate         250    12
##  6 White <NA>               4     0
##  7 Black Lt High School    60    12
##  8 Black High School      292    60
##  9 Black Junior College    33     7
## 10 Black Bachelor          71    14
## 11 Black Graduate          31     6
## 12 Black <NA>               3     1
## 13 Other Lt High School    71    26
## 14 Other High School      112    40
## 15 Other Junior College    17     6
## 16 Other Bachelor          39    14
## 17 Other Graduate          37    13
## 18 Other <NA>               1     0
```

　以前のコードに比べ，パーセンテージ（pct）を直接計算している分，コードがコンパクトになっています．人種ごとにグループ化した後，パーセンテージを合計して結果が期待通りのものであるか確認してみましょう．また，sex 変

数や region 変数でのグループ化にも挑戦してみましょう.

- sum 以外の関数を使って集計にかかわる計算を行ってみましょう. degree 変数ごとにおける子供の数の平均・中央値を計算できるでしょうか（ヒント：gss_sm データセットには子供の数を表す数値である child 変数が格納されています）.

- dplyr パッケージにはデータを要約・加工する際に便利な関数が多数用意されています. dplyr パッケージのドキュメント内にある Window functions のドキュメント にはデータの要約・加工に関連する情報が記載されており, 初学者にはよい教材になるでしょう. また, dplyr パッケージによるデータ加工の詳細については, Wickham & Grolemund (2016) の 3 章を参照するとよいでしょう.

- gapminder データセットを題材に, 新しく学んだ geom を使って可視化の練習をしてみましょう. 箱ひげ図を使って人口, あるいは平均寿命が時間の経過とともにどう変化したか可視化してみましょう（ヒント：aes() 関数内において審美的要素に group 引数を設定する必要があるかもしれません）. また, 各大陸ごとに箱ひげ図を facet で層別化できるか挑戦してみましょう. また, はじめに gapminder データセットを year 変数と continent 変数でグループ化した tibble を作ってから図を出力した場合に, 元の図と違いがあるかどうか確認してみましょう.

- geom_boxplot() 関数 の ヘルプ に あ る notch 引 数 と varwidth 引数について確認し, これらの値を調整すると図の見た目がどう変化するか確認してみましょう.

- geom_boxplot() 関数 の 代 わ り に geom_violin() 関数を使ってみましょう. geom_violin() 関数では箱ひげ図の代わりに, 線対称の密度分布が作図に利用されます.

- geom_pointrange() 関数は, 図の様式に合わせてさまざまな種類のエラーバーとその範囲を生成する際に便利な geom ファミリーの一種です. また, geom_pointrange() 関数と類似の機能を持つ関数として, geom_linerange() 関 数, geom_crossbar() 関 数, geom_errorbar() 関 数 が geom ファミリーには用意されています. gapminder あるいは organdata データセットを使って, これらの違いについて確認してみましょう.

6

モデルデータの可視化

データの可視化は，表データの数値データに基づいて図を作ることに限った作業ではありません．数値データをそのまま可視化する場合だけでなく，はじめからデータの一部を要約したり，集計した結果を図にしたりすることもあるでしょう．中でも統計モデリングの結果の可視化は花形といえるでしょう．本章ではggplotのgeomを使い，統計モデリングの結果を可視化する方法について学びます．さらに，broom, marginsパッケージを使い，作成したモデルから推定値をtidyに呼び出して，可視化する方法について説明します．

ヒストグラム，密度プロット，箱ひげ図やその他のgeom_関数で出力される図は，図を出力する前に新しく単一の変数を計算します．4.4節で示したように，これらはstat_関数により制御され，それぞれがデフォルトのgeom_関数と連携して図が作られます．また，はじめに作成した平滑化曲線付きの図のように，stat_関数を使って直接さまざまな計算やモデルの推定を行う方法についても学びました．例えばgeom_smooth()関数はmethod引数を設定することで，LOESS回帰[訳注1]，OLS回帰[訳注2]，ロバスト回帰[訳注3]などで計算された回帰直線を散布図に追加できます．

geom_smooth()関数，geom_quantile()関数はいずれも複数の回帰直線をまとめて図示できる関数です．**図6.1**上では，OLS回帰分析のラインに加え，MASSパッケージのrlm()関数をmethod引数に選択し，ロバスト回帰分析の結果を図示しています．図6.1中では多項式回帰モデルの結果を図示するために，bs()関数をsplinesパッケージから呼び出しています．これはscalesパッケージの関数を使うときに説明した，パッケージ全体をロードせずに関数に直接アクセスする方法です．一方geom_quantile()関数はgeom_smooth()関数と類似の分位点回帰モデルを図示するための関数です．これを利用する際には，quantiles引数に直線のあてはめに利用する分位点のベクトルをわたす必要があります．

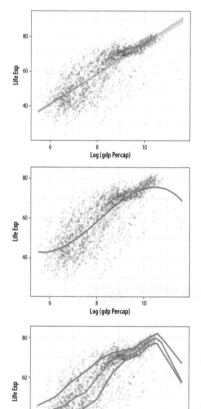

図6.1：ロバスト線形単回帰モデル（上段），多項式回帰モデル（中段），分位点回帰モデル（下段）の回帰直線・回帰曲線を追加した散布図

訳注1　locally weighted scatter plot smoothの略で，局所的に重み付けされた線形回帰．method = "loess"で記述できます．

訳注2　ordinary least square regressionの略で，最も一般的な最小二乗法に基づく線形回帰モデル．method = "lm"で記述できます．

訳注3　モデルへのあてはまりがよくないデータの重みを調整し，外れ値の影響を小さくするためのパラメータが入った線形回帰モデル．method = "rlm"で記述できます．

```r
p <- ggplot(data = gapminder,
            mapping = aes(x = log(gdpPercap), y = lifeExp))

# 図 6.1 上
p + geom_point(alpha = 0.1) +
    geom_smooth(color = "tomato", fill="tomato", method = MASS::rlm) +
    geom_smooth(color = "steelblue", fill="steelblue", method = "lm")

# 図 6.1 中
p + geom_point(alpha = 0.1) +
    geom_smooth(color = "tomato", method = "lm", size = 1.2,
                formula = y ~ splines::bs(x, df = 3), se = FALSE)

# 図 6.1 下
p + geom_point(alpha = 0.1) +
    geom_quantile(color = "tomato", size = 1.2, method = "rqss",
                  lambda = 1, quantiles = c(0.20, 0.5, 0.85))
```

6.1

複数の回帰直線を凡例付きで
一度に図示する

　図 6.1 上で OLS 回帰分析の結果とロバスト回帰分析の結果
を重ねたように，geom_smooth() 関数を使って複数の回帰直線
を 1 つの図の上に重ねて図示できることを確認しました．さら
に，color 引数や fill 引数のような審美的要素を各回帰直線
ごとに設定することで，それぞれの回帰直線を簡単かつ視覚的
に識別できます．しかし ggplot はどの直線がどの回帰式を表
しているのかについて，凡例を出力してくれるわけではありま
せん．この原因はそれぞれの回帰直線がデータの内部で論理的
に関連付けられておらず，それぞれが独立したレイヤーとして
ggplot に認識されているためです．さて，これらに凡例をつ
けるにはどうすればよいでしょうか．

　実現には少々手間がかかります．実際には geom_smooth()
関数中の審美的要素である color 引数と fill 引数に文字列
でモデル名をマッピングし，scale_color_manual() 関数と
scale_fill_manual() 関数を組み合わせて凡例を作る必要が
あります（**図 6.2**）．また，はじめに RColorBrewer パッケージ
の brewer.pal() 関数を使い，16 進数で表されるカラーパレッ
トの色から 3 つの色を抽出しておきます．ここでもこれまでと
同様，パッケージをロードせずに :: を利用して関数を使用し
ます．

```
model_colors <- RColorBrewer::brewer.pal(3, "Set1")
model_colors
```

```
## [1] "#E41A1C" "#377EB8" "#4DAF4A"
```

　続いて 3 つの異なる回帰直線を geom_smooth() 関数で作成
し，その審美的要素である color 引数と fill 引数に回帰直線
の名前を指定します．

```
# 図 6.2
p0 <- ggplot(data = gapminder,
             mapping = aes(x = log(gdpPercap), y = lifeExp))

p1 <- p0 + geom_point(alpha = 0.2) +
    geom_smooth(method = "lm", aes(color = "OLS", fill = "OLS")) +
    geom_smooth(method = "lm", formula = y ~ splines::bs(x, df = 3),
                aes(color = "Cubic Spline", fill = "Cubic Spline")) +
    geom_smooth(method = "loess",
                aes(color = "LOESS", fill = "LOESS"))

p1 + scale_color_manual(name = "Models", values = model_colors) +
    scale_fill_manual(name = "Models", values = model_colors) +
    theme(legend.position = "top")
```

図をうまく出力するためにちょっとした裏技を使いました。これまでは審美的要素には変数名を指定してきましたが、ここでは OLS や Cubic Spline のような文字列を指定しています。第3章でマッピングと審美的要素の関係について解説した際に、散布図の点の色を aes() 関数内で「紫色」に変更しようとしたときのことを思い出してみましょう。このときには、ggplot が新しく変数を作成し、その変数に「紫色」とラベルをつけただけだったので、出力される点は赤色のままでした。ここでわかったのは、aes() 関数は変数を審美的要素にマッピングするために使われるということでした。

ここではこの特徴を利用し、それぞれの回帰直線に対して新しく単一の変数を作成します。scale_color_manual() 関数と scale_fill_manual() 関数を呼び出すと、ggplot は適切なガイドを構築し、3つの回帰直線それぞれに適切な凡例をつけた図を出力します [*1]。

これらモデルの予測値の可視化は探索的な解析において有用であり、記述的なデータ可視化プロセスの一環として、モデルに基づいたデータの傾向の確認やモデルの要約に役立ちます。一方、stat_ 関数はさまざまな要約統計量を図示する場合には非常に便利ですが、モデルの結果を図示する場合にはより便利な機能がほしいと感じることもあるでしょう。

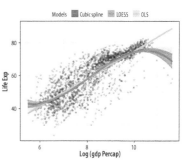

図 6.2：geom_smooth() 関数によるモデルの直線への凡例追加

*1 color 引数と fill 引数の2つのマッピングがあるので、scale_color_manual() 関数と scale_fill_manual() 関数の2つの scale_ 関数を呼び出す必要があることを忘れないようにしましょう。

6.2 モデルオブジェクトの中身を確認する

　　Rによる統計モデリングの詳細については本書の範囲を超えています．これらのトピックに関する包括的かつモダンな手法についてはGelman & Hill (2018) で詳しく紹介されています．また，Harrell (2016) ではモデリングと可視化の関係についての実践的な取り組みが多く記載されていますし，Gelman (2004) でもモデルの確認と検証における可視化の有用性について，詳細な議論が述べられています．本書ではデータにあてはまるモデルを選択し，ggplotを使って情報を抽出，可視化する方法について話題を絞って紹介します．本章での目標はいつものように，モデルオブジェクトをggplotで図示できる形に保存することです．Rのほとんどのクラスの統計モデルには結果の解釈に必要な情報が含まれているか，それらを抽出するために設計された特別な関数やメソッドが用意されています．

　　まずはじめにモデルの出力がRにどのような形で格納されるのか学びましょう．Rは常にオブジェクトを使って作業していること，オブジェクトは名前付きの部分構造を持つことを思い出しましょう．オブジェクトの部分構造の例としては，単独の数値やベクトル，リストに格納されたベクトル，行列，`formula` が挙げられます．

　　これまで本書では `tibble`, `dataframe` の取り扱いについて，広く取り組んできました．これらは以下の gapminder データセットの例のように名前付きの列を持つデータを格納しており，それぞれの変数は整数や文字列，日付，因子型などさまざまなクラスから構成されていました．しかしモデルオブジェクトの構造はもう少し複雑です．

```
gapminder
```

```
## # A tibble: 1,704 x 6
##    country     continent  year lifeExp      pop gdpPercap
##    <fct>       <fct>     <int>   <dbl>    <int>     <dbl>
##  1 Afghanistan Asia       1952    28.8  8425333      779.
##  2 Afghanistan Asia       1957    30.3  9240934      821.
##  3 Afghanistan Asia       1962    32.0 10267083      853.
##  4 Afghanistan Asia       1967    34.0 11537966      836.
##  5 Afghanistan Asia       1972    36.1 13079460      740.
##  6 Afghanistan Asia       1977    38.4 14880372      786.
##  7 Afghanistan Asia       1982    39.9 12881816      978.
##  8 Afghanistan Asia       1987    40.8 13867957      852.
##  9 Afghanistan Asia       1992    41.7 16317921      649.
## 10 Afghanistan Asia       1997    41.8 22227415      635.
## # ... with 1,694 more rows
```

さて，オブジェクトの内部構造を確認する際には str() 関数が便利でした．例えば gapminder データセットに関数を適用すると，データの大きさや内部に格納された変数の種類などに関する情報が取得できます．とはいえ，str(gapminder) の出力は少々情報過多ともいえるでしょう．

```
str(gapminder)
```

```
## tibble [1,704 x 6] (S3: tbl_df/tbl/data.frame)
## $ country  : Factor w/ 142 levels "Afghanistan",..: 1 1 ...
## $ continent: Factor w/ 5 levels "Africa","Americas",..: 3 3 ...
## $ year     : int [1:1704] 1952 1957 ...
## $ lifeExp  : num [1:1704] 28.8 ...
## $ pop      : int [1:1704] 8425333 9240934 ...
## $ gdpPercap: num [1:1704] 779 ...
```

実際 str(gapminder) の結果には，オブジェクト全体とその中に格納されているそれぞれの変数についてのさまざまな情報が表示されます．R の統計モデルのオブジェクトも，内部にモデルの結果を格納する構造をしています．しかしデータフレームに比べてモデルオブジェクトはより複雑であり，モデルオブジェクトにはモデルの結果として利用できるさまざまな情報が格納されています．これらの情報はすべて，モデルオブジェクトに格納されているかオブジェクトの一部から算出・抽出できます．

まず gapminder データセットを使って線形回帰分析（OLS 回帰分析）を実行してみましょう．このデータには国と調査年の間に構造的な関係があるため，このようなモデルは本来正し

くありませんが，ひとまず気にせずに lm() 関数を使ってモデルを作ってみましょう．結果は以下のように，out という名前のオブジェクトを作って格納しておきます．

```
out <- lm(formula = lifeExp ~ gdpPercap + pop + continent, data = gapminder)
```

lm() 関数におけるはじめの引数は formula 記法であり，チルダ演算子で従属変数（左側）と独立変数（右側）を指定する形になっています（facet_wrap() 関数の説明でも見たように，チルダの右側にしか記述しない場合もあります）．ここでの従属変数は lifeExp です．

ではモデルの概要を summary() 関数で出力し，結果を確認してみましょう．

```
summary(out)
```

```
##
## Call:
## lm(formula = lifeExp ~ gdpPercap + pop + continent, data = gapminder)
##
## Residuals:
##     Min      1Q  Median      3Q     Max
## -49.161  -4.486   0.297   5.110  25.175
##
## Coefficients:
##                        Estimate    Std. Error t value Pr(>|t|)
## (Intercept)        47.814078431626 0.339541625706 140.819  < 2e-16 ***
## gdpPercap           0.000449505755 0.000023463234  19.158  < 2e-16 ***
## pop                 0.000000006570 0.000000001975   3.326 0.000901 ***
## continentAmericas  13.475943388048 0.600041969794  22.458  < 2e-16 ***
## continentAsia       8.192631917626 0.571235465864  14.342  < 2e-16 ***
## continentEurope    17.472692831892 0.624616487353  27.973  < 2e-16 ***
## continentOceania   18.083304354646 1.782254276762  10.146  < 2e-16 ***
## ---
## Signif. codes:  0 '***' 0.001 '**' 0.01 '*' 0.05 '.' 0.1 ' ' 1
##
## Residual standard error: 8.365 on 1697 degrees of freedom
## Multiple R-squared:  0.5821,	Adjusted R-squared:  0.5806
## F-statistic: 393.9 on 6 and 1697 DF,  p-value: < 2.2e-16
```

out オブジェクトに格納されたモデルの結果を summary() 関数で確認するとき，summary() 関数はモデルオブジェクトの要素を単純に取得するわけではありません．モデルオブジェクトに summary() 関数を適用すると，他の関数と同様に，受け取った入力に対していくつかのアクションを内部で実行し，結果を

出力することになります．この際コンソールに出力されるの
は，モデルオブジェクト内に保存されており，かつ summary()
関数がコンソールに出力するにあたって関数が計算・整形した
情報です．実際には裏側で summary() 関数は他の関数から助
けを得ています．さまざまなクラスのオブジェクトにはそれぞ
れに既定のメソッドが関連付けられているため，summary() 関
数をモデルオブジェクトに適用すると，それぞれのモデルオ
ブジェクトに適した計算とフォーマットを行うための適切な
関数に処理をわたす必要があることが自動で認識されます．一
方，summary (gapminder) のようにデータフレームに対して
summary() 関数を適用する場合には，別のデフォルトのメソッ
ドが適用されます．

　summary() 関数の出力はモデルの概要を示してくれますが，
出力結果を直接編集することはできません．例えばこの結果か
ら何かを作図する際には何をすればよいでしょうか．図示のた
めに必要な情報はオブジェクト内に含まれているようですが，
どうやってこれを利用すればよいかははっきりしません．

　str(out) を実行してモデルオブジェクトの構造を確認する
と，非常にたくさんの情報が含まれていることがわかります．
多くの R の複雑なオブジェクトと同様に，out オブジェクト
はさまざまな構成・要素のリストから構成されています．ま
た，これらの要素の中にはそれ自体がリストになっているもの
も含まれています．**図 6.3** には lm() 関数で作成された out オ
ブジェクトの概略図を示しています．これらのリスト内には単
一の値やデータフレーム，単純な要素のリストなどが含まれて
います．ここで，オブジェクトはファイリングシステムのよう
に整理することができることを思い出しましょう．キャビネッ
トには引き出しがあり，引き出しの中には情報やドキュメント，
たくさんのドキュメントを含むフォルダのグループなどが含ま
れていると考えるとよいでしょう．また，リストのイメージに
特化した例えとして，プロジェクトの to-do リストが挙げられ
ます．プロジェクトのトップレベルの見出しが，さまざまな種
類のタスクである追加のリストに関連していることが想像でき
るでしょう．

　lm() 関数により作成された out オブジェクトにはいくつかの
の名前付きオブジェクトが格納されています．モデルの残差自
由度などの一部の要素は単一の数値として格納されています．

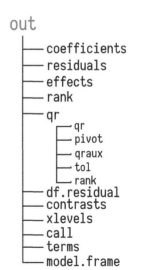

図 6.3：lm() 関数で作成された out
オブジェクトの概略図

また，モデルの予測に使ったデータのような大きいオブジェクトは，デフォルトで data.frame としてモデル内に保存されます．モデルの係数やその他の数値など，一部の要素は R によって内部で計算されてからオブジェクトに格納されています．具体的には out$coefficients, out$residuals, out$fitted.values などが挙げられますが，これらを実際に計算してみるのもよいでしょう．qr などのその他の要素はリストそのものです．このことから，summary() 関数で出力される要素は str(out) で表示されるモデルオブジェクトから一部が抽出されており，主な情報のみが選択・表示されていることがわかります[2]．

本節で示したように，summary() 関数の出力は情報をコンパクトに集計して取得するという点では効率的ですが，出力結果を操作して図を作ることを考えるとそれほど便利ではありません．例えば回帰係数の表は用意されていますが，その変数名は行に格納されています．列名を取り扱うのは困難であり，出力の下に表記されているような一部の情報は計算されていますが，モデルオブジェクトには保存されていません．

6.3 モデルから図に使えるデータを正しく抽出する

　統計モデルの結果に基づいて図を出力する場合には，モデルの結果をどうやって効果的に可視化するかという困難な問題に直面することになります．ここで難しいのは，モデルの結果を示す際にはデータの背景知識に基づく知見とモデルの解釈の両方が必要になるということです．モデルが複雑になればなるほどこれらの情報を適切に示すことは難しくなり，読者だけでなく自分自身にも負担がかかるため，解釈ミスに陥る可能性が高くなります．社会科学の分野ではモデルの結果の可視化技術がこの 10 ～ 15 年の間に大きく向上しました．一方同じ時期に，モデルの中でも比較的単純な手法だと考えられていたモデルであっても，その中身を解釈・理解することには困難が伴うことも明らかになってきました（Ai & Norton, 2003; Brambor, Clark, & Golder, 2006）．

　モデルの推定値の図示はモデルの適切な推定と深く関わっているため，統計をしっかり学ぶ以外に作図のスキルを上げる方法はありません．ウェブで「モデルの可視化」を検索すると便利な手法を見つけることはできるでしょうが，モデルの中身を理解しないまま可視化するのはやめましょう．本書ではモデルの理解については触れませんが，モデルに基づいた可視化が適切に行われるとどのような図が出力されるのかについて一般的なポイントをさらい，ggplot とそれに関連するパッケージを使って可視化をスムーズに行うための例について紹介します．

6.3.1 適切な用語による調査結果の説明

　モデルの可視化が適切に行えれば，図から分析で得ようとしている問題に対して実質的に意味があり，かつ直接結果を解釈できる図を得られるでしょう．つまり分析で得られた変数を，

例えば平均値や中央値のような適切に解釈できる数値として図示できるということです．連続変数の場合には，従属変数の単純な予測値，増減の予測だけではなく，予測値の 25 〜 75 パーセンタイル幅のように，分布全体において実質的に意味のある範囲を予測することでモデルがさらに有用になることもあります．ランク付けされていないカテゴリカル変数を予測する場合，予測値はデータ内のカテゴリ，あるいは仮説に関連する特定のカテゴリに対して示されることがあります．解釈可能な結果を示したいのであれば，一般的に読者が容易に理解できる尺度を使う必要があります（そのために見やすい形に結果を変換する場合もあります）．得られたモデルの結果が対数オッズになる場合には，推定値を予測確率に変換する方が容易に解釈できるでしょう．これらの示唆は非常に一般的な話題であり，モデルを図示する場合だけではなく，表としてまとめる場合にも同様です．発見の本質的な意味を 1 枚で明快に説明できる図は存在しません．

6.3.2　信頼度の可視化

結果の不確実性や信頼度をはっきり可視化する図を作ることは難しい課題です．モデルの推定には精度や信頼区間，信用区間，有意性などのさまざまな尺度が利用されます．これらの指標を提示・解釈する際に，研究者・読者はいずれも信頼区間や p 値などを，これらの統計的な指標が本来持っている情報量以上に過信するので，解釈を誤ったり結果からいえる以上のことを読み取ったりしてしまいがちです．少なくともモデルの適合度に関する適切な尺度や信頼度についての正しい評価を行いたい場合には，結果を示す際にそれらの区間を示すことが推奨されます．ggplot の geom_ 関数である geom_pointrange() 関数や geom_errorbar() 関数を使うことで，比較的簡単に x 軸上のそれぞれの変数について範囲，区間を表したり，y 軸の ymin，ymax を調節し，信頼区間などを示したりすることができます．また，geom_ribbon() 関数を使うと，geom_pointrange() 関数や geom_errorbar() 関数と同じように，引数の領域を塗りつぶして可視化します．この関数は連続的に変化する x 軸に沿って y 軸の値の範囲をプロットする場合に便利です．

6.3.3 どんなデータを可視化するのか

　多変量モデルの結果の図示とは，一般的に次の2つのいずれかを意味します．1つは回帰係数の表が実際にどういう意味なのかを有意性や傾きの大きさ，あるいはその両方を信頼性の尺度とともに示し，重要度で分類をするということです．もう1つは単純なモデルの回帰係数ではなく，関心のある範囲におけるいくつかの変数の予測値を示すことです．後者のアプローチでは，必要に応じて元データのデータ点を示した上で，ggplotを使って回帰係数やそれに関連する幅などのモデルの推定値を元データに組み合わせてレイヤーを作り，柔軟に可視化することになります．これは実際に，本書のはじめの方から geom_smooth() 関数を使って自動で生成していた図を手動で作成するという行為そのものです．

6.4

予測の図示

　モデルを確立した後，特定の範囲におけるモデルの推定値を，共変量の影響を含めた上で可視化したいこともあるでしょう．predict() 関数はモデルオブジェクトから予測値を生成する一般的な手法です．R の一般的な関数は入力を受け取ると，それらを関数の裏側に隠れている，より具体的な操作を行う関数に受け取った入力を受け渡して処理を行います．これはさまざまなモデルオブジェクトを対象に関数をあてはめる場合に便利な機能です．例えば線形回帰モデルから予測値を得る場合とロジスティック回帰モデル^{訳注4}から予測値を得る場合にはいずれもpredict() 関数を使いますが，モデルオブジェクト内部の詳細はそれぞれ異なっているため，内部で実行される処理も異なっています．このため，それぞれからモデルの結果を得る場合には，どのような形で結果が返されるのか，ドキュメントを見て理解しておくべきです．R で広く利用される関数の多くはこのように，いろいろなオブジェクトに対して汎用的に使うことができます．例えば summary() 関数もベクトルからデータフレーム，統計モデルなどのさまざまなオブジェクトに適用できる関数ですが，この関数も裏側でクラス固有の関数にそれぞれのオブジェクトを割り振り，適切な出力を生成しています．

　predict() 関数で新しく値を計算する場合には，モデルにあてはめるためのデータが新たに必要になります．そのため，列名が元データと同じで，かつ行数が元データとは異なる新しいデータを作って predict() 関数をあてはめてみましょう．このようなデータを作成したい場合には，expand.grid() 関数が便利です．まず変数のリストと変数がとりうる値の範囲を指定すると，expand.grid() 関数が指定した値の組み合わせすべての範囲を乗算し，新しく必要なデータを持つデータフレームを

訳注4　目的変数がカテゴリカルデータである場合における線形回帰モデルの拡張．

出力してくれます[3].

以下のコードでは min() 関数および max() 関数を使って，1人あたりの GDP の最大・最小値を元データである gapminder データセットから取得し，その間に 100 個の等間隔の要素を持つベクトルを作成しています．また，人口は中央値で固定した上で，5 つの大陸それぞれに利用可能な値を割り当てています．

[3] expand.grid() 関数は与えた変数のデカルト積を計算します．

```
min_gdp <- min(gapminder$gdpPercap)
max_gdp <- max(gapminder$gdpPercap)
med_pop <- median(gapminder$pop)

pred_df <- expand.grid(gdpPercap = (seq(from = min_gdp,
                                        to = max_gdp,
                                        length.out = 100)),
                       pop = med_pop,
                       continent = c("Africa", "Americas",
                                     "Asia", "Europe", "Oceania"))

dim(pred_df)

## [1] 500    3

head(pred_df)

##   gdpPercap     pop continent
## 1  241.1659 7023596    Africa
## 2 1385.4282 7023596    Africa
## 3 2529.6905 7023596    Africa
## 4 3673.9528 7023596    Africa
## 5 4818.2150 7023596    Africa
## 6 5962.4773 7023596    Africa
```

では早速，このデータに predict() 関数を適用しましょう．関数にモデルと新しいデータを与えると，データフレーム内すべての行のデータを使って予測値を算出します．この際にはそれ以外に引数を追加する必要はありませんが，引数に interval = "predict" を指定しておくと，予測値の点推定だけでなく予測区間の上下をあわせて算出できます．

```
pred_out <- predict(object = out,
                    newdata = pred_df,
                    interval = "predict")
head(pred_out)
```

```
##         fit       lwr       upr
## 1 47.96863 31.54775 64.38951
## 2 48.48298 32.06231 64.90365
## 3 48.99733 32.57670 65.41797
## 4 49.51169 33.09092 65.93245
## 5 50.02604 33.60497 66.44711
## 6 50.54039 34.11885 66.96193
```

　データの構成から，`pred_df` と `pred_out` の2つのデータフレームは行のデータが互いに一致しているため，これらのデータフレームを，以下のように横につなげて結合できます．今回は作図のためにこのような記述を行いますが，データを操作する際にはデータの取り扱いにミスが生じやすくなるため，`cbind()` 関数でデータを結合するのは「絶対に」おすすめできません．

```
pred_df <- cbind(pred_df, pred_out)
head(pred_df)
```

```
##   gdpPercap     pop continent      fit      lwr      upr
## 1  241.1659 7023596    Africa 47.96863 31.54775 64.38951
## 2 1385.4282 7023596    Africa 48.48298 32.06231 64.90365
## 3 2529.6905 7023596    Africa 48.99733 32.57670 65.41797
## 4 3673.9528 7023596    Africa 49.51169 33.09092 65.93245
## 5 4818.2150 7023596    Africa 50.02604 33.60497 66.44711
## 6 5962.4773 7023596    Africa 50.54039 34.11885 66.96193
```

　指定した値の範囲について，モデルの予測値を含んだ tidy なデータフレームを作ることができました．ではこれを使ってモデルの結果を図示してみましょう．ここでは全データに対して予測値を算出しましたが，これらの一部分だけを抽出して可視化することもできます．今回は予測の可視化の対象をヨーロッパとアフリカに絞り込みます（**図 6.4**）．

```
# 図 6.4
p <- ggplot(data = subset(pred_df, continent %in% c("Europe", "Africa")),
        aes(x = gdpPercap,
            y = fit, ymin = lwr, ymax = upr,
            color = continent,
            fill = continent,
            group = continent))

p + geom_point(data = subset(gapminder,
                    continent %in% c("Europe", "Africa")),
            aes(x = gdpPercap, y = lifeExp,
```

```
                    color = continent),
                alpha = 0.5,
                inherit.aes = FALSE) +
    geom_line() +
    geom_ribbon(alpha = 0.2, color = NA) +
    scale_x_log10(labels = scales::dollar)
```

ここでは geom_ribbon() 関数を利用して予測区間の領域を塗りつぶしています. これは geom_line() 関数のように x の引数を自動で取得しますが, ymin と ymax 引数については ggplot() 関数の審美的要素にマッピングする必要があります.

実際には, predict() 関数を直接使うことはあまりないかもしれません. 代わりにモデルから予測と図を作成するためのプロセスをまとめたパッケージを使うかもしれません. コードや回帰係数の解釈がより複雑な場合にも, パッケージを使うと結果を解釈しやすくなります. 例えばロジスティック回帰モデルの 2 値からなる予測値を予測確率に変換したい場合や, 独立変数間に相互作用項がある場合などがこれに当たります. 次節では, この働きを支援するパッケージについて紹介しますが, これは predict() 関数がさまざまなクラスのモデルに対して安全に動作するという背景に支えられて成り立っていることは覚えておいてください. 支援パッケージの機能を理解するために, predict() 関数の動作を実際に確認しておくことは重要です.

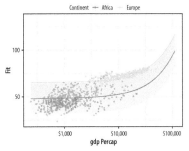

図 6.4：線形回帰モデルによる予測の可視化

broom パッケージによる tidy な モデルオブジェクトの取り扱い

predict() 関数は非常に便利ですが，モデルの出力を利用して行いたいことは予測だけではありません．ここではデビッド・ロビンソン（David Robinson）が開発した broom パッケージを使い，モデルの出力結果を取り扱う方法について紹介します．broom パッケージ[訳注5] は R が生成したモデルから作図に使える数値を抽出するための関数を集めたパッケージであり，モデルオブジェクトを ggplot で使いやすいデータフレームに変換することが主な用途です．

```
library(broom)
```

broom パッケージを使うと ggplot のデータ整理のアプローチを拡張することで，モデルオブジェクトから 3 種類のデータを tidy 形式で抽出できます．1 つ目は回帰係数や t 統計量など，モデル自体の構成要素に関わる情報です．2 つ目はデータ内における各観測値の近似値や残差のような，モデルと元データとの関係を表す観測ベースの情報です．3 つ目は F 統計量，モデルの逸脱度，決定係数（R^2）のように，モデルのあてはまりに関する情報です．これら 3 つの情報それぞれを抽出するための関数が，broom パッケージには用意されています．

6.5.1 tidy() 関数によるモデルの構成要素レベルの情報の抽出

tidy() 関数はモデルオブジェクトから回帰係数など，モデ

訳注 5　現在は broom パッケージの開発は tidymodels に移り，アレックス・ハイツ（Alex Hayes）らがコード管理者となっています．https://github.com/tidymodels/broom

訳注 6　原著と broom パッケージのバージョンが異なるため，出力結果が変化しています．

ルの構成要素レベルについての情報をデータフレームで抽出するための関数です．tidy() 関数を使うことで，モデルオブジェクトから個別にさまざまな要素を抽出するよりも簡単に作図に使うデータを抽出できるようになります．モデルから出力されたデフォルトの結果を以下に示します^{訳注7}．また，結果をより簡潔に表示するために，パイプを使ってデータフレームの数値列を小数点以下 2 桁に丸める関数を適用しておきましょう．もちろんモデルオブジェクト自体は変化しません．

```
out_comp <- tidy(out)
out_comp %>% as.data.frame() %>% round_df()
```

```
##                   term estimate std.error statistic p.value
## 1          (Intercept)    47.81      0.34    140.82       0
## 2            gdpPercap     0.00      0.00     19.16       0
## 3                  pop     0.00      0.00      3.33       0
## 4    continentAmericas    13.48      0.60     22.46       0
## 5        continentAsia     8.19      0.57     14.34       0
## 6      continentEurope    17.47      0.62     27.97       0
## 7     continentOceania    18.08      1.78     10.15       0
```

この操作によって出力されたデータフレームを使うと，これまでの章で学んできたように，データに基づいて図を作ることも可能です（**図 6.5**）.

```
# 図 6.5
p <- ggplot(out_comp, mapping = aes(x = term,
                                    y = estimate))

p + geom_point() + coord_flip()
```

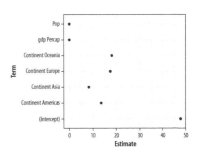

図 6.5：線形回帰モデルの推定量を用いた基本的な図

さらにこの図をさまざまな方法で拡張・改善できます．例えば confint() 関数を tidy() 関数の引数として以下のように使うことで，推定値の信頼区間を計算するように指定できます．

```
out_conf <- tidy(out, conf.int = TRUE)
out_conf %>% as.data.frame() %>% round_df()
```

訳注 7 原著の出力にあわせるため，コードを修正しています．

```
##           term estimate std.error statistic p.value conf.low conf.high
## 1        (Intercept)    47.81      0.34    140.82       0    47.15     48.48
## 2          gdpPercap     0.00      0.00     19.16       0     0.00      0.00
## 3                pop     0.00      0.00      3.33       0     0.00      0.00
## 4 continentAmericas    13.48      0.60     22.46       0    12.30     14.65
## 5     continentAsia     8.19      0.57     14.34       0     7.07      9.31
## 6   continentEurope    17.47      0.62     27.97       0    16.25     18.70
## 7  continentOceania    18.08      1.78     10.15       0    14.59     21.58
```

socviz パッケージを読み込むと，"not in"（含まない）を意味する便利な演算子 %nin% を使うことができます．この演算子は %in% の逆の働きをする演算子であり，最初のベクトルの中で2番目のベクトルに含まれない項目だけを選択します．これを使って表から切片項を取り除きます．続いてラベルも加工しておきましょう．モデルにカテゴリカル変数を利用する場合，R は変数名とカテゴリ名を組み合わせて，例えば continentAmericas のような名前の係数を作成しますが，これはあまり見栄えがよくないので，図示する際にはこれらの変数名を加工するとよいでしょう．よく利用されるのは，回帰係数ラベルの先頭にある変数名を取り除くことです．このために socviz パッケージの prefix_strip() 関数を利用し，どの接頭語（prefix）を削除するかを指定します．それにより，term 変数から接頭語である continent を削除した新しい nicelabs 変数を out_conf オブジェクトに作成しています．

```
out_conf <- subset(out_conf, term %nin% "(Intercept)")
out_conf$nicelabs <- prefix_strip(out_conf$term, "continent")
```

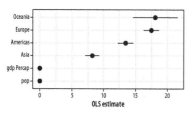

図6.6：ラベルの編集・信頼区間の追加を行った線形回帰モデル

このようにデータを整理することで，geom_pointrange() 関数を使って回帰係数にその信頼区間を含めた図を作れるようになりました（**図6.6**）．箱ひげ図を作成したときに reorder() 関数を使って並び替えたように，ここでもモデルのラベルを回帰係数の大きさの順に並び替えておきます．

```
# 図6.6
p <- ggplot(out_conf, mapping = aes(x = reorder(nicelabs, estimate),
                    y = estimate, ymin = conf.low, ymax = conf.high))
p + geom_pointrange() + coord_flip() + labs(x = NULL, y = "OLS Estimate")
```

このようなドットプロットは非常にコンパクトであるにもかかわらず，情報をあまり損なわない点がメリットです．実際，この図はデフォルトで指定される正方形の図を指定した場合よりも行間のスペースが小さく，データを読み取りやすくなっています．

6.5.2 augment() 関数による観測要素レベルのモデル情報の抽出

augment() 関数により返される値は，すべて元データの観測レベルから計算される統計量です．そのため，算出された統計量は元データのデータフレームに追加することができます．augment() 関数をモデルオブジェクトに対して実行すると，モデルの推定に使われた元データすべての観測値と，以下のような列を合わせたデータフレームが返されます．

- .fitted - モデルの適合値
- .resid - 残差
- .hat - ハット行列の対角成分．外れ値の検討に利用できる
- .sigma - 対応する予測値がモデルから削除されたときの残差の標準偏差の推定値
- .cooksd - クックの距離．外れ値の特定に利用できるため，一般的に回帰モデルの診断に利用される
- .std.resid - 標準化された残差

これらの変数には hat ではなく .hat のように，先頭にドットがついた変数名がつけられます．これはデータ内の既存の変数と作業で作った変数名の間での混乱を防いだり，誤って上書きするのを防いだりするためです．返される値の列は，予測するモデルのクラスによって異なります．

```
out_aug <- augment(out)
head(out_aug) %>% as.data.frame() %>% round_df()
```

```
##    lifeExp gdpPercap      pop continent .fitted .resid .std.resid .hat .sigma .cooksd
## 1    28.80    779.45  8425333      Asia   56.41 -27.61      -3.31    0   8.34    0.01
## 2    30.33    820.85  9240934      Asia   56.44 -26.10      -3.13    0   8.34    0.00
## 3    32.00    853.10 10267083      Asia   56.46 -24.46      -2.93    0   8.35    0.00
```

```
## 4    34.02    836.20 11537966      Asia   56.46 -22.44      -2.69    0   8.35   0.00
## 5    36.09    739.98 13079460      Asia   56.43 -20.34      -2.44    0   8.35   0.00
## 6    38.44    786.11 14880372      Asia   56.46 -18.02      -2.16    0   8.36   0.00
```

デフォルトでは augment() 関数はモデルオブジェクトに存在するデータ, つまりモデルで利用された変数のみを抽出します. たとえ元データに存在する変数であっても, モデルに使わなかった変数は抽出しません. これらのデータをあわせて抽出したい場合には, 以下のように data 引数にデータフレーム名を追加すると, 元データ中の変数すべてを追加で抽出できます.

```
out_aug <- augment(out, data = gapminder)
head(out_aug) %>% as.data.frame() %>% round_df()
```

```
##          country continent year lifeExp      pop gdpPercap .fitted .resid .std.resid .hat .sigma .cooksd
## 1 Afghanistan      Asia 1952   28.80  8425333    779.45   56.41 -27.61      -3.31    0   8.34   0.01
## 2 Afghanistan      Asia 1957   30.33  9240934    820.85   56.44 -26.10      -3.13    0   8.34   0.00
## 3 Afghanistan      Asia 1962   32.00 10267083    853.10   56.46 -24.46      -2.93    0   8.35   0.00
## 4 Afghanistan      Asia 1967   34.02 11537966    836.20   56.46 -22.44      -2.69    0   8.35   0.00
## 5 Afghanistan      Asia 1972   36.09 13079460    739.98   56.43 -20.34      -2.44    0   8.35   0.00
## 6 Afghanistan      Asia 1977   38.44 14880372    786.11   56.46 -18.02      -2.16    0   8.36   0.00
```

注意点として, モデルに合わせて欠測を含む行が削除された場合, これらの行は augment() 関数で処理されたデータフレームに引き継がれません.

augment() 関数によって作成された新しい列に基づいて, 回帰診断プロットを作成できます. 例えば予測値の残差を図示してみましょう (**図 6.7**). 当然ですが, 国 – 年のデータが線形回帰モデルで表現される以上に複雑な構造をしていることが図よりわかります.

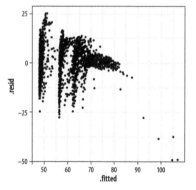

図 6.7：予測値 vs. 残差プロット

```
# 図 6.7
p <- ggplot(data = out_aug,
            mapping = aes(x = .fitted, y = .resid))
p + geom_point()
```

6.5.3　glance() 関数によるモデルレベルの情報の抽出

　glance() 関数は通常，モデルオブジェクトに summary() 関数を適用した際に出力される情報を整理するための関数です．特に工夫なくこの関数を使っても，通常は以下のように単一の行を持つ表が返ってくるだけです．

```
glance(out) %>% as.data.frame() %>% round_df()
```

```
##       r.squared adj.r.squared sigma statistic p.value df   logLik      AIC      BIC deviance df.residual nobs
## value      0.58          0.58  8.37    393.91       0  6 -6033.83 12083.65 12127.18 118754.5        1697 1704
```

　しかし glance() 関数の真の力はデータをグループ化したり，モデルの一部を抽出して簡単にスケールアップができたりする点にあります．

　broom パ ッ ケ ー ジ は tidy() 関 数，augment() 関 数，glance() 関数を使ってさまざまなタイプのモデルを取り扱うことができますが，すべてのクラスのモデルに対してすべての機能を利用できるわけではありません．broom パッケージで取り扱えるモデルの詳細については broom パッケージのドキュメントを参照してください．例としてイベント履歴の分析に Cox 比例ハザードモデル[訳注8] をあてはめた結果の作図について紹介します．

```
library(survival)

out_cph <- coxph(Surv(time, status) ~ age + sex, data = lung)
out_surv <- survfit(out_cph)
```

　モデルのあてはまりの良し悪しはここでは問いません．まずはじめに Surv() 関数を使って Cox 比例ハザードモデルの応答変数，アウトカムの変数を作成し，次に coxph() 関数で予測値を算出します．続いて survfit() 関数を使ってモデルから生存曲線を作成します．この関数は predict() 関数と似た機

訳注8　生存時間解析のモデルの1つで，時間経過で発生するアウトカムに対する変数の影響を解析します．

能を持つ，モデルから生存曲線を作成するための関数です．モデルを表示する際には summary(out_cph)，作図を行うためのベースとなる予測値の表を作成するには summary(out_surv) を用います．この out_surv オブジェクトからデータフレームを取得して図示するコードは以下の通りです（**図 6.8**）．

```
# 図 6.8
out_tidy <- tidy(out_surv)

p <- ggplot(data = out_tidy, mapping = aes(time, estimate))
p + geom_line() +
    geom_ribbon(mapping = aes(ymin = conf.low, ymax = conf.high), alpha = 0.2)
```

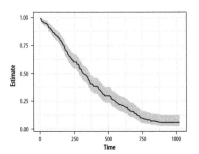

図 6.8：カプランマイヤー生存曲線

6.6

グループ化したデータの分析
およびリスト列の取り扱い

broom パッケージを使うとさまざまなデータのサブセットにモデルを適用し，それぞれのサブセットごとにあてはめたモデルの結果をまとめた表を作ることができます．gapminder データセットを例に，それぞれの年代について，大陸別 (continent) に平均寿命と GDP の関係を解析してみましょう．gapminder データセットは行単位の観測範囲で大陸 – 年ごとに整理されています．そのため，「1962 年にアジアで取得されたすべての国についてのデータ」や「2002 年のアフリカすべてのデータ」という形でデータの一部を取得できます．ここでは以下のように，1977 年のヨーロッパのデータを抽出して利用します．

```
eu77 <- gapminder %>% filter(continent == "Europe", year == 1977)
```

続いて大陸 – 年ごとに層別した場合の平均寿命と GDP の関係について確認してみましょう．

```
fit <- lm(lifeExp ~ log(gdpPercap), data = eu77)
summary(fit)
```

```
##
## Call:
## lm(formula = lifeExp ~ log(gdpPercap), data = eu77)
##
## Residuals:
##     Min      1Q  Median      3Q     Max
## -7.4956 -1.0306  0.0935  1.1755  3.7125
##
## Coefficients:
##                Estimate Std. Error t value  Pr(>|t|)
## (Intercept)      29.489      7.161   4.118  0.000306 ***
## log(gdpPercap)    4.488      0.756   5.936 0.00000217 ***
## ---
## Signif. codes:  0 '***' 0.001 '**' 0.01 '*' 0.05 '.' 0.1 ' ' 1
```

```
##
## Residual standard error: 2.114 on 28 degrees of freedom
## Multiple R-squared:  0.5572, Adjusted R-squared:  0.5414
## F-statistic: 35.24 on 1 and 28 DF,  p-value: 0.000002173
```

　　dplyr, broom パッケージを使うと，大陸 – 年ごとに層別化されたデータをコンパクトかつ tidy な方法で処理・解析できます．まず元データと group_by() 関数をパイプ演算子（%>%）でつなぎ，大陸 – 年ごとに国データをグループ化します．これらの操作については第 5 章で詳しく解説しました．この操作によりデータは大陸ごと，その中でさらに年ごとに層別化されます．さらにここでは一歩進んで，nest() 関数を使い，各グループを構成するデータをネスト構造にしておきましょう．

```
out_le <- gapminder %>%
    group_by(continent, year) %>%
    nest()

out_le
```

```
## # A tibble: 60 x 3
## # Groups:   continent, year [60]
##    continent  year data
##    <fct>     <int> <list>
##  1 Asia       1952 <tibble [33 x 4]>
##  2 Asia       1957 <tibble [33 x 4]>
##  3 Asia       1962 <tibble [33 x 4]>
##  4 Asia       1967 <tibble [33 x 4]>
##  5 Asia       1972 <tibble [33 x 4]>
##  6 Asia       1977 <tibble [33 x 4]>
##  7 Asia       1982 <tibble [33 x 4]>
##  8 Asia       1987 <tibble [33 x 4]>
##  9 Asia       1992 <tibble [33 x 4]>
## 10 Asia       1997 <tibble [33 x 4]>
## # ... with 50 more rows
```

　　nest() 関数は group_by() 関数をより発展させた関数だと考えるとよいでしょう．出力されたオブジェクトは期待通りに tibble 形式のオブジェクトになっていますが，これまでに得られたデータオブジェクトとは異なる点もあります．はじめの 2 列は continent と year になっていますが，もう 1 列，これらに対応する tibble 形式の表からなる列があることに気がついたでしょうか．ここではじめて登場したこの列はリストであり，表形式のままで行内に複雑なオブジェクト（ここでは 33

×4 サイズの tibble がリストとして構造化されています）を保存することができます．先ほどの例で使用した「1977 年のヨーロッパ」のデータもここに含まれているため，以下のように必要に応じてデータをフィルタリングし，リスト列のネストを解除することで簡単に対象のデータを取り出すことができます[訳注9]．

```
out_le %>% filter(continent == "Europe" & year == 1977) %>% unnest(cols = c(data))
```

```
## # A tibble: 30 x 6
## # Groups:   continent, year [1]
##    continent  year country                 lifeExp       pop gdpPercap
##    <fct>     <int> <fct>                      <dbl>     <int>     <dbl>
##  1 Europe     1977 Albania                     68.9  2509048     3533.
##  2 Europe     1977 Austria                     72.2  7568430    19749.
##  3 Europe     1977 Belgium                     72.8  9821800    19118.
##  4 Europe     1977 Bosnia and Herzegovina      69.9  4086000     3528.
##  5 Europe     1977 Bulgaria                    70.8  8797022     7612.
##  6 Europe     1977 Croatia                     70.6  4318673    11305.
##  7 Europe     1977 Czech Republic              70.7 10161915    14800.
##  8 Europe     1977 Denmark                     74.7  5088419    20423.
##  9 Europe     1977 Finland                     72.5  4738902    15605.
## 10 Europe     1977 France                      73.8 53165019    18293.
## # ... with 20 more rows
```

　リスト列は，列内のオブジェクトに対してまとめて簡潔かつ tidy な操作ができること，特にリストの各行に関数をわたしてさまざまな操作を実行できる点で有用です．例えば先ほど，1977 年のヨーロッパにおける平均寿命と GDP の関係について回帰分析を試みましたが，このオブジェクトを利用するとデータ内すべての大陸と年の組み合わせについて，平均寿命と GDP の関係解析を一度に行うことができます．まず単一の引数 df（データフレームを引数とする）をとる fit_ols() 関数を作成します．この関数は対象とするデータフレームを使って線形回帰モデルを実行するために利用します．続いてこの関数をリスト列を含むそれぞれの行に順番にマッピング（map）します[*4]．第 5 章で mutate を使って新しい変数や列を作ったことを思い出しましょう．

*4　map は関数型プログラミングにおける重要なアイディアの 1 つです．これはより命令形に近い言語において for...next のループを記述する際の代替となるコンパクトな記述方法です．もちろん R でもこのようなコードを動かすことは可能ですし，一般的に for...next ループの計算効率は map と大差ありません．一方，関数をデータフレームへマッピング（map）する場合には，for...next ループよりも簡単に一連のデータを処理できます．

訳注9　c() 関数は複数のデータを連結するための関数．out_le の data オブジェクト内には 60 個のオブジェクトが入れ子状に格納されているため，これらを unnest して出力する列名をまとめて指定するためにこのように表記します．

```
fit_ols <- function(df) {
    lm(lifeExp ~ log(gdpPercap), data = df)
}

out_le <- gapminder %>%
    group_by(continent, year) %>%
    nest() %>%
    mutate(model = map(data, fit_ols))

out_le
```

```
## # A tibble: 60 x 4
## # Groups:   continent, year [60]
##    continent year data              model
##    <fct>     <int> <list>            <list>
##  1 Asia       1952 <tibble [33 x 4]> <lm>
##  2 Asia       1957 <tibble [33 x 4]> <lm>
##  3 Asia       1962 <tibble [33 x 4]> <lm>
##  4 Asia       1967 <tibble [33 x 4]> <lm>
##  5 Asia       1972 <tibble [33 x 4]> <lm>
##  6 Asia       1977 <tibble [33 x 4]> <lm>
##  7 Asia       1982 <tibble [33 x 4]> <lm>
##  8 Asia       1987 <tibble [33 x 4]> <lm>
##  9 Asia       1992 <tibble [33 x 4]> <lm>
## 10 Asia       1997 <tibble [33 x 4]> <lm>
## # ... with 50 more rows
```

　パイプラインを作る前に，切り出されたデータの一部をまとめ，線形回帰モデルを作るための関数を作っておきます．Rにおけるすべてのオブジェクトと同様に，関数も一種のオブジェクトです．新しい関数を作成する場合には，特殊な関数であるfunction()関数を使用します．関数の作成については付録に詳しく記載しているのでそちらを参考にしてください．fit_ols()関数を作成した後で関数の内容を確認したい場合には，コンソールに括弧をつけずにfit_olsを入力します．動作を確認する場合にはfit_ols(df = gapminder)あるいはsummary(fit_ols(gapminder))を実行してみるとよいでしょう．

　これにより，データとモデルの2つのリスト列ができました．後者はfit_ols()関数をデータのそれぞれの行にマッピングすることで出力されたものです．モデルの各要素の内部にはグループ化ごとに60個の線形回帰モデルが作成されています．リスト列にモデルを格納すること自体は役に立ちませんが，これらはtidy形式で格納されているため，必要な情報を簡単に

モデルから抽出できます．解析のフローをわかりやすくするために，パイプラインをもう一度はじめから実行してみます．今回はいくつか新しい手順も追加されているので注意してください．

まずbroomパッケージのtidy()関数をそれぞれのモデルリスト列にマッピングし，それぞれのモデルから要約統計量を抽出します．次にこの結果のネストを解除し，最後に切片項とオセアニアのデータを削除します．切片項を削除するのは単に便宜上の理由，オセアニアのデータを削除するのは観測数が少ないためです．最終的にこれらの結果をout_tidyという名前のオブジェクトに格納します．^{訳注10}

```r
fit_ols <- function(df) {
    lm(lifeExp ~ log(gdpPercap), data = df)
}

out_tidy <- gapminder %>%
    group_by(continent, year) %>%
    nest() %>%
    mutate(model = map(data, fit_ols),
           tidied = map(model, tidy)) %>%
    unnest(tidied) %>%
    select(!c(data, model)) %>%
    filter(term %nin% "(Intercept)" &
           continent %nin% "Oceania")

out_tidy %>% as.data.frame() %>%
    round_df() %>% slice_sample(n = 5, replace = TRUE)
```

	continent	year	term	estimate	std.error	statistic	p.value
1	Europe	1957	log(gdpPercap)	7.45	0.95	7.88	0.00
2	Europe	1972	log(gdpPercap)	4.51	0.76	5.95	0.00
3	Europe	1962	log(gdpPercap)	5.91	0.85	6.93	0.00
4	Europe	1997	log(gdpPercap)	3.76	0.51	7.42	0.00
5	Africa	1952	log(gdpPercap)	2.34	0.97	2.41	0.02

これにより，大陸内で各年ごとに1人あたりの対数変換されたGDPと平均寿命との関係について解析した回帰分析の結果が，tidyな形で得られました．得られたモデルの推定値はそれらのグループを確認し，図示するために利用します（**図6.9**）．

訳注10　原著コードは現バージョンでは動作しないため，unnestの処理を書き換えています．

```
# 図 6.9
p <- ggplot(data = out_tidy,
            mapping = aes(x = year, y = estimate,
                          ymin = estimate - 2*std.error,
                          ymax = estimate + 2*std.error,
                          group = continent, color = continent))

p + geom_pointrange(position = position_dodge(width = 1)) +
    scale_x_continuous(breaks = unique(gapminder$year)) +
    theme(legend.position = "top") +
    labs(x = "Year", y = "Estimate", color = "Continent")
```

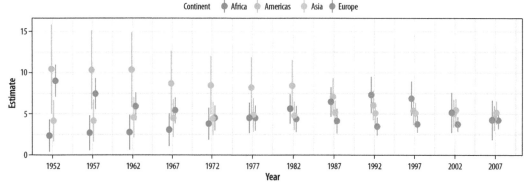

図 6.9：大陸ごとに層別した年区切りの GDP と平均寿命の関係における推定値

　　　geom_pointrange() 関数内で position_dodge() 関数を呼び
出すと，各大陸の点の範囲を互いに重ねて図示するのではなく，
同じ年の範囲内にずらして配置できます．facet を使って大陸
ごとに結果を示すこともできますが，この方法を使うと年ごと
における推定値の違いをより簡単に比較・確認できます．また，
異なる種類の統計モデルから得られた係数を比較する場合にも
この手法は非常に有用です．例えば線形回帰モデルの係数が他
の回帰モデルの係数と比べてどのくらい異なるかを確認したい
場合に使うとよいでしょう．

6.7

限界効果の可視化

先ほどの predict() 関数について説明した内容は，モデル内で解析対象にした変数以外の項を除いた，ある特定の係数の回帰係数の平均的な効果の推定値を得るためのものでした．この 10 年の間に，モデルの偏効果・限界効果[訳注11] を推定して図示することが，モデルを正確に解釈し，有用な予測を示すための一般的な方法として推奨されるようになりました．中でも限界効果の可視化は，ロジスティック回帰モデルにおいて，回帰係数の解釈がこれまで考えられていた以上に困難であること，特にモデルに相互作用項が含まれている場合に困難だとわかったため，近年関心を集めているテーマです（Ai & Norton, 2003）．ここではトーマス・リーパー（Thomas Leeper）が開発した margins パッケージを使った限界効果の可視化について紹介します．

```
library(margins)
```

margins パッケージの使い方を確認するために，アメリカ合衆国の一般的な社会調査データである gss_sm データセットのバイナリ変数である obama に焦点を当てた解析を例に取り上げます．この変数には 2012 年の大統領選挙においてバラク・オバマ（Barack Obama）氏に投票した場合には 1，それ以外の場合には 0 が入力されています[*5]．それ以外とは，便宜上対立候補であるミット・ロムニー（Mitt Romney）氏に投票した人，そもそも投票しなかった人，質問に回答しなかった人など，オバマ氏に投票した以外のあらゆる回答が含まれているとします．また，誰が誰に投票したかは明らかにされていません．今回は年齢（age），リベラル・保守の傾向（polviews），人種（race），

[*5] 選挙投票のような回顧的な質問によくあることですが，オバマに投票したと主張する人数の方が，彼が選挙で実際に獲得した得票率と一致する人数よりも多くなっています．

訳注 11 偏効果：他の独立した説明変数の値が固定されているときに，説明変数が一単位増えた場合の目的変数の増加量．限界効果：説明変数が一単位増えたときの目的変数の増加量．

性別（sex）を説明変数，変数 obama を目的変数としてロジスティック回帰モデルによる解析を試みます．年齢は年ごとの離散値，性別は男性(Male)，あるいは女性(Female)として示され，男性が参照カテゴリになっています．人種は White, Black, Other の3種で示され，White が参照カテゴリです．polviews 変数は極端に保守的(Extremely Conservative)から極端にリベラル(Extremely Liberal)までで表される政治志向の自己申告で報告される尺度であり，中程度(Moderate)が参照カテゴリとして有用です．しかし現在は異なる変数が参照カテゴリになっているため，relevel() 関数を使って Moderate を参照カテゴリに置き換えた新しい変数 polviews_m を作成しておきます．最後にモデルを glm() 関数で記述します．今回は以下のように，人種と性別の間に相互作用があることを想定してモデルを作成します．

```
gss_sm$polviews_m <- relevel(gss_sm$polviews, ref = "Moderate")

out_bo <- glm(obama ~ polviews_m + sex*race,
              family = "binomial", data = gss_sm)
summary(out_bo)
```

```
##
## Call:
## glm(formula = obama ~ polviews_m + sex * race, family = "binomial",
##     data = gss_sm)
##
## Deviance Residuals:
##     Min      1Q   Median      3Q     Max
## -2.9045  -0.5541   0.1772   0.5418  2.2437
##
## Coefficients:
##                                  Estimate Std. Error z value
## (Intercept)                      0.296493   0.134091   2.211
## polviews_mExtremely Liberal      2.372950   0.525045   4.520
## polviews_mLiberal                2.600031   0.356666   7.290
## polviews_mSlightly Liberal       1.293172   0.248435   5.205
## polviews_mSlightly Conservative -1.355277   0.181291  -7.476
## polviews_mConservative          -2.347463   0.200384 -11.715
## polviews_mExtremely Conservative -2.727384  0.387210  -7.044
## sexFemale                        0.254866   0.145370   1.753
## raceBlack                        3.849526   0.501319   7.679
## raceOther                       -0.002143   0.435763  -0.005
## sexFemale:raceBlack             -0.197506   0.660066  -0.299
## sexFemale:raceOther              1.574829   0.587657   2.680
##                                            Pr(>|z|)
```

```
## (Intercept)                       0.02703 *
## polviews_mExtremely Liberal    0.0000061980510757 ***
## polviews_mLiberal              0.0000000000003104 ***
## polviews_mSlightly Liberal     0.0000001936996793 ***
## polviews_mSlightly Conservative 0.0000000000000768 ***
## polviews_mConservative                < 2e-16 ***
## polviews_mExtremely Conservative 0.0000000000018722 ***
## sexFemale                        0.07956 .
## raceBlack                     0.0000000000000161 ***
## raceOther                        0.99608
## sexFemale:raceBlack              0.76477
## sexFemale:raceOther              0.00737 **
## ---
## Signif. codes:  0 '***' 0.001 '**' 0.01 '*' 0.05 '.' 0.1 ' ' 1
##
## (Dispersion parameter for binomial family taken to be 1)
##
##     Null deviance: 2247.9  on 1697   degrees of freedom
## Residual deviance: 1345.9  on 1686   degrees of freedom
##   (1169 observations deleted due to missingness)
## AIC: 1369.9
##
## Number of Fisher Scoring iterations: 6
```

summary() 関数により各変数の回帰係数などの情報が出
力されます．これらのデータを図で作ることもできますが，
margins() 関数を使ってそれぞれの変数の限界効果を計算して
おきましょう．

```
bo_m <- margins(out_bo)
summary(bo_m)
```

```
##                              factor     AME      SE        z      p  lower
##           polviews_mConservative -0.4119  0.0283 -14.5394 0.0000 -0.4674
## polviews_mExtremely Conservative -0.4538  0.0420 -10.7971 0.0000 -0.5361
##      polviews_mExtremely Liberal  0.2681  0.0295   9.0996 0.0000  0.2103
##                polviews_mLiberal  0.2768  0.0229  12.0736 0.0000  0.2319
##  polviews_mSlightly Conservative -0.2658  0.0330  -8.0596 0.0000 -0.3304
##      polviews_mSlightly Liberal  0.1933  0.0303   6.3896 0.0000  0.1340
##                        raceBlack  0.4032  0.0173  23.3568 0.0000  0.3694
##                        raceOther  0.1247  0.0386   3.2297 0.0012  0.0490
##                        sexFemale  0.0443  0.0177   2.5073 0.0122  0.0097
##    upper
## -0.3564
## -0.3714
##   0.3258
##   0.3218
## -0.2011
##   0.2526
```

```
##    0.4371
##    0.2005
##    0.0789
```

　　marginsパッケージには独自の可視化メソッドがいくつか含まれています．必要であればplot(bo_m)と書くことで，Stataの一般的な作図形式で生成された平均限界効果の図を出力できます．margins()関数の他の作図方法には，2つ目の変数に依存する限界効果を可視化するcplot()関数と，予測値・限界効果をヒートマップや等高線で示すためのimage()関数があります．

　　あるいはmargins()関数の出力結果を可視化することもできます．summary()関数の出力を整理するために結果をtibbleに変換した後，prefix_strip()関数とprefix_replace()関数を使ってラベルを編集します．polviews_m変数とsex変数の接頭語を削除し，Otherに対する曖昧さをなくすためにrace変数についても接頭語を加工しておきます．

```
bo_gg <- as_tibble(summary(bo_m))
prefixes <- c("polviews_m", "sex")
bo_gg$factor <- prefix_strip(bo_gg$factor, prefixes)
bo_gg$factor <- prefix_replace(bo_gg$factor, "race", "Race: ")

bo_gg %>% select(factor, AME, lower, upper)
```

```
## # A tibble: 9 x 4
##   factor                     AME    lower     upper
##   <chr>                     <dbl>    <dbl>     <dbl>
## 1 Conservative             -0.412  -0.467   -0.356
## 2 Extremely Conservative   -0.454  -0.536   -0.371
## 3 Extremely Liberal         0.268   0.210    0.326
## 4 Liberal                   0.277   0.232    0.322
## 5 Slightly Conservative    -0.266  -0.330   -0.201
## 6 Slightly Liberal          0.193   0.134    0.253
## 7 Race: Black               0.403   0.369    0.437
## 8 Race: Other               0.125   0.0490   0.200
## 9 Female                    0.0443  0.00967  0.0789
```

　　これにより，作図をするための基盤になるデータ (bo_gg) を作ることができました (**図 6.10**)．

```
# 図 6.10
p <- ggplot(data = bo_gg, aes(x = reorder(factor, AME),
                              y = AME, ymin = lower, ymax = upper))

p + geom_hline(yintercept = 0, color = "gray80") +
```

```
geom_pointrange() + coord_flip() +
labs(x = NULL, y = "Average Marginal Effect")
```

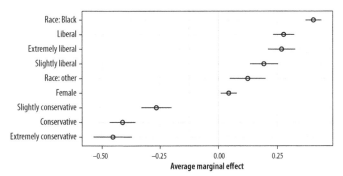

図 6.10：平均限界効果の可視化

変数の条件付き効果を見たい場合には，margins パッケージの作図方法の関数から図を出力させずにデータだけを抽出することもできます．この場合には，ggplot で利用しやすい形式のデータを得られるため，可視化を ggplot に任せて図のクリーンアップの手間を省くことができます．例えば以下のように cplot() 関数でデータを抽出すると，**図 6.11** のような図を簡単に作ることができます．

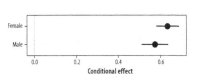

図 6.11：条件付き効果の可視化

```
# 図 6.11
pv_cp <- cplot(out_bo, x = "sex", draw = FALSE)

p <- ggplot(data = pv_cp, aes(x = reorder(xvals, yvals),
                              y = yvals, ymin = lower, ymax = upper))

p + geom_hline(yintercept = 0, color = "gray80") +
    geom_pointrange() + coord_flip() +
    labs(x = NULL, y = "Conditional Effect")
```

margins パッケージは開発途上のパッケージであり現在も機能が追加され，ここで紹介した以上のこともできるようになっています．パッケージ内のドキュメントにはより深い議論や多様な使用例が記載されているので参考にするとよいでしょう．

6.8

複雑な調査データの可視化

　社会科学者はしばしば，複雑に調査デザインが組まれた調査に基づいて収集されたデータの解析に取り組んでいます．このときには調査に使う道具が地域やその他の特性によって層別化されていたり，対照グループと比較ができるように反復重み付けがなされている場合があります．また，クラスター構造が含まれているようなデータを解析対象とする場合もあるでしょう．第4章では総合的社会調査（General Social Survey: GSS）のデータを使ってカテゴリカル変数の度数分布表を計算し，それらを可視化する方法について学びました．しかし，GSS からアメリカ合衆国全体の正確な推計結果を得るには，調査デザインを考慮に入れ，提供されたデータの重み付けを行う必要があります．トーマス・ラムレイ（Thomas Lumley）が開発した survey パッケージには，これらの問題に対処するための包括的なツールセットが含まれています．パッケージとそれらの背景となる理論は，Lumley (2010) で詳細に説明されており，パッケージの概要は Lumley (2004) に示されています．survey パッケージは簡単に使えるうえ，結果も通常 tidy 形式で返されます．しかし survey パッケージは tidyverse パッケージの開発以前に作られたため，関数を直接 dplyr パッケージを通して実行できません．そのため，グレッグ・フリードマン・エリス（Greg Freedman Ellis）はこの問題に対処するための補助パッケージである srvyr パッケージを開発し，tidyverse のパイプライン上で survey パッケージの関数を利用できるようにしました．

　例えば gss_lon データセットには，1972 年に GSS が始まって以来の GSS のさまざまな調査値の変動に関するサブセットが含まれています．このサブセットには，調査のデザインやさまざまなデータ取得年に関する反復重みを考察するための変数が含まれています．これら変数の技術的な詳細は GSS のド

キュメントに記載されているので，そちらを参照してください．また，GSS に限らず他の大規模で複雑な調査においても同様の情報がデータに含まれることが一般的です．ここでは，gss_lon データセットに含まれる調査デザインの情報を利用して，1976 〜 2016 年までのそれぞれの調査年における，人種ごとの重み付き教育歴の分布を推定してみましょう．

まずはじめに survey パッケージと srvyr パッケージを読み込みましょう．

```
library(survey)
library(srvyr)
```

続いて gss_lon データセットを読み込み，survey パッケージを使って調査デザインの情報を元データに追加した新しいオブジェクトを作成します．

```
options(survey.lonely.psu = "adjust")
options(na.action="na.pass")

gss_wt <- subset(gss_lon, year > 1974) %>%
    mutate(stratvar = interaction(year, vstrat)) %>%
    as_survey_design(ids = vpsu,
                     strata = stratvar,
                     weights = wtssall,
                     nest = TRUE)
```

はじめに設定した 2 つのオプションでは，survey パッケージの動作方法を指定しています．これらの詳細については Lumley（2010）および survey パッケージのドキュメントを参照してください．それ以降の操作では，元データに階層構造の情報である年ごとのサンプリング層の情報 stratvar 列を追加して，新しいオブジェクトである gss_wt を作成しています[*6]．stratvar 変数は，interaction() 関数を使って，年（year）と vstrat 変数を組み合わせた，それぞれの年についての階層情報ベクトルです．続いて as_survey_design() 関数を使い，調査デザインに関する情報を追加します．ここで追加する情報はサンプリング ID（id），層（strata），および重み付け（weight）に関する情報です．これらの変数を追加することで調査デザインに沿った適切な重み付き計算や，適切なサンプリング手法に沿ってモデルを推定できるようになります．これらの推定には survey パッケージを利用します．例えば以下のように，

[*6] GSS の階層情報を記述するためにこの作業が必要になります．

survey_mean() 関数を使って 1976 〜 2016 年それぞれの年における人種ごとの教育歴の分布を算出できます.

```
out_grp <- gss_wt %>%
    filter(year %in% seq(1976, 2016, by = 4)) %>%
    group_by(year, race, degree) %>%
    summarize(prop = survey_mean(na.rm = TRUE))

out_grp
```

```
## # A tibble: 162 x 5
## # Groups:   year, race [30]
##     year race  degree                prop prop_se
##    <dbl> <fct> <fct>                <dbl>   <dbl>
## 1   1976 White Lt High School      0.327   0.0160
## 2   1976 White High School         0.517   0.0161
## 3   1976 White Junior College      0.0128  0.00298
## 4   1976 White Bachelor            0.101   0.00955
## 5   1976 White Graduate            0.0392  0.00642
## 6   1976 White <NA>                0.00285 0.00151
## 7   1976 Black Lt High School      0.558   0.0603
## 8   1976 Black High School         0.335   0.0476
## 9   1976 Black Junior College      0.0423  0.0192
## 10  1976 Black Bachelor            0.0577  0.0238
## # ... with 152 more rows
```

out_grp オブジェクトで返される結果には標準誤差が含まれています. また, 必要に応じて survey_mean() 関数の結果に信頼区間を含めることできます.

group_by() 関数により, 括弧の最も内側の変数, 今回の場合は, 人種別 (race) の度数 (degree) でグループ化の後, それらのカウントまたは平均が計算されます. 度数の比率は人種ごとに合計され, 年ごとにそれぞれ計算されます. 年ごとの人種と教育歴のすべての組み合わせ値の合計が 1 になるように「限界」頻度を求める場合には, はじめに相互作用すると考えている変数を組み合わせた新しい変数を先に作っておく必要があります. さらに, この interaction() 関数で作った新たな相互作用の変数を使ってグループ化した上で集計します.

```
out_mrg <- gss_wt %>%
    filter(year %in% seq(1976, 2016, by = 4)) %>%
    mutate(racedeg = interaction(race, degree)) %>%
    group_by(year, racedeg) %>%
    summarize(prop = survey_mean(na.rm = TRUE))

out_mrg
```

```
## # A tibble: 155 x 4
## # Groups:   year [10]
##     year racedeg                   prop prop_se
##    <dbl> <fct>                     <dbl>   <dbl>
##  1  1976 White.Lt High School    0.297   0.0146
##  2  1976 Black.Lt High School    0.0470  0.00837
##  3  1976 Other.Lt High School    0.00194 0.00138
##  4  1976 White.High School       0.469   0.0159
##  5  1976 Black.High School       0.0282  0.00593
##  6  1976 Other.High School       0.00324 0.00166
##  7  1976 White.Junior College    0.0117  0.00268
##  8  1976 Black.Junior College    0.00356 0.00162
##  9  1976 White.Bachelor          0.0916  0.00883
## 10  1976 Black.Bachelor          0.00486 0.00213
## # ... with 145 more rows
```

　この作業により，データを tidy 形式のデータフレームとして得ることができます．interaction() 関数は相互作用すると考えた 2 つの変数の組み合わせで変数のラベルを作成し，それぞれの組み合わせの名前を White.Graduate のようにピリオドで区切られた形で出力します．しかしこれらのカテゴリを，これまでと同様に人種と教育歴の個別の 2 つの列として取り扱いたい場合もあります．変数のラベルはピリオドで区切るという予測可能な形で構成されているため，tidyverse の tidyr パッケージに含まれている separate() 関数を使うと，行の値を保持したまま 2 つの列に分割できます．

```
out_mrg <- gss_wt %>%
    filter(year %in% seq(1976, 2016, by = 4)) %>%
    mutate(racedeg = interaction(race, degree)) %>%
    group_by(year, racedeg) %>%
    summarize(prop = survey_mean(na.rm = TRUE)) %>%
    separate(racedeg, sep = "\\.", into = c("race", "degree"))

out_mrg
```

```
## # A tibble: 155 x 5
## # Groups:   year [10]
##     year race  degree              prop prop_se
##    <dbl> <chr> <chr>              <dbl>   <dbl>
##  1  1976 White Lt High School   0.297   0.0146
##  2  1976 Black Lt High School   0.0470  0.00837
##  3  1976 Other Lt High School   0.00194 0.00138
##  4  1976 White High School      0.469   0.0159
##  5  1976 Black High School      0.0282  0.00593
##  6  1976 Other High School      0.00324 0.00166
```

```
## 7   1976 White Junior College 0.0117  0.00268
## 8   1976 Black Junior College 0.00356 0.00162
## 9   1976 White Bachelor        0.0916  0.00883
## 10  1976 Black Bachelor        0.00486 0.00213
## # ... with 145 more rows
```

*7　seq の引数内のピリオドの前に記述された2つ
のバックスラッシュは，Rがピリオドをピリオドとして
認識するために必要な表記です．検索・置換の作
業において，ピリオドは正規表現の特殊文字として
機能し，ワイルドカードとして「あらゆる文字」とい
う意味を持っています．正規表現の検索エンジンが，
ピリオドをピリオドとして取り扱うためにバックスラッ
シュをまず1つ記述する必要があります．バックスラッ
シュはエスケープ文字であり，「次の文字を通常と異
なる取り扱いをする」という意味を持っています．し
かし，バックスラッシュそのものが特殊文字なので，
エンジンに正しく認識させるためにはもう1つのバッ
クスラッシュを追記する必要があります．

*8　場合によっては折れ線グラフで示したように，
層別化に用いる変数が連続変数ではなく明確にカテ
ゴリカル変数であることを示すことが望ましい場合も
あります．この場合，棒グラフをパネル間で比較する
ことが難しくなるため，折れ線グラフを使う方が有用
といえるでしょう．

ここで separate() 関数は racedeg 列を対象にとり，列内の
値にピリオドが出てくるとその値を分割して race と degree
の2列に再編成するように指示しています[*7]．これにより tidy
データである out_grp によく似たデータフレームである out_
mrg が得られますが，頻度の値が元データと変わっています．

何らかの不確実性の尺度が付加されている場合は特にそうで
すが，年別に層別化した図を作る際に，度数分布表のパネルに
どのグラフを使うとよいのかは専門家の中でも意見が別れてい
ます[*8]．棒グラフは単年度の比較を行う場合には有力なアプ
ローチですが，長年にわたるデータの棒グラフをパネルをまた
いで比較するのは難しい場合もあります．特に「ダイナマイト
プロット」とも呼ばれる，棒グラフに標準誤差や信頼区間を組
み合わせた図の場合には顕著です．これは見た目がすばらしい
からダイナマイトと呼ばれているわけではなく，棒グラフ上部
の T 字状のエラーバーが，ダイナマイトの起爆装置の押し込
み棒のように見えるためです．また，年ではなく教育のカテゴ
リで facet を行い，時系列の変化を折れ線グラフを使って追
いかける方法もあります．図 6.12 は，GSS の結果をダイナマ
イトプロットで図示した場合の図です．ここでのエラーバーは，
点推定値を中心とした場合に，正負いずれかの標準誤差の2倍
の長さで表現されています．

```
# 図 6.12
p <- ggplot(data = subset(out_grp, race %nin% "Other"),
            mapping = aes(x = degree, y = prop,
                          ymin = prop - 2*prop_se,
                          ymax = prop + 2*prop_se,
                          fill = race,
                          color = race,
                          group = race))

dodge <- position_dodge(width = 0.9)

p + geom_col(position = dodge, alpha = 0.2) +
    geom_errorbar(position = dodge, width = 0.2) +
    scale_x_discrete(labels = scales::wrap_format(10)) +
    scale_y_continuous(labels = scales::percent) +
```

```
scale_color_brewer(type = "qual", palette = "Dark2") +
scale_fill_brewer(type = "qual", palette = "Dark2") +
labs(title = "1976-2016 年における人種別教育歴 ",
     subtitle = "GSS 1976-2016",
     fill = "Race",
     color = "Race",
     x = NULL, y = "Percent") +
facet_wrap(~ year, ncol = 2) +
theme(legend.position = "top")
```

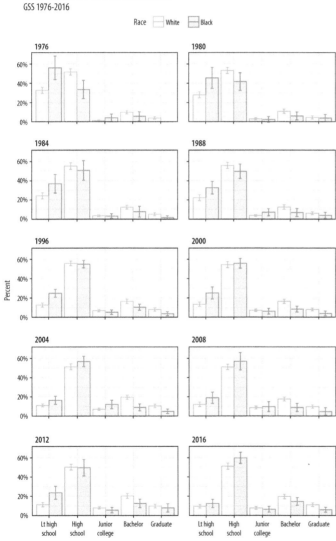

1976〜2016年における人種別教育歴
GSS 1976-2016

図 6.12：1976 〜 2016 年における人種別教育歴の加重推定値．一般的に棒グラフを facet して表すのはあまりよい考えとはいえません．特に層が多ければ多いほどよくないといえるでしょう．パネル内のデータを棒グラフとして表示する場合（今回はグループごとの教育歴），これらの値をパネル間（今回の場合は年の経過）で読者が比較することが難しいためです．

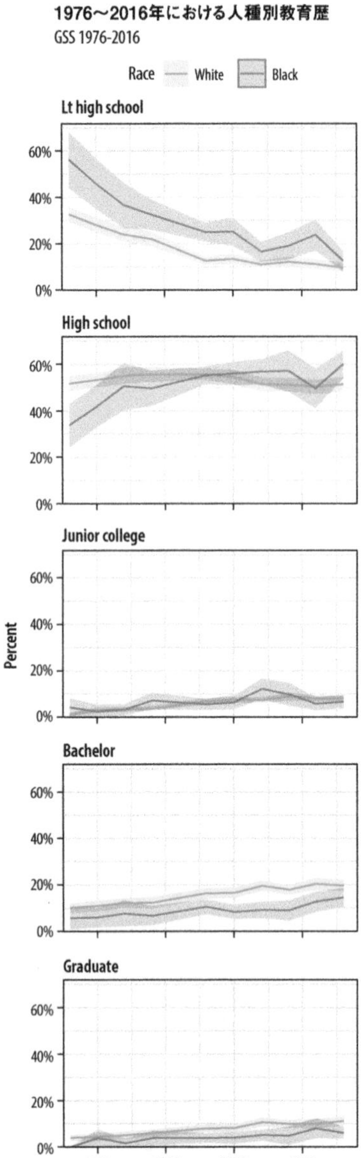

1976〜2016年における人種別教育歴
GSS 1976-2016

Race　— White　— Black

図 6.13：年代の代わりに教育歴で facet し
た場合

第 8 章で詳しく説明しますが，図 6.12 を出力するためのコードには図の外観を細かく調整するための記述が含まれています．調整により図がどのように変化しているか確認するために，コードを取り除くと図がどう変化するか確かめてみましょう．図の調整の中でも特に注目すべきものの 1 つが，x 軸のラベルの調節に便利な scales パッケージの関数群です．y 軸の調整ではおなじみの scales::percent を使い，割合をパーセンテージに変換しています．一方，x 軸のいくつかのラベルはかなり長いため，調整しないで図示すると互いが重なって表示されてしまう場合があります．scales::wrap_format() 関数は長いラベルを行単位に分割する機能を持っています．この関数は，文字列が新しい行に折り返される前の最大長である単一の数値（ここでは 10）を引数にとります．

このようなグラフはカテゴリカル変数の性質に忠実であり，各年のグループの内訳をうまく表すことができています．しかし，別の可視化方法についても試してみるべきです．例えば年の代わりに教育歴で facet する方がよいと判断した場合には，各パネルの x 軸を年にすることもできます．この場合，geom_line() を使った時系列の変化に加え，geom_ribbon() 関数を使ってエラーの幅を表すこともできます．これはそれぞれの教育歴カテゴリ内の時系列変化と，人種による違い・類似点を一度に可視化できるため，おそらく棒グラフを使うよりもよい可視化といえるでしょう（**図 6.13**）．

```
# 図 6.13
p <- ggplot(data = subset(out_grp, race %nin% "Other"),
            mapping = aes(x = year, y = prop,
                          ymin = prop - 2*prop_se,
                          ymax = prop + 2*prop_se,
                          fill = race,
                          color = race,
                          group = race))

p + geom_ribbon(alpha = 0.3, aes(color = NULL)) +
  geom_line() +
  facet_wrap(~ degree, ncol = 1) +
  scale_y_continuous(labels = scales::percent) +
  scale_color_brewer(type = "qual", palette = "Dark2") +
  scale_fill_brewer(type = "qual", palette = "Dark2") +
  labs(title = "1976~2016 年における人種別教育歴 ",
       subtitle = "GSS 1976-2016", fill = "Race",
       color = "Race", x = NULL, y = "Percent") +
  theme(legend.position = "top")
```

6.9

次の一手

　一般的に，モデルを推定し，その結果を可視化するときに難しいのは，図を作ることではなく，モデルから正しく数値を計算・抽出することです．特に相互作用，レベル間の影響，または予測・応答尺度の変換が関係する場合にモデルから予測値や信頼性の指標・得られた値の不確実性などを抽出するためには，モデルそのものやモデルを作成するために利用する関数の中身を十分に理解しておく必要があります．これらの詳細はモデルのタイプそのものや，分析の目的によっても変わるため，闇雲（やみくも）に中身を理解しようと考えるのは賢明ではないでしょう．これらが生成するモデルオブジェクトそれぞれに向いている，可視化に便利なツールを利用する方がよいでしょう．

6.9.1　基本機能によるモデルの可視化

　R のモデルオブジェクトの概要を summary() 関数を使って出力できるように，R にはモデルの可視化を行うためのデフォルト関数である plot() 関数が用意されています．通常 plot() 関数によって出力される図は ggplot を介したものではありませんが，デフォルトの手法として確認しておく価値があります．plot() 関数は通常，R の基本グラフィックス機能あるいは lattice パッケージ（Sarkar 2008）の機能に基づいています．これらはいずれも本書の内容からは外れていますが，本手法は最も基本的な手法であるため，線形回帰モデルを例に取り上げて解説します．

```
out <- lm(formula = lifeExp ~ log(gdpPercap) + pop + continent, data = gapminder)
```

　このモデルの基本的な作図を行う場合には，以下のように plot() 関数を記述します．

```
# Plot not shown
plot(out, which = c(1, 2), ask = FALSE)
```

　ここでの which() 関数の宣言は，plot() 関数のデフォルト
で 4 つ出力される図のうちの最初の 2 つを出力することを表
しています．ggplot を使って R の基本関数によるモデル可視
化の機能を簡単に再現したい場合には，ggfortify パッケージ
を調べてみるとよいでしょう．モデルオブジェクトの出力を
tidy に取り扱うという点では broom パッケージとよく似てい
ますが，ggfortify パッケージはさまざまなモデルタイプの標
準プロットやグループのプロット出力に焦点をあてています．
ggfortify パッケージでは autoplot() 関数という関数を通じ
てこれらの可視化を行っており，autoplot() 関数をさまざま
な種類のモデルオブジェクトに適用できる点が，このパッケー
ジのアイディアの肝といえるでしょう．

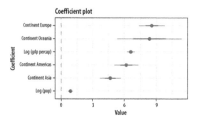

図 6.14：coefplot パッケージを使った可
視化

　確認しておくべき 2 つ目のパッケージは coefplot パッケー
ジです．これを利用すると，点推定と信頼区間の可視化を高品
質にすばやく作成できます（**図 6.14**）．また，相互作用の効果
の推定やその他の扱いづらい計算の管理を簡略化してくれると
いう利点も持ち合わせています．

```
# 図 6.14
library(coefplot)
out <- lm(formula = lifeExp ~ log(gdpPercap) + log(pop) + continent,
          data = gapminder)

coefplot(out, sort = "magnitude", intercept = FALSE)
```

6.9.2　開発中のパッケージ

　モデリングやモデルの探索に関連する tidyverse の関連パッ
ケージは今も積極的に開発が続いており，broom や margins な
どのパッケージの機能拡張が積極的に行われています．その他
にも注目すべきパッケージとして infer パッケージが挙げら
れます．infer パッケージはまだ開発の初期段階ですが，パイ
プラインを利用した有用な機能がすでに複数実装されていま
す[9]．パッケージは CRAN に登録されているため，install.
packages("infer") により，その機能をすぐに試してみること
ができます．

*9　https://infer.netlify.app/

6.9.3 ggplot の拡張に関するパッケージ

GGally パッケージは標準的ではあるものの，少し複雑な図の作成を簡略化するためのパッケージです．例えば散布図行列のような，複数の異なる変数間の関係を一度に可視化するための図を作成できます．これは相関行列をそのまま可視化するイメージで，データ内すべての変数についてそれぞれペアの2変量プロットを出力するということです．すべての変数が連続変数である場合には比較的取り扱いが簡単ですが，社会科学でよくあるように一部，あるいはすべての変数がカテゴリカル変数であったり，とりうる値の範囲が制限されたりしている場合には作図のためのコードが複雑になってしまいます．散布図行列はこれらのケースにも対応しており，**図 6.15** のように organdata データセットに含まれる5つの変数それぞれペアの2変量プロットをうまく出力できていることがわかります．

```
# 図 6.15
library(GGally)

organdata_sm <- organdata %>% select(donors, pop_dens, pubhealth,
                                      roads, consent_law)

ggpairs(data = organdata_sm, mapping = aes(color = consent_law),
    upper = list(continuous = wrap("density"), combo = "box_no_facet"),
    lower = list(continuous = wrap("points"), combo = wrap("dot_no_facet")))
```

図 6.15 のような複数のパネルが使われている図には非常に多くの情報が含まれています．さらに，パネル内のデータ可視化法を変更したり，適度な数以上の変数を組み合わせたりしてこの図を作成すると，図が非常に複雑になってしまうでしょう．このため，完成した図のプレゼンテーションは控えめに行ってください．このパッケージは研究者がデータセットの内容を迅速に確認するためのものであり，その目的はさらなる調査に向けて探索的にデータを読み解いていくことにあります．すでにわかっている情報の要約に使うには図が複雑すぎるといえるでしょう．

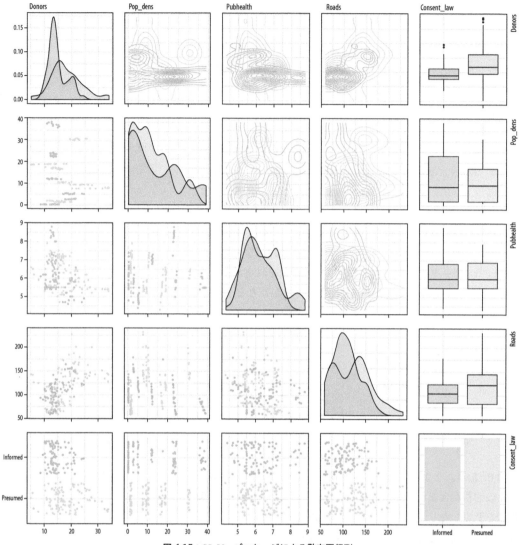

図 6.15：GGally パッケージによる散布図行列

7

地図を描画する

　階級区分図（choropleth maps）は興味のある変数の値を元に地理的な領域の等級分けを行い，色や陰影の違いを表現する図です．特に対象が欧州連合（European Union: EU）諸国やアメリカ合衆国の州などの，よく認知されている空間単位であるときに視覚的な印象を強く残す可視化手法です．一方で，この手の図はしばしば誤解を招くことがあります．R は地理空間システム（Geographical Information System: GIS）の専門ソフトではありませんが，地理空間データを処理し，ggplot により階級区分図を描画することが可能です．ここでは，階級区分図を含めたさまざまな地理空間データの可視化方法を扱います．同時にそれぞれの注意点についても検討していきます．

　図 7.1 は 2016 年のアメリカ大統領選挙の結果に関する一連の図を並べています．左上から見ていくと，まず 1 は州ごとでの勝利の見込みが高い（濃い青または赤）あるいは低い（薄い青または赤）を示す 2 色の地図が表示されています^{訳注1}．この 2 色のカラースキームに中間色はありません．赤と青の濃淡だけで区分されています．2 は同様に選挙の勝者を赤または青で塗り分けた図ですが，今度は郡ごとの様子を示しています．また 3 は同じ郡単位の地図で，獲得した票の比率によって色の濃度を変化させています．これらの図も中間色を持ちません．対して，アメリカ合衆国に属する郡単位の地図で赤から青の色の連続値を勾配で示す 4 は，投票のバランスが均等に近い地域では 2 色の中間色である紫色として示されることになります．次の 5 は地理的な境界が大きく歪んでいます．これは表示されている郡の人口を反映した図となり，各郡の形状が膨張または圧縮されています．最後に 6 ですが，これは変形地図とも呼ばれるカルトグラムで，各州の選挙区を四角形のタイルを敷き詰めたように表示します．タイルに書かれた数字は州人口に比例した選挙人獲得数を示します．

訳注 1　凡例は赤が共和党，青が民主党支持を表します．

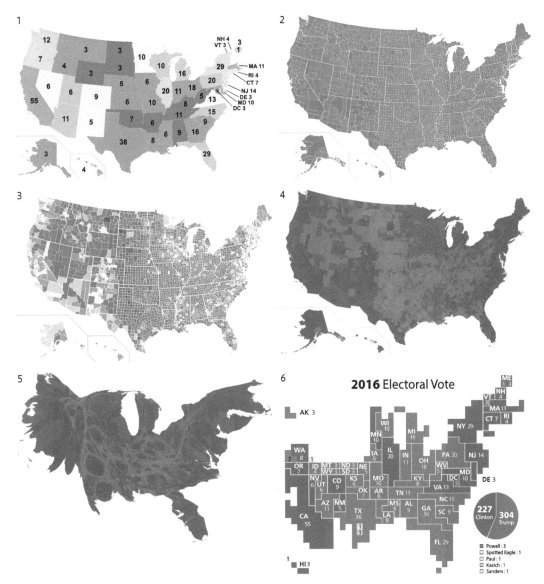

図 7.1：2016 年アメリカ大統領選挙の結果を表す異なる種類の地図．1 ～ 4，6 は Ali Zifan によるもの，5 は Mark Newman によるもの．

図 7.1 に示した各地図は大統領選挙という同じ出来事を示す地図ですが，見る人に伝える印象は地図ごとに異なります．これらの地図は 2 つの問題を抱えています．第一に，根本的な関心が空間的な部分にあることです．選挙で集められた票数は州および郡の単位で空間的な関係をもって表現されます．しかし最終的に重要なのは得票数よりも州の人口です．第二に，地域の大きさは州や郡ごとに大きな差があり，獲得可能な票数に対してあまり相関がないことです．また，地図を作成する人は，データを表現する際に決めなくてはならない多くの選択肢に悩むことになります．例えば，各州での勝利者を絶対的に示したいだけでしょうか（最終的な結果にとっては重要です）．あるいは得票数の差がどれだけあったかに焦点を当てたいのでしょうか．または州ではなく郡単位で結果をカウントし，より細かな解像度での結果を求めることでしょうか．いくつかの地域の選挙人の数が非常に大きな重みを持っていること，地点間での重みの違いを表現するにはどうすればよいでしょうか．単純な散布図では，色や形の大きさを変えて，これらの表現を行うことは困難です．多くの場合，地図は体系的に誤った内容を表示することをある程度許容して仮想現実的な世界を表現することになります．

　もちろん常にそうであるとは限りません．扱うデータが純粋な空間構造を示していることもあります．これらのデータは正確な空間分布と，十分に詳細な規模を示し，非常に説得力のある方法として利用できます．しかし多くの社会科学での空間的特徴は，境界や近隣地域，大都市圏や国勢調査の区域，郡や州，国という実在する物を記録します．これらは，それ自体が社会に依存したものである可能性があります．社会科学的な変数を扱うカルトグラムと呼ばれる図の作成は，こうした恣意性を取り扱うことでもあり，それを打ち消すような作業でもあります (Openshaw, 1983).

7.1

アメリカ合衆国の州単位での地図

　それでは2016年のアメリカ大統領選挙のデータをRでプロットする方法を見ていきましょう。選挙結果のデータセットには，州ごとの投票数および獲得票数に関する変数が含まれています。ここではいくつかの列を選んで数行を無作為に出力します。

```
election %>% select(state, total_vote,
                    r_points, pct_trump, party, census) %>%
    slice_sample(n = 5)
```

```
## # A tibble: 5 x 6
##   state          total_vote r_points pct_trump party      census
##   <chr>               <dbl>    <dbl>     <dbl> <chr>      <chr>
## 1 Nevada            1125385    -2.42      45.5 Democratic West
## 2 California       14237893   -30.0       31.5 Democratic West
## 3 Maryland          2781446   -26.4       33.9 Democratic South
## 4 North Carolina    4741564     3.66      49.8 Republican South
## 5 Colorado          2780247    -4.91      43.2 Democratic West
```

　FIPS（Federal Information Processing Standard）コードは，アメリカ合衆国の州，準州に割り当てられる連邦情報処理標準による番号です。これは2桁の番号で州と準州を表現します。さらに4桁を足して郡を表すことも可能です。そのためアメリカ合衆国のすべての郡には一意の6桁の識別子があることになります。このデータセットには各州の人口調査が行われる地域の情報も含んでいます。

```
# 図7.2
# 共和党が赤，民主党が青を表現するためカラーコード
party_colors <- c("#2E74C0", "#CB454A")

p0 <- ggplot(data = subset(election, st %nin% "DC"),
             mapping = aes(x = r_points,
                           y = reorder(state, r_points),
                           color = party))

p1 <- p0 + geom_vline(xintercept = 0, color = "gray30") +
    geom_point(size = 2)
```

```
p2 <- p1 + scale_color_manual(values = party_colors)

p3 <- p2 + scale_x_continuous(breaks = c(-30, -20, -10, 0, 10, 20, 30, 40),
                  labels = c("30\n (Clinton)", "20", "10", "0",
                        "10", "20", "30", "40\n(Trump)"))

p3 + facet_wrap(~ census, ncol = 1, scales = "free_y") +
    guides(color = "none") + labs(x = "Point Margin", y = "") +
    theme(axis.text = element_text(size = 8))
```

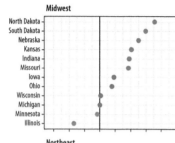

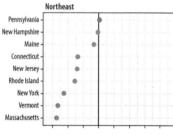

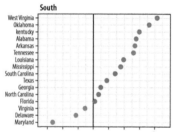

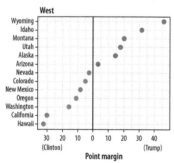

図 7.2：2016 年のアメリカ大統領選挙の結果．地図を用いたグラフはこれよりも情報量が多いでしょうか．少ないでしょうか．

まず覚えておきたいことは，空間データを必ずしも空間構造として表現しなくてもよいということです．先ほどまでに郡単位のデータを見てきましたが，まだ地図は作っていません．もちろん，空間構造を示すことは非常に便利であり，時には欠かせないものとなります．一方で地域ごとに層別化された州単位のドットプロットから可視化を始めることも有効です（**図 7.2**）．このプロットはこれまでに取り組んできたプロット構成の多くの側面をまとめたものとして，データのサブセット化や異なる変数の順位に応じた並び替え，スケールの調整などが盛り込まれています．また，軸上のスケールを自在に変化させたり，審美的要素の 1 つである色の変更を手動で行うなど，いくつかの新しいオプションを導入します．中間オブジェクト(p1, p2, p3) を作成することで，作図の過程をいくつかの手順に分けて行いました．また頭に入れておいていただきたいのですが，いつものように，これらの中間オブジェクトをプロットしてみることも可能です．どんなふうに表示されるかはコンソールでオブジェクトの名前を入力してリターンキーを押すだけでわかります．これによりコードの可読性を高めることができます．また，facet_wrap() 関数の scales = "free_y" を削除するとどうなるでしょうか．scale_color_manual() 関数の呼び出しを削除するとどうなるでしょうか．それぞれ試してみるとよいでしょう．

いつものように，地図を作成する最初のタスクは，正しい情報を正しい順序で格納したデータフレームを用意することです．このために，まずはアメリカ合衆国の地図を描画するためのデータセットを含んでいる maps パッケージを読み込みます．

```
library(maps)
us_states <- map_data("state")
head(us_states)
```

```
##           long      lat group order   region subregion
## 1  -87.46201 30.38968     1     1  alabama      <NA>
## 2  -87.48493 30.37249     1     2  alabama      <NA>
## 3  -87.52503 30.37249     1     3  alabama      <NA>
## 4  -87.53076 30.33239     1     4  alabama      <NA>
## 5  -87.57087 30.32665     1     5  alabama      <NA>
## 6  -87.58806 30.32665     1     6  alabama      <NA>

dim(us_states)
```

```
## [1] 15537       6
```

このデータ自体は単なるデータフレームです．見栄えのよい，細かな地図を描画するために 15,000 行以上の大きめのデータとなっています．このデータを地図として表現するには geom_polygon() 関数を使用します．

```
# 図 7.3
p <- ggplot(data = us_states,
            mapping = aes(x = long, y = lat,
                          group = group))

p + geom_polygon(fill = "white", color = "black")
```

図 7.3：アメリカ合衆国の白地図

図 7.3 の地図は，データ上の経度 (longitude) と緯度 (latitude) をそれぞれ x 軸と y 軸に点としてプロットしています．地図とは，結局のところグリッド上に正しい順序で引かれた一連の線といえます．

州の境界図を改良するためにいくつかの処理を加えていきましょう．まずは塗りつぶしの審美的要素 fill を region ごとに指定し，境界線の色 color を明るいグレーを使用するように変更し，さらに線の太さを細くします．加えて，凡例を描画しないように R に指示します（**図 7.4**）．

```
# 図 7.4
p <- ggplot(data = us_states,
            aes(x = long, y = lat,
                group = group, fill = region))

p + geom_polygon(color = "gray90", size = 0.1) +
    guides(fill = "none")
```

次に地図投影法に取り掛かってみましょう．地図を描画した段階では，地図は由緒あるメルカトル図法によって描画され

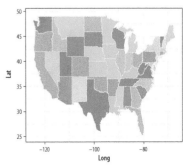

図 7.4：州ごとの塗り分け

ます．しかしこれでは見た目があまりよくありません．大西洋側は現実の海岸線よりも空間的に歪みが生じています．そのため仮に大西洋を航海する計画があるならば，この地図は役に立たないでしょう．この図を見た後に選挙結果を示す図 7.1 を見れば，図 7.4 に対して図 7.1 がすぐれていることに気がつくはずです．これらの図では，地図投影法にアルベルス正積円錐図法を使用しているためです（例えば，ワシントン州からミネソタ州にかけてのアメリカ合衆国とカナダの国境線が直線ではなく，北緯 49 度線に沿って少し湾曲している様子を見てください）．地図投影の手法はそれ自体が魅力的な分野ですが，現時点では，coord_map() 関数を利用して，geom_polygon() 関数のデフォルトの投影法を変更できることを覚えていればよいでしょう．座標系への投影は，あらゆるデータにおいても必須の過程であることを思い出してください．これは通常は暗黙的に処理されます．通常のデータでは，ほとんどの場合は単純なデカルト座標上にプロットするため coord_*() 関数を指定しなくても問題はありません．これに対して地図データでは，データの投影方法がより複雑になります．地球上の私たちの位置や境界線は，3 次元の座標上に存在することになります．そのため，点や線を 3 次元の面から 2 次元の平面に変換あるいは投影する方法が求められます．地図投影方法はこの問題を解決するさまざまな手法を提供します．

アルベルス正積円錐図法では緯度に関する 2 つのパラメータ lat0, lat1 が必要になります．このパラメータには，従来のアメリカ合衆国の地図で使われる緯度の値を与えます（**図 7.5**）（値を変更したときに，地図がどのように描画されるか確認してみましょう）．

図 7.5：適切な投影法を適用した地図

```
# 図 7.5
p <- ggplot(data = us_states,
            mapping = aes(x = long, y = lat,
                          group = group, fill = region))

p + geom_polygon(color = "gray90", size = 0.1) +
    coord_map(projection = "albers", lat0 = 39, lat1 = 45) +
    guides(fill = "none")
```

　さて，この地図の上に関心のあるデータの情報をマップしていく必要があります．そのためのデータは，描画する必要がある多数の線と対応する，単なるデータフレームであることに注意してください．つまり，地図データとマッピングのデータを結合する作業が生じます．地図データの方では州の名前を示す列名に小文字の region が使われています．いくらか面倒ですが，まずはマッピングするデータフレームの変数でも tolower() 関数を使って州の名前を小文字に変換しておきます．次に left_join() 関数でデータフレームを結合します．これは merge(..., sort = FALSE) でも代用可能です．この結合の処理は重要です！　データフレームを結合する際の鍵となるキー変数の値が正確に対応するように，注意する必要があります．対応する値がない場合，結合した結果には欠損値（NA）が与えられ，境界線を結合できなくなります．この状態で塗りつぶし地図の表示を行うと，地図に奇妙な「破裂」が発生してしまいます．ここで region 変数は結合対象の2つのデータフレーム間で共通する唯一の名前であるため，left_join() 関数はデフォルトでこの変数の値を元に結合を行います．なお2つのデータフレームでキー変数の名前が異なる場合は，明示的に引数で指定することも可能です．

　繰り返しとなりますが，データと変数を十分に把握し，それが適切に結合されているかを確認することが大事です．データの結合は闇雲に行わないでください．具体的には，ワシントン D.C. に対応する名前が選挙データの region 列の中に "washington dc" として記録されているのに対して，地図データの方では region 変数内に "washington dc" は存在せずに "district of columbia" で記録される場合，このデータに対応する地図データがないことになります．そのため，地図データ上のこれらの行の値はすべて欠落した状態になってしまいます．地図が正しく描画されないときは，たいてい結合処理の失敗が原因です．この間違いはわずかな差によって生じることもあります．例えば，1文字分のスペースが州の名前の前あるいは末尾に含まれていることがあります．具体的には，"california" と "california ␣" は異なる文字列であり，結合は不一致となります．通常はこの余分な空白スペースが容易に見えないため，注意が必要です（ここでは " ␣ " を使って示しています）．

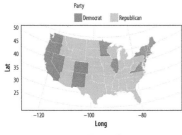

図 7.6：結果の描画

```
election$region <- tolower(election$state)
us_states_elec <- left_join(us_states, election)
```

　データを結合して得たデータを head(us_states_elec) を実行し，確認してください．この作業により地図とマッピング対象のデータが 1 つのデータフレームに収められたので地図上にプロットしてみます（**図 7.6**）．

```
# 図 7.6
p <- ggplot(data = us_states_elec,
            aes(x = long, y = lat,
                group = group, fill = party))

p + geom_polygon(color = "gray90", size = 0.1) +
    coord_map(projection = "albers", lat0 = 39, lat1 = 45)
```

図 7.7：2016 年の大統領選挙における州ごとの選挙結果の塗り分け

　地図の完成度を高めるために塗りつぶしに政党を示す色を指定し，凡例を下部へ移動，さらに図のタイトルを追加します（**図 7.7**）^訳注2．最後に，ほとんど不要な要素をプロットから除外するための特別なテーマを定義します．これにより地図上の補助線と軸ラベルが非表示になります．これらは実際には必須なものではありません（テーマについては第 8 章で学びます．また，このテーマを使った可視化コードは付録で確認できます）．

訳注 2　theme_map() 関数は付録 A.4 (p.348) で定義されています．また，同名の関数は cowplot, ggthemes パッケージも提供しており，いずれかのパッケージを読み込むことでも利用可能になります．

```
# 図 7.7
p0 <- ggplot(data = us_states_elec,
             mapping = aes(x = long, y = lat,
                           group = group, fill = party))
p1 <- p0 + geom_polygon(color = "gray90", size = 0.1) +
    coord_map(projection = "albers", lat0 = 39, lat1 = 45)
p2 <- p1 + scale_fill_manual(values = party_colors) +
    labs(title = "Election Results 2016", fill = NULL)
p2 + theme_map()
```

図 7.8：ドナルド・トランプの得票率を示す 2 つの図

　地図データとマッピングデータの結合ができていると，必要に応じて他の変数をマッピングできます．例として，ドナルド・トランプの獲得した票の割合のような，数値的な値の可視化を試してみましょう．**図 7.8** に示すように，まずは必要な変数（pct_trum）を審美的要素のうちの塗りつぶし（fill）に指定します．そして geom_polygon() 関数のデフォルトの振る舞いを確かめておきます．

p1 オブジェクトで使用されるデフォルトの色は青色です．
これは ggplot で使われるカラーパレットが呼び出されている
だけで，ここで望まれるものではありません．加えて，凡例は
間違った解釈を導くような表現がなされています．この場合，
得票率が高いほど濃い色で示されているのが一般的な解釈で
す．p2 オブジェクトでは，スケールを直接指定することでこ
れらの問題を修正します．また，以前作成した party_colors
を元に塗り分けの色を変更します（ドナルド・トランプは共和
党所属だったので赤色を使います）．

図 7.8：ドナルド・トランプの得票率を示す 2 つの図

```
# 図 7.8
p0 <- ggplot(data = us_states_elec,
             mapping = aes(x = long, y = lat, group = group, fill = pct_trump))

p1 <- p0 + geom_polygon(color = "gray90", size = 0.1) +
    coord_map(projection = "albers", lat0 = 39, lat1 = 45)

p1 + labs(title = "Trump vote") + theme_map() + labs(fill = "Percent")

p2 <- p1 + scale_fill_gradient(low = "white", high = "#CB454A") +
        labs(title = "Trump vote")
p2 + theme_map() + labs(fill = "Percent")
```

選挙結果を色分けする場合，対立する 2 党への投票の傾向を
示すのに中間点から分岐する配色が好まれる場合があります．
scale_gradient2() 関数はデフォルトで白を中間色とした赤と
青のスペクトルを提供します．ここでは白の代わりに中間色と
両極の色を再指定します．中間色として紫色を配置し，scales
パッケージの muted() 関数を使用して，政党の色をやや暗め
の色にトーンダウンしてみます．

```
# 図 7.9
p0 <- ggplot(data = us_states_elec,
             mapping = aes(x = long, y = lat, group = group, fill = d_points))

p1 <- p0 + geom_polygon(color = "gray90", size = 0.1) +
    coord_map(projection = "albers", lat0 = 39, lat1 = 45)

p2 <- p1 + scale_fill_gradient2() + labs(title = "Winning margins")
p2 + theme_map() + labs(fill = "Percent")

p3 <- p1 + scale_fill_gradient2(low = "red", mid = scales::muted("purple"),
                                high = "blue", breaks = c(-25, 0, 25, 50, 75)) +
    labs(title = "Winning margins")
p3 + theme_map() + labs(fill = "Percent")
```

　ここで作った「紫色のアメリカ合衆国の地図」のグラデーションは，**図 7.9** に示すように青側が占める割合が多くなっています．これは規模の大きなワシントン D.C. がデータに含まれていることが原因です．地図上ではほとんど見えないですが，ワシントン D.C. は民主党が強い基盤を持っており，圧倒的に高いポイントマージンを得ています．そのためワシントン D.C. を除外した場合，スケールは民主党支持を示す青の上部に影響するだけでなく，グラデーション全体を中央に移動させることになります．その結果，中央の値がシフトし，共和党の赤色がより目立つように図が変わってしまうことがわかります．この様子を**図 7.10** で示します．

```r
# 図 7.10
p0 <- ggplot(data = subset(us_states_elec,
                           region %nin% "district of columbia"),
             aes(x = long, y = lat, group = group, fill = d_points))

p1 <- p0 + geom_polygon(color = "gray90", size = 0.1) +
    coord_map(projection = "albers", lat0 = 39, lat1 = 45)

p2 <- p1 + scale_fill_gradient2(low = "red",
                                mid = scales::muted("purple"),
                                high = "blue") +
    labs(title = "Winning margins")
p2 + theme_map() + labs(fill = "Percent")
```

　これにより，マッピングしている変数を部分的にしか表現しないという階級区分図の問題が明らかになりました．この場合，得票率の空間的な関係は図示されていますが，実際には各州で投票した人数が重要です．

図 7.9：トランプとクリントンの対立を表す 2 つの図．上段は中間点を白で示し，下段では紫色のグラデーションを用いる．

図 7.10：ワシントン D.C. での結果を除外したトランプ対クリントンの選挙結果．ここでも紫色のグラデーションを凡例に用いた．

7.2 階級区分に頼らない アメリカ合衆国の地図

アメリカ合衆国では行政区域の大きさ，その人口も大小さまざまです．この問題は州のデータで示したように，より小規模な区域単位である郡を扱う際にも発生します．郡単位でアメリカ合衆国の地図を可視化すると，州より細かに線が引かれることで見た目が美しくなることがあります．一方で，小規模の地理的空間の分布は，その説明をほのめかすことを容易にします．郡の地図を作成する際は，いくつかの州（ニューハンプシャー州，ロードアイランド州，マサチューセッツ州，およびコネチカット州）が西部に位置する面積上位 10 の郡よりも小さいことを覚えておくことが重要です．一方でこれらの大きな郡の人口はほとんど 10 万人未満で，いくつかの郡は 1 万人足らずです．

その結果，アメリカ合衆国のほとんどの階級区分図は，人口密度による効果を何よりも強く反映します．その他の影響力の強い変数は，アフリカ系アメリカ人の割合です．これら 2 つの地図を R で描画する方法を見てみましょう．基本的な手順は州の地図と同じです．同じ過程を踏みます．地図データとマッピングのデータを含んだ 2 つのデータフレームを利用することになります．マッピング用の変数は塗りつぶしのために使います．アメリカ合衆国には 3000 を超える郡が存在します．そのためこれらのデータフレームは州単位のものよりもかなり大きくなる点に留意します．

ここで使うデータセットは socviz パッケージに含まれています．郡地図はすでにアルベルス正積円錐図法に変換されており，アラスカとハワイの位置はプロット時に左下に表示されるように調整しています．これはデータから 2 つの州を取り除くよりもよい案です．この投影変換，州の配置を変更する手順はここでは示していません．手順の詳細を知りたい方は付録をご覧ください．まずは郡地図のデータを見てみましょう．

```
county_map %>% slice_sample(n = 5)
```

```
##           long       lat  order  hole piece          group    id
## 1  -1184942.5   450666.5 108739 FALSE     1 0500000US30089.1 30089
## 2   -436488.8  -549500.2  30598 FALSE     1 0500000US08014.1 08014
## 3  -1164239.8   376959.8  50805 FALSE     1 0500000US16079.1 16079
## 4   1933504.2 -1987544.5  37183 FALSE     1 0500000US12087.1 12087
## 5    156208.0 -1759313.0 155705 FALSE     1 0500000US48029.1 48029
```

州地図と同じように見えますが，これはより多くの行を含む，
およそ 20 万件のデータです．id は FIPS コードを示します．
次に，郡単位での人口統計，地理および選挙のデータを確認し
ます．

```
county_data %>%
    select(id, name, state, pop_dens, pct_black) %>%
    slice_sample(n = 5)
```

```
##      id                name state    pop_dens     pct_black
## 1 22033 East Baton Rouge Parish    LA [ 500, 1000) [25.0,50.0)
## 2 16035        Clearwater County    ID [   0,   10) [ 0.0, 2.0)
## 3 46079              Lake County    SD [  10,   50) [ 0.0, 2.0)
## 4 05061            Howard County    AR [  10,   50) [15.0,25.0)
## 5 28135       Tallahatchie County    MS [  10,   50) [50.0,85.3]
```

このデータフレームには，すべての変数についてではあり
ませんが，郡以外にも実在する情報が含まれます．head() 関
数によってデータフレームの先頭行を出力すると最初の行の
ID が 0 であることに気がつきます．この 0 はアメリカ合衆国
全体を示す FIPS コードです．つまりこの行の値はアメリカ
合衆国全体での数値を示すものです．同様に 2 番目の行の ID
は 01000 でアラバマ州の FIPS 01 に対応しています．county_
data を county_map に結合すると，county_map は郡単位での
データしか持たないために，これらの国全体や州の情報は削除
されます．

では地図データとマッピングデータを共通の項目である
FIPS コードの変数 id で結合しましょう．

```
county_full <- left_join(county_map, county_data, by = "id")
```

データを結合すると，1 平方マイルあたりの人口密度をマッ
ピングできるようになります（**図 7.11**）．

```
# 図 7.11
p <- ggplot(data = county_full,
            mapping = aes(x = long, y = lat,
                          fill = pop_dens,
                          group = group))

p1 <- p + geom_polygon(color = "gray90", size = 0.05) + coord_equal()

p2 <- p1 + scale_fill_brewer(palette = "Blues",
                             labels = c("0-10", "10-50", "50-100", "100-500",
                                        "500-1,000", "1,000-5,000", ">5,000"))

p2 + labs(fill = "Population per\nsquare mile") +
    theme_map() +
    guides(fill = guide_legend(nrow = 1)) +
    theme(legend.position = "bottom")
```

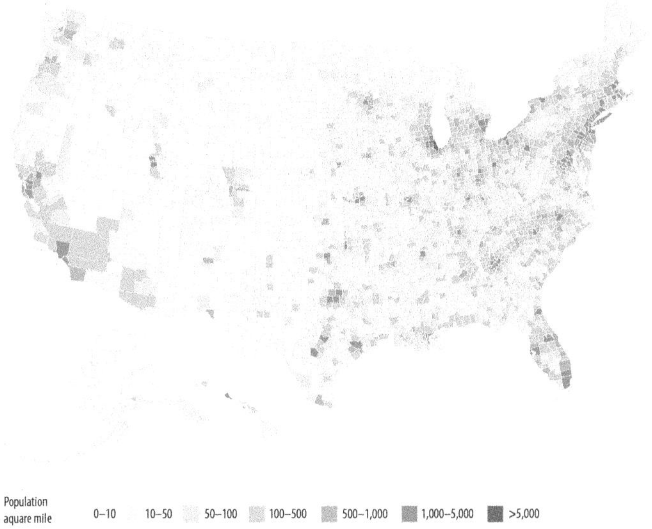

Population
aquare mile   0-10   10-50   50-100   100-500   500-1,000   1,000-5,000   >5,000

図 7.11：郡単位でのアメリカ合衆国の人口密度

　p1 オブジェクトを出力してみると ggplot が見やすい図を描画しますが，この図の人口密度のカテゴリの値が順序づけられていないことに気がつくでしょうか．これは pop_dens 変数が順序データであると認識されていないためです．R がその順序を識別できるように書き換えることができます．あるいは scale_fill_brewer() 関数と表示に用いる適切なラベルを使うことで，手動でスケールを調整できます．また，guides() 関数を利用して凡例の描画方法を調整します．凡例に使われる値を縦に並べるのではなく，各要素が同じ行に表示されるようにします．最後に coord_equal() 関数によって，マップの相

対的な縮尺が変化しないことを保証します．これはプロット全体に影響する寸法の変更です．このうち scale_*()関数および guide()関数については第8章で詳しく扱います．

郡ごとのアフリカ系アメリカ人割合の地図についても同じことができるようになりました（**図7.12**）．もう一度，scale_fill_brewer()関数を使用して塗りつぶしのマッピングに使われるパレットを調整します．今回はマップの位相の異なる範囲を選択します．

```
# 図7.12
p <- ggplot(data = county_full,
            mapping = aes(x = long, y = lat, fill = pct_black,
                          group = group))
p1 <- p + geom_polygon(color = "gray90", size = 0.05) + coord_equal()
p2 <- p1 + scale_fill_brewer(palette = "Greens")

p2 + labs(fill = "US Population, Percent Black") +
    guides(fill = guide_legend(nrow = 1)) +
    theme_map() + theme(legend.position = "bottom")
```

US population, percent black　　(0.0, 2.0)　(2.0, 5.0)　(5.0, 10.0)　(10.0, 15.0)　(15.0, 25.0)　(25.0, 50.0)　(50.0, 85.3)

図7.12：郡単位でのアフリカ系アメリカ人の人口割合

図7.11および図7.12はアメリカ合衆国の「階級区分ではない図」です．この図は先述のアメリカ合衆国を地図化した際に生じる暗黙的なパターンを消し去るのに有効です．この2つの変数を用いた図は単独で何かを説明するものではありません．しかし，同様の変数を扱う際には，こうした効果を知っていた方が有益です．

問題の例として，2つの郡単位の階級区分図を作成してみま

しょう．1つ目は，アメリカ合衆国における銃による自殺率に関して，不十分ながらも広く普及するデータソースを複製して示される郡単位の地図です（**図7.13**）．county_data（およびcountry_full）データセットのうち，su_gun6変数は1999年から2015年までの銃による自殺率の測定値を6つのカテゴリに分類して記録しています．人口密度についても同様に6カテゴリに分けて，pop_dens6変数で扱っています．

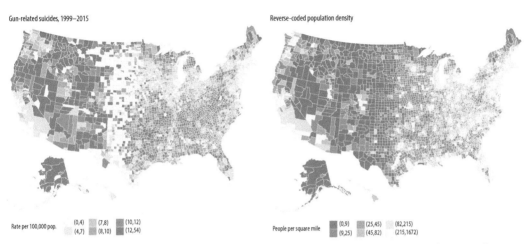

図7.13：郡単位での銃による自殺者数．右図では人口密度の低い地域が濃い色で表現されるようにカラーパレットを反転させた．

まずはsu_gun6変数のマッピングを行います．マップ間でカラーパレットを統一させますが，人口の地図についてはカラースケールを反転させ，人口の少ない地域が暗い色で表示されるようにします．そのためにRColorBrewerパッケージの関数を使用して2つのカラーパレットを用意します．ベクトルの並びを入れ替えるのに，ここではrev()関数を使います．

```
orange_pal <- RColorBrewer::brewer.pal(n = 6, name = "Oranges")
orange_pal

## [1] "#FEEDDE" "#FDD0A2" "#FDAE6B" "#FD8D3C" "#E6550D" "#A63603"


orange_rev <- rev(orange_pal)
orange_rev

## [1] "#A63603" "#E6550D" "#FD8D3C" "#FDAE6B" "#FDD0A2" "#FEEDDE"
```

brewer.pal()関数はいくつかの名前付きのパレットからい

ずれかを選んで実行します．得られるのは16進数で表現され
る等間隔の配色です．繰り返しとなりますが，こうした色の仕
様とマッピングされたパレットを操作する方法については第8
章で解説します．

```r
# 図7.13左
gun_p <- ggplot(data = county_full,
            mapping = aes(x = long, y = lat,
                          fill = su_gun6,
                          group = group))

gun_p1 <- gun_p + geom_polygon(color = "gray90", size = 0.05) + coord_equal()

gun_p2 <- gun_p1 + scale_fill_manual(values = orange_pal)

gun_p2 + labs(title = "Gun-Related Suicides, 1999-2015",
            fill = "Rate per 100,000 pop.") +
    theme_map() +
    theme(legend.position = "bottom")
```

銃による自殺率についての図を作成したら，ほぼ同じコード
を使って人口密度の図も作れます．ただし，今度はカラーパレッ
トを反転させて利用します．

```r
# 図7.13右
pop_p <- ggplot(data = county_full,
            mapping = aes(x = long, y = lat,
                          fill = pop_dens6,
                          group = group))

pop_p1 <- pop_p + geom_polygon(color = "gray90", size = 0.05) + coord_equal()

pop_p2 <- pop_p1 + scale_fill_manual(values = orange_rev)

pop_p2 + labs(title = "Reverse-coded Population Density",
            fill = "People per square mile") +
    theme_map() +
    theme(legend.position = "bottom")
```

2つの地図が同一でないことは明らかです．一方でそれぞれ
の図から読み取れる視覚的な情報には多くの共通点がありま
す．すなわち，西部の暗い帯（カリフォルニア州を除く）が際
立ち，国の中心に向かって色が薄くなっていくこと，そして北
東部など，マップ上のいくつかの場所で2つのデータで同様の
傾向が示されていることです．

　銃による自殺対策もまた，割合として示されています．これは自殺未遂の人数をその郡の人口で割ったものに該当します．通常この方法で標準化するのは，単純に人口が多いだけで銃による自殺者が増える傾向がある事実を「制御する」ためです．ただしこの手の標準化には限界があります．特に関心のある出来事が一般的ではなく，単位の基本的な数に大きなばらつきがある場合，分母（例えば人口数）は標準化された大きさで表現されます．

　さらに巧妙なことに，データは人口規模に関連した報告の結果に左右されることがあります．疾病予防管理センター（CDC）では死亡者の特定が可能になる恐れがあるために，郡での死亡者数が年間 10 人未満の場合，その件数を報告していません．すなわちこうした州では 0 が与えられます．このようなデータをビンカウント（数値をいくつかのカテゴリに割り当てるエンコーディングの方法）すると，階級区分図のしきい値の問題に衝突します．もう一度，図 7.13 を見てください．銃による自殺者の傾向はダコタ州からネブラスカ州，カンザス州，そしてテキサス州西部にかけて，自殺率が最も低い郡が南北に伸びる帯を構成しているようにも見えます．また奇妙なことにこの帯はニューメキシコ州をはじめとした西部の自殺率の高い地域と接しています．一方の人口密度の地図では，郡の人口密度はいずれの地域も非常に低いことがわかります．これらの地域では本当に銃による自殺率の違いが生じているのでしょうか．

　それはおそらくないでしょう．より可能性が高いのは，データのコーディング方法に起因する構造の違いです．例えば，人口 10 万人を超える郡で銃による自殺者が年間に 9 人であったとします．この場合 CDC ではこの人数はカウントされません．代わりに，標準化された推定値やレートも信頼性がないという注意書きと合わせて "suppressed"（非公開）として記録されます．しかし郡ごとの塗り分け図を作成したときに，非公開の情報をビンカテゴリの一番下に含めたくなるかもしれません．結局，非公開のデータであっても，数値は 0 から 10 の範囲にあることがわかっています．これらを単に 0 として表現するのはどうでしょうか[*1]．一方で年間の銃による自殺者が 12 人に及ぶ，人口 10 万の郡は数値の報告が行われます．CDC は政府管轄の責任ある組織であるため，しきい値（10 人）を超えるすべての郡の死者数の絶対値を提供しています．しかしデータ

[*1]　R でこの処理を実行しないでください．標準的な代替案の 1 つは，カウントモデルを用いて非公開の観測値を推定することです．このような手段は当然ながら，より広範囲で適切な空間モデリングにつなげられる可能性もあります．

ファイルの注記には，この数値で計算されたレートは信頼でき
ないと但し書きがつきます．このままのデータでは，人口の少
ない郡で 12 人の死者が出たとしたら自殺率が高い地域である
と示されてしまう可能性があります．一方，人口の少ない郡で
あってもこの基準値をわずかでも下回るときは非公開の扱いを
受け，ビンカウントにおいては最も過小な評価となります．し
かし，これらの違いは実際にはわずかなはずです．いずれにし
ても，その状態を定量化することは困難です．これらの郡の数
値を直接得ることができなかったり，よいモデルで推定できな
かったりする場合は，たとえ地図の見栄えを少し悪くすること
になったとしてもデータの一部を欠くように処理するのが適切
です．これは信頼できない数値に由来する塗りつぶしを防ぐた
めのテクニックです．

　報告内容のわずかな違いがデータのコーディング方法と組み
合わさることで，空間的に誤解を招くような，実質的に誤っ
た結果を導くことになります．このような特定のケースを想定
し，変数コーディングの詳細を調べることに時間を費やすのは，
一般的な導入として少々やりすぎのように思えるかもしれませ
ん．しかしグラフで表現した際の外観に大きな影響をもたらす
のは，こうしたデータなのです．特に地図はこの影響を受けや
すく，可視化した後に問題点を検出するのは困難です．

7.3

地理的な空間配置を考慮したグラフ

州単位の地図を用いたグラフを描画する別のアイディアとして，次にボブ・ルディス（Bob Rudis）により開発されたstatebinsパッケージを扱います．このパッケージを用いて，州単位での選挙投票結果の図をもう一度作ります．このパッケージはggplotをベースにしています．しかしパッケージが提供する関数の構文はggplotとは大きく異なります．描画に用いる関数の引数には，対象となる州を含んだデータフレーム（state_data引数），データフレーム中の州の列名（state_col引数），表示する値（value_col引数）を指定します．またこの他に指定可能な引数として，カラーパレットやフォントサイズ，テキストの文字色などが用意されています．これらは必要に応じて設定が可能です．statebins()関数を次のように指定して図**7.14**で示す地図を描画します．[訳注3]

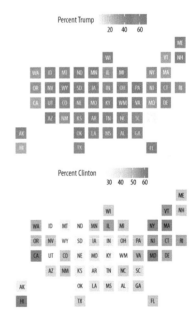

図7.14：大統領選挙結果のstatebins．縮尺の不均衡を防ぐためにクリントンの得票率からワシントンD.C.を省略しています．

```
library(statebins)

# 図7.14 上
statebins(
  state_data = election,
  state_col = "state",
  value_col = "pct_trump",
  dark_label = "white",
  name = "Percent Trump",
  palette = "Reds",
  direction = 1,
  font_size = 3) +
  theme_statebins(legend_position = "top")

# 図7.14 下
statebins(
  state_data = subset(election, st %nin% "DC"),
```

訳注3 原著で使われていたstatebins_continuous()関数，statebins_manual()関数はstatebins()関数に統合されました．ここでは最新のパッケージに含まれるstatebins()関数での書き方を示します．

```
state_col = "state",
light_label = "black",
value_col = "pct_clinton",
name = "Percent Clinton",
palette ="Blues",
font_size = 3) +
theme_statebins(legend_position = "top")
```

　連続値ではなくカテゴリのデータを描画したいことも
しばしばあります．statebins パッケージではこの場合，
statebins() 関数に対していくつかの変更を加えることでカテ
ゴリカル変数による塗り分けが実現可能です．

　選挙データには政党名，すなわち共和党と民主党のいず
れかを示す変数が含まれます．2 色をそれぞれ darkred,
royalblue で表現する地図を**図 7.15** 上に示します．この図
は statebins() 関数の value_col 引数に政党名を格納する
party 列を与えています．また任意の色による塗り分けを実
現するために ggplot2_scale_function 引数に scale_fill_
manual を与えます．これにより，statebins() 関数の中で
ggplot2::scale_manual による凡例の色やラベルの調整が指
定可能になります．具体的には凡例の色とラベルの値です．

　カテゴリカル変数の別の例として，数値を階級区分した結果
も図示できます．これにはあらかじめデータに対して変更を
加えておく必要があります．図 7.15 下では cut() 関数を使い，
連続値からなる変数に対して階級区分を実行しています．階級
の数とラベルはそれぞれ breaks, labels 引数で指定します．
このデータを statebins() 関数にわたして描画を行いますが，
注意が必要なのは ggplot2_scale_function 引数に関数として
の scale_fill_brewer を与えることです．

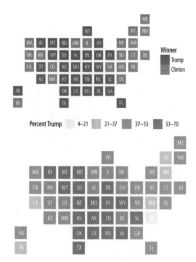

図 7.15：statebins の凡例の塗り分けを手
動で調整する

```r
# 図7.15上
statebins(state_data = election,
          state_col = "st",
          value_col = "party",
          light_label = "white",
          font_size = 3,
          name = "Winner",
          ggplot2_scale_function = scale_fill_manual,
          values = c(Republican = "darkred",
                     Democratic = "royalblue"),
          labels = c("Clinton", "Trump")
          ) +
  theme_statebins(legend_position = "right")

# 図7.15下
election %>%
  mutate(pct_trump = cut(pct_trump, breaks = 4,
         labels = c("4-21", "21-37", "37-53", "53-70"))) %>%
  statebins(
  value_col = "pct_trump",
  dark_label = "white",
  palette = "Reds",
  ggplot2_scale_function = scale_fill_brewer,
  font_size = 3,
  name = "Percent Trump") +
  theme_statebins(legend_position = "top")
```

複数の地図を 1 枚の図にまとめる

数年間の継続調査により得られた地理空間データを扱います. このような観測が繰り返し行われたデータは, 国や州単位の調査において一般的です. このような場合, 時系列に分割した複数の地図を作成し, それを時間の経過に応じて示す作業が行われます. 例えば, opiates データセットには 1999 年から 2014 年までのオピエートが原因(ヘロインやフェンタニルの過剰摂取による中毒を起こします)とされる死亡率の測定値が州ごとに記録されています.^{訳注4}

```
opiates
```

```
## # A tibble: 800 x 11
##     year state  fips deaths population crude adjusted adjusted_se region abbr
##    <int> <chr> <int>  <int>      <int> <dbl>    <dbl>       <dbl> <ord>  <chr>
## 1  1999 Alab~     1     37    4430141   0.8      0.8         0.1 South  AL
## 2  1999 Alas~     2     27     624779   4.3      4           0.8 West   AK
## 3  1999 Ariz~     4    229    5023823   4.6      4.7         0.3 West   AZ
## 4  1999 Arka~     5     28    2651860   1.1      1.1         0.2 South  AR
## 5  1999 Cali~     6   1474   33499204   4.4      4.5         0.1 West   CA
## 6  1999 Colo~     8    164    4226018   3.9      3.7         0.3 West   CO
## 7  1999 Conn~     9    151    3386401   4.5      4.4         0.4 North~ CT
## 8  1999 Dela~    10     32     774990   4.1      4.1         0.7 South  DE
## 9  1999 Dist~    11     28     570213   4.9      4.9         0.9 South  DC
## 10 1999 Flor~    12    402   15759421   2.6      2.6         0.1 South  FL
## # ... with 790 more rows, and 1 more variable: division_name <chr>
```

先ほどのように, 州単位の地図オブジェクトを持つ us_states と opiates データセットを紐付けてみましょう. 前回と同様に, opiates データの state 変数を小文字にしておくことをお忘れなく.

opiates データセットには year 変数があるので, データの各年には合衆国の州が繰り返し記録された構造になっていま

訳注 4　ケシの実に含まれる麻薬性のオピオイド, アルカロイドを指します. がん末期などに利用される鎮痛薬. 医薬品ですが, 過剰摂取による死亡が社会問題になっています.

す．これを利用して，年ごとに区画化された小さな地図を作成
できるようになっています．次に示す一連のコードはこれまで
に描画した地図のプロット方法と似ています．通常通り，地図
データの指定を行い，geom_polygon() 関数と coord_map() 関
数を追加しています．一方でデータをビン区切りするのではな
く，連続値である adjusted 列（調整済みの死亡率変数）をプロッ
トします [*2]．連続値のデータを効果的に描画するために，ここ
で viridis パッケージの scale_fill_viridis_c() 関数を用い
ます．このパッケージのカラーテーマである viridis の配色は，
知覚的に均一な色と，スケールに沿った見やすいコントラスト
の色相をうまく組み合わせて表現しています．viridis パッケー
ジのカラーパレットには連続値・離散値向けのパレットがそれ
ぞれ用意されています．以下のコードで viridis パッケージの
カラーパレットを指定する scale_fill_viridis_c() 関数の末
尾の c は，対象のデータが連続値（continuous）であることを
示しています．同様に塗り分けを行うデータが離散値（discrete）
の際には scale_fill_viridis_d() 関数を使うとよいでしょう．

facet_wrap() 関数を使用し，year ごとに地図を細かく描画し
てみせます．ここでは theme() 関数により，凡例をプロットの
下部に配置，年のラベルからデフォルトで描画される背景の影
を取り除いています．theme() 関数に関しては第8章で詳しく解
説します．さて，このようにしてできたのが**図7.16**となります．

[*2] データをグループに分割した結果を試したい場合は，cut_interval() を用いてみましょう．

```
opiates$region <- tolower(opiates$state)
opiates_map <- left_join(us_states, opiates)

# 図 7.16
library(viridis)

p0 <- ggplot(data = subset(opiates_map, year > 1999),
             mapping = aes(x = long, y = lat,
                 group = group,
                 fill = adjusted))

p1 <- p0 + geom_polygon(color = "gray90", size = 0.05) +
    coord_map(projection = "albers", lat0 = 39, lat1 = 45)

p2 <- p1 + scale_fill_viridis_c(option = "plasma")

p2 + theme_map() + facet_wrap(~ year, ncol = 3) +
    theme(legend.position = "bottom",
          strip.background = element_blank()) +
    labs(fill = "Death rate per 100,000 population ",
         title = "Opiate Related Deaths by State, 2000-2014")
```

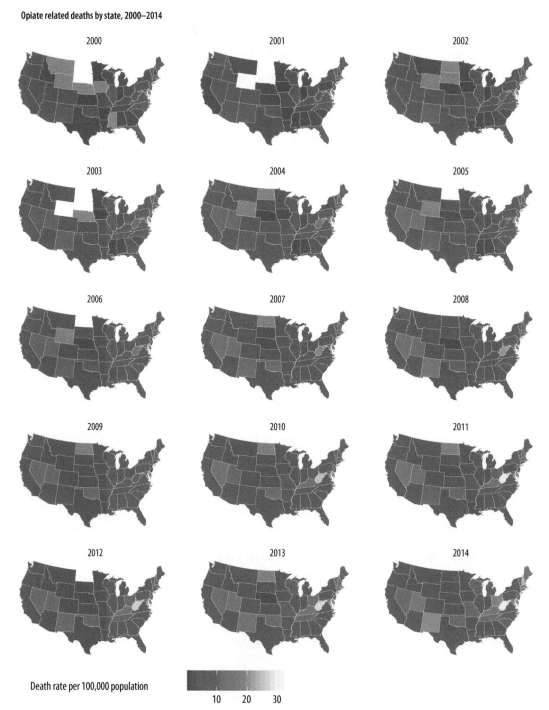

Opiate related deaths by state, 2000–2014

図 7.16：年ごとに分けた小さな地図の集まり．灰色の州は，その年の死亡者数の報告が，人口推定のために信頼できる数よりも少ないと報告があった州．また，白く塗りつぶされた州はデータがないと報告している．

この方法は，このデータを描画するのに適しているでしょうか[*3]．前述したように，アメリカ合衆国の階級区分図は，まず人口による影響を大きく受け，次にアフリカ系アメリカ人の割合を反映しやすくなっています．そのため州の面積の違いによって変化の検出が難しくなります．そして空間をまたいだ繰り返しの比較は大変困難です．年をまたいだ反復測定の結果はデータの比較を可能にし，傾向を見つけやすくします．この場合，例えばオピエートの障害は，アメリカ合衆国の他の多くの地域と比較すると南西部の砂漠地域で最も深刻だと考える人がいるかもしれないですが，時系列的な変化の面ではアパラチア山脈周辺の地方で深刻な事態が起きているといえます．

[*3] 階級区分を行わないコードを再検討してみましょう．ただしカテゴリのスケールではなく，連続値のスケール，そして viridis パレットを使用してください．ここでは pct_black の代わりに black 変数をマッピングします．人口密度として，pop の値を land_area で割った値を使います．scale_* 関数に関しても調整が必要です．さて，でき上がった地図はビンカウンティングした地図とどう比較するのが適切でしょうか．人口密度の図ではどうでしょうか．またその理由はわかりますか．

そのデータは本当に空間情報を含みますか

本章の冒頭で述べたように，データが特定の空間単位で収集されたり，空間単位にグループ化されたりした場合であっても，地図を表示するのが最善の手法なのかを常に確認する必要があります．多くの州や郡，国のデータは，それ自体を表す地理的な空間領域を示すことになり，適切な空間領域を表しているわけではありません．opiates データセットを使って，州単位の地図をもう一度描画してみます．州の表示を維持したまま（opiates データセットの値は州で一定です），よりデータの傾向を直接的に見えるように，つまり特定箇所に焦点を絞って可視化してみましょう．

最初に gapminder データで示したように，すべての州の傾向を可視化します．一方で 50 州の情報を一度に見るのには負担が大きいです．この様子を**図 7.17** で示します．

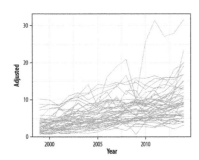

図 7.17：すべての州のデータを一度に表示する

```
# 図 7.17
p <- ggplot(data = opiates,
            mapping = aes(x = year, y = adjusted,
                          group = state))
p + geom_line(color = "gray70")
```

```
## Warning: Removed 17 row(s) containing missing values (geom_path).
```

より有効なアプローチは，国勢調査の領域を利用して州をグループ化することで，データの地理的な構造を変化させることです．これによりおそらく，地域ごとの傾向が見られるようになるはずです．ggplot の機能を利用し，それぞれの場合で異なるデータセットを用い，geom を重ね合わせていきます．まずは opiates データセット（連邦政府直轄地で州には属さないワシントン D.C. は削除します）の調整済み死亡率の時間的な変化のプロットを行います．

```
# 図 7.18 (1/4)
p0 <- ggplot(data = drop_na(opiates, division_name),
             mapping = aes(x = year, y = adjusted))

p1 <- p0 + geom_line(color = "gray70",
               mapping = aes(group = state))
```

drop_na() 関数は指定された変数（この場合，division_
name）で欠損値を持つ行を削除します．ここではワシントン
D.C がその対象になります．geom_line() 関数でグループの審
美的要素に state を指定すると，各州についてのラインプロッ
トが描画されます．続いて，線の色に明るめの灰色を指定しま
す．次に平滑化曲線を加えます．

```
# 図 7.18 (2/4)
p2 <- p1 + geom_smooth(mapping = aes(group = division_name),
                       se = FALSE)
```

平滑化曲線を描画するための geom_smoth() 関数ではグルー
プの外観を division_name に設定します（division は国勢調
査のための領域区分で region よりも小さい）．州に設定した
場合，傾向を表す線が 50 本表示されるだけでなく，信頼区間
を示す領域も 50 個分出力されます．次に，第 5 章で学んだこ
とを使用し，州の名前のラベルを配置する geom_text_repel()
関数を追加します．データ点ではなく線に対するラベルの表示
をしているため，ラベルは線の終点に表示させる必要がありま
す．そのためのトリックは，データをサブセット化して，昨年
観察された値のみが表示されるようにすることです．新しい
データ引数は p0 オブジェクトの元の引数に代わることになり
ますので，ここでもワシントン D.C. を削除することを忘れな
いようにしましょう．

```
# 図 7.18 (3/4)
p3 <- p2 + geom_text_repel(data = subset(opiates,
                                  year == max(year) & abbr !="DC"),
                     mapping = aes(x = year, y = adjusted, label = abbr),
                     size = 1.8, segment.color = NA, nudge_x = 30) +
       coord_cartesian(c(min(opiates$year),
                    max(opiates$year)))
```

デフォルトでは geom_text_repel() 関数はラベルと対象の
geom を紐付ける小さな線を描画します．しかしここでは，す
でにラベルの表示位置を線の終点にすることに決めているの

で，これは不要なオプションになります．したがって，引数 segment.color = NA を指定し，オプションを無効化します．加えて nudge_x 引数を使用してラベルを線の右側に少し寄せ，coord_cartesian() 関数により図全体に十分な余白を確保します．

　最後にこれらの図を区画化してラベルを追加します．このとき，有益な調整として平均死亡率を基準に区画を配置することがあります．これは調整済み死亡率をマイナス表示して，平均の値が高い順位で配列させるようにして実現します．

```
# 図 7.18 (4/4)
p3 + labs(x = "", y = "Rate per 100,000 population",
       title = "State-Level Opiate Death Rates by Census Division, 1999-2014") +
    facet_wrap(~ reorder(division_name, -adjusted, na.rm = TRUE), nrow  = 3)
```

```
## Warning: Removed 27 rows containing non-finite values (stat_smooth).
```

```
## Warning: Removed 17 row(s) containing missing values (geom_path).
```

　作成された新しいプロット（**図 7.18**）は地図で見たように全体的な傾向を把握するのに役立ちますが，強調する点に変更を加えています．これにより郡の一部地域で起こっている現象をより明確につかめるようになります．特にニューハンプシャー州 (NH)，ロードアイランド州 (RI)，マサチューセッツ州 (MA)，コネチカット州 (CT) では 2010 年以降，人口あたりの死亡率が急激に増加していることがわかります．地図でも確認できたように，ウェストバージニア州 (WV) の死亡率が飛び抜けて高い様子も把握できます．最後に，時系列プロットは地域内でのさまざまな州で傾向が多様であることをわかりやすくする点にも注目です．特に北西部，中西部，南部ではデータの起点の年よりも最近の方がばらつきが大きくなっているのがわかります．これは地図でも把握できることですが，時系列プロットで示した方が容易に理解できます．

　図 7.18 の観測単位はまだ州を扱っていて，年ごとに見るデータを変えたものです．データが持つ地理空間情報が残っています．描画される線の 1 本 1 本は州を表しています．ある意味では，ここでの理想的なデータセットとは地理的境界，時間，観測単位がより細かなレベルで記録されていることです．個人レベルでの死亡に関するデータ，つまり原因や時刻，場所の情報が保存されているとしましょう．この場合には，データの時間や空間カテゴリの単位を好きに集約して扱える利点がありま

す．しかしこうしたデータは，実際収集が難しかったり，プラ
イバシーの観点から極めて手に入りにくかったりします．その
ため，実際に細かな観測単位を扱う際の注意点を挙げておきま
す．それは観測単位が実質的・理論的な関心事であると間違え
るような見当違いの誤謬をしないことです．これは社会科学で
扱うデータ全般にもいえることです．しかし地図は，その印象
的な視覚的特徴により，他のグラフと比べ，この問題に対して
脆弱になりがちです．

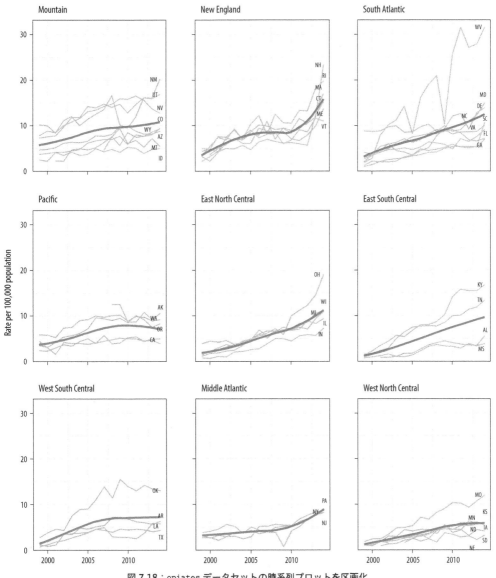

図 7.18：opiates データセットの時系列プロットを区画化

7.6

次の一手

本章では，FIPS コードに基づく州および郡単位のデータ操作方法を学びました．ですが，ここでは空間的な分布とパターンを主眼におく視覚化についてはほとんど触れていません．地理空間データの分析と視覚化は，研究分野として独立して発展しており，地理学や地図作成の技術と関係します．地理空間を表現する概念と方法は，十分に開発され，標準化も行われています．最近までは，この機能のほとんどは GIS を介して利用可能なものでした．一方でそれらのマッピングと空間分析の機能は，うまく接続されていませんでした．もしくは，少なくとも表形式のデータの分析を目的としたソフトウェアとの連携がうまくいっていませんでした．

しかし状況は急変しています．Brundson&Comber (2015) は R の地図機能の一部を紹介しています．また一方で，ごく最近は tidyverse パッケージからこれらのツールに簡単にアクセスできるようになってきています．社会科学者にとって興味深いのは，エドザー・ペベズマ（Edzer Pebesma）が開発している sf パッケージです．このパッケージでは地物を表す際の標準的な規格である Simple Features モデルをデータフレームに適合させ，tidy 形式に適した実装を行っています [4]．関連して，カイル・ウォーカー（Kyle Walker）とボブ・ルディス（Bob Rudis）の tigris パッケージ [5] により，アメリカ合衆国の国勢調査局が扱う TIGER/Line shapefile へのアクセスが容易になっています．これによりアメリカ合衆国のさまざまな地理的，行政的，および国勢調査でのデータや道路や水資源の情報をマッピングできるようになります．最後にウォーカーの tidycensus パッケージ（Walker, 2018）[6] では U.S. Census and American Community Survey 上の地理空間構造を持ったデータを tidy 形式で取得するのに利用可能です．

[4] https://r-spatial.github.io/sf/index.html，また，先進的な地理空間データ操作のパッケージの情報は https://www.r-spatial.org/ に集約されています[訳注5]．

[5] https://github.com/walkerke/tigris

[6] https://walker-data.com/tidycensus

訳注 5　翻訳時（2020 年 12 月）の最新の ggplot2（バージョン 3.3.2）では sf パッケージにより作成された地理空間データのオブジェクトを描画するための geom_sf() 関数が整備されています．

プロットを整える

　これまで作ってきたほとんどのプロットでは大部分で ggplot の初期設定を使ってきました．そのため図の微調整や，大幅なカスタマイズ方法についてあまり紹介してきませんでした．一般的な探索的なデータ解析の作業には ggplot の初期設定が適しています．まず手元に整える前の図を作ってから，それを整える方法を考えましょう．図を整える動機はさまざまです．個人の好みや何かを強調したいという意図に従って正しく整えたいという場合があります．もしくは手元の図を雑誌掲載用に，会議の聴衆に向けて，あるいは一般大衆用になど期待される形式に図を整えたいという場合もあります．アレやコレやとプロットを細かく調整したり，注釈や初期設定の出力でカバーされていない細かい点を加えたりといった調整を行いたい場合もあります．あるいは，プロットされているすべての構造要素がうまく配置されていても，全体の外観を大胆に変更したいと望むこともあります．ggplot にはこうした要求に応えるための方策があります．

　それでは新しいデータセットとして asasec に取り掛かってみましょう．これはアメリカ社会学会（American Sociological Association: ASA）の会員情報を関心分野（Section 変数）ごとに集計したデータです．

```
head(asasec)
```

```
##                                      Section      Sname Beginning Revenues
## 1        Aging and the Life Course (018)       Aging     12752    12104
## 2     Alcohol, Drugs and Tobacco (030) Alcohol/Drugs     11933     1144
## 3 Altruism and Social Solidarity (047)      Altruism      1139     1862
## 4             Animals and Society (042)       Animals       473      820
## 5             Asia/Asian America (024)          Asia      9056     2116
## 6             Body and Embodiment (048)          Body      3408     1618
##    Expenses Ending Journal Year Members
## 1    12007  12849      No 2005     598
## 2      400  12677      No 2005     301
## 3     1875   1126      No 2005      NA
## 4     1116    177      No 2005     209
## 5     1710   9462      No 2005     365
## 6     1920   3106      No 2005      NA
```

このデータセットには会員情報が分野ごとに10年間分含まれていますが，分野ごとの準備金と収入（変数名はそれぞれBeginningとRevenuesです）は2015年のものしかありません．まずは2014年の1年間について，分野の会員数と収入の関係を見ていきましょう．

```
# 図8.1
p <- ggplot(data = subset(asasec, Year == 2014),
            mapping = aes(x = Members,
            y = Revenues,
            label = Sname))

p + geom_point() + geom_smooth()
```

図8.1が基本となる平滑化曲線を含んだ散布図です．これを見ながら，いくつかある外れ値を確認し，平滑化アルゴリズムをLOESS回帰^訳注1からOLS回帰^訳注2に切り替え，そして第三の変数を導入していきましょう．それが**図8.2**です．

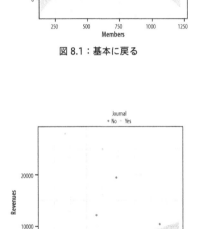

図8.1：基本に戻る

```
# 図8.2
p <- ggplot(data = subset(asasec, Year == 2014),
            mapping = aes(x = Members,
            y = Revenues,
            label = Sname))

p + geom_point(mapping = aes(color = Journal)) +
    geom_smooth(method = "lm")
```

それではテキストでラベルを加えてみましょう．この段階では，いくつか中間オブジェクトを作りながら進めていきます．そのすべてを図示はしませんが，次のコードにあるp1やp2というオブジェクトを描画するとどういった外観になるのか，心の目で見えると思います．もちろんコードをタイプして自分の考えが正しかったかどうかを確認するのがよいでしょう．

図8.2：プロットを整える

訳注1 LOESS回帰は局所重み付け平滑化回帰（local weighted scatterplot smoothing regression）の略です．LOWESSとも呼ばれます．Rにはloess()関数とlowess()関数が用意されていて，同じ計算結果が出ますが引数名と初期値が異なっているので注意が必要です．この手法を提案したのは第1章に登場したクリーブランドです（Cleveland, W., J Am Stat Assoc., 1979）．

訳注2 OLS回帰はordinary least square regressionの略で，最小二乗法による回帰を指し，ここでは具体的にはmethod = "lm"の指定のことです．第6章を参照．

```
p0 <- ggplot(data = subset(asasec, Year == 2014),
             mapping = aes(x = Members, y = Revenues, label = Sname))

p1 <- p0 +
  geom_smooth(method = "lm", se = FALSE, color = "gray80") +
  geom_point(mapping = aes(color = Journal))

p2 <- p1 +
  geom_text_repel(data = subset(asasec, Year == 2014 & Revenues > 7000),
                  size = 2)
```

　さらに p2 オブジェクトを編集し，軸と目盛りにラベルを振りましょう．そしてタイトルをつけ，凡例を移動してプロットのスペースをうまく作ってみます（**図 8.3**）.

```
# 図8.3
p3 <- p2 +
  labs(x = "Membership", y = "Revenues",
       color = "Section has own Journal", title = "ASA Sections",
       subtitle = "2014 Calendar year.",
       caption = "Source: ASA annual report.")
p4 <- p3 +
  scale_y_continuous(labels = scales::dollar) +
  theme(legend.position = "bottom")

p4
```

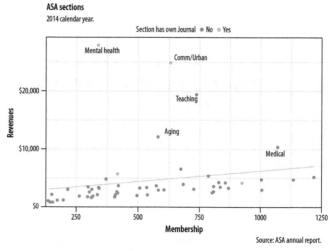

図 8.3：軸を整える

色を使いこなす

カラーパレットは，プロットに用いるデータを表現する能力に基づいて選ぶのがよいでしょう．例えば国や性別など，順序なしのカテゴリカル変数を表すには，簡単に混同されないような，はっきり区別できる色が必要です．その一方で，教育レベルといったような順序付きカテゴリカル変数では，大小や早い遅いなど段階的に変化する色の枠組みが必要です．それ以外にも変数の種類があります．例えば，順序付き変数でも，リッカート尺度（Likert scale）のように中間的な点から双方向に広がるにつれて離れていくような尺度を取り扱う場合はどうすればよいでしょうか．繰り返しになりますが，この質問は色の尺度で変数をマッピングする場合にどうやって正確さや忠実さを確保するのかという問題です．手元のデータの構造を反映したパレットを選ぶように注意してください．例えば，連続的な変化をカテゴリカルなパレットでマッピングしないように，また，双方向パレットを使う場合は中間点がはっきりしない変数には用いないようにしましょう．

こうしたマッピングの問題とは別に，特定の色を選び出すプロセスについてもよく考える必要があります．ggplot の初期設定のカラーパレットは，一般的には，知覚的特性や審美的な品質をうまく表現できるように設定されています．また，色や色のレイヤーは，他の特徴量と組み合わせながら，特定のデータ点やプロットの一部分をハイライトして強調するための工夫として用いることもできます．

マッピングに使うカラーパレットを選ぶには，color と fill のどちらかの scale_ 関数を使います．scale_color_hue() 関数と scale_fill_hue() 関数を使って色相（hue），彩度（chroma），輝度（luminance）をそれぞれ変えることで詳細に色の見た目を調整することも可能ではありますが，一般的にはこれは推奨されません．その代わりに RColorBrewer パッ

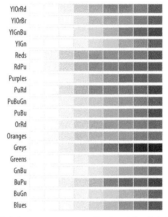

図 8.4：RColorBrewer パッケージの小から大への連続的なカラーパレット

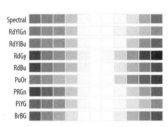

図 8.5：RColorBrewer パッケージの中央値から分かれるカラーパレット

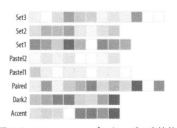

図 8.6：RColorBrewer パッケージの定性的なカラーパレット

ケージを使ってさまざまな種類のカラーパレットを作っておいて，そこから色を選び出すのをお勧めします（**図8.4 ～ 図8.6**）．ggplot と連携することで，`scale_color_brewer()` 関数か `scale_fill_brewer()` 関数を使い，マッピングする審美的要素に応じた色を設定することができます．**図8.7** にはこの方法で使える名前付きパレットを示します．

```
# 図8.7
p <- ggplot(data = organdata,
            mapping = aes(x = roads, y = donors, color = world))
p + geom_point(size = 2) + scale_color_brewer(palette = "Set2") +
    theme(legend.position = "top")

p + geom_point(size = 2) + scale_color_brewer(palette = "Pastel2") +
    theme(legend.position = "top")

p + geom_point(size = 2) + scale_color_brewer(palette = "Dark2") +
    theme(legend.position = "top")
```

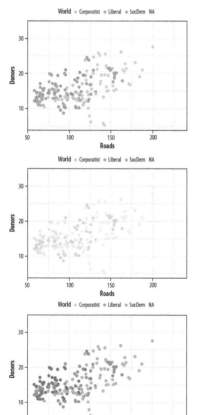

図8.7：`scale_color_brewer` で使えるパレットの例

色を手動で調整するために `scale_color_manual()` 関数や `scale_fill_manual()` 関数を使うこともできます．これらの関数は，value 引数をとることができ，そこにベクトル形式で色の名前や色の値を指定することができます．色は R に理解できる形式で指定する必要がありますが，R では多くの色の名前がそのまま使えます（red や green や cornflowerblue など）．概観するには `demo(colors)` を実行してください．また色の値を 16 進法で書かれた RGB 値で指定することも可能です．これは色を RGB 空間で符号化する手法で，それぞれの色チャネルは 0 から 255 の値をとることができます．色を表す 16 進数はハッシュまたはポンド記号 # から始まり，3 組の 16 進数（すなわち 6 個の数）が続きます．16 進数は 16 を基数にした数で，10 から 15 の値を表すにはアルファベットの最初の 6 文字を用います．この表現により，0 から 255 の数を 2 桁の数字で表すことができます．この記法は #rrggbb と読めばよく，rr は赤色チャネルの 2 桁表記，gg は緑色チャネル，bb は青色チャネルを表しています．したがって #CC55DD は 10 進数に変換すると CC=204(赤色)，55=85(緑色)，DD=221(青色)となり，強いピンク色を表します．

ASA メンバーシップの図に戻ると，例えば，Chang (2013) で使用されているような色覚変異を持つ方に優しいカラーパレットを手動で設定することができます（**図8.8**）．

```
# 図 8.8
cb_palette <- c("#999999", "#E69F00", "#56B4E9", "#009E73",
                "#F0E442", "#0072B2", "#D55E00", "#CC79A7")

p4 + scale_color_manual(values = cb_palette)
```

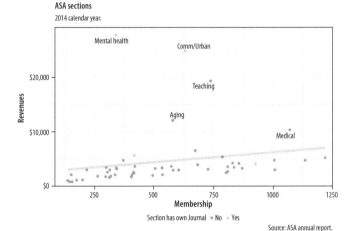

図 8.8：カラーパレットの調整

よくあることですが，こうした作業を実装したパッケージがすでに公開されています．もし異なる色覚を持つ方にも安全なカラーパレットについて悩んでいるなら，dichromatパッケージを使ってみることをお勧めします*1．このパッケージでは，各種の安心して使用できるパレットと，異なる色覚を持つ方にとって特定の色がどのように見えるかをおおまかに表示できる便利な関数が用意されています．

例えば，RColorBrewerパッケージのbrewer.pal()関数を使ってggplotの初期設定で使われている色を5つ取り出してみましょう．

```
Default <- brewer.pal(5, "Set2")
```

次にdichromatパッケージを使い，これらの色が異なった色覚ではどのように見えるのかをシミュレーションしてみましょう．

*1 colorblindrパッケージも同じような機能を持っています．

```
library(dichromat)

types <- c("deutan", "protan", "tritan")
names(types) <- c("Deuteronopia", "Protanopia", "Tritanopia")

color_table <- types %>%
    purrr::map(~ dichromat(Default, .x)) %>%
    as_tibble() %>%
    add_column(Default, .before = 1)

color_table
```

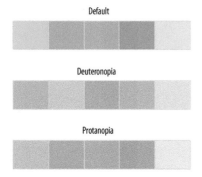

Default

Deuteronopia

Protanopia

Tritanopia

図 8.9：カラーパレットの比較．初期設定の
色と，それが 3 種類の色覚異常を持つ人々そ
れぞれにどう見えているかを比較できる.

```
## # A tibble: 5 x 4
##   Default Deuteronopia Protanopia Tritanopia
##   <chr>   <chr>        <chr>      <chr>
## 1 #66C2A5 #AEAEA7      #BABAA5    #82BDBD
## 2 #FC8D62 #B6B661      #9E9E63    #F29494
## 3 #8DA0CB #9C9CCB      #9E9ECB    #92ABAB
## 4 #E78AC3 #ACACC1      #9898C3    #DA9C9C
## 5 #A6D854 #CACA5E      #D3D355    #B6C8C8
```

このコードでは，まず dichromat() 関数に代入するために
複数の色覚タイプを格納したベクトルを用意し，それぞれのベ
クトルに名前をつけておきます．続いて purrr パッケージの
map() 関数を使い，それぞれのタイプに応じたカラーテーブル
を作りました．パイプラインの残りの部分は，結果の list を
tibble に変換し，オリジナルの色をテーブルの最初の列とし
て加える操作です．ここまでやっておけば，socviz パッケー
ジの便利な関数を使って，これらがどんな色なのかを表示させ
ることができます．

　色を手動で調整する機能は，カテゴリ自体の意味に色が強く
結びついている場合に有効です．例えば政党には，人々がその
政党を思い浮かべるような公式の，もしくは準公式の色を持っ
ている傾向があります．例えば，緑の党であれば（知覚的にバ
ランスのとれた）緑色を使って結果を表現すると読み手にやさ
しい図になります．このような色付けをする際に心に留めてお
くべきことがあります．それは，こうした色分けが時代遅れの
理由やあまり適切でない理由に基づいてカテゴライズ（特に人
に対するカテゴライズ）されている可能性です．安易にステレ
オタイプな色分けをしてはいけません．

色とテキストを一緒に重ねる

　図に色を載せるのは，変数を直接マッピングするだけではな
く，データの特定の側面をピックアップしたり強調したりす
るときにも便利です．このような使い方をするときに，ggplot
の階層的なアプローチは本当に有利に働きます．手動で特定の
色を設定する例を見ていきましょう．この例では，色を強調と
社会的意味の双方に用います．

　それでは，2016年のアメリカ大統領選挙に関するプロッ
トを作っていきましょう．データはsocvizパッケージの
county_dataオブジェクトに含まれています．最初に青色と赤
色を民主党（democrats）と共和党（republicans）に割り当て
ます．続いて基礎的なセットアップを済ませ，プロットの最初
のレイヤーを重ねます．ここではflipped変数が「No」である
行（前回と選挙結果が入れ替わらなかった郡）を取り出してい
ます．geom_point()関数の色は，プロットの背景レイヤーと
して使うために明るい灰色で指定しました．またx軸には対数
変換をかけています（**図8.10**）．

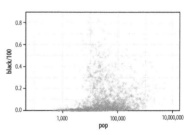

図8.10：背景レイヤー

```
# 図 8.10
# 民主党を青色に，共和党を赤色に指定
party_colors <- c("#2E74C0", "#CB454A")

p0 <- ggplot(data = subset(county_data,
                           flipped == "No"),
             mapping = aes(x = pop,
                           y = black / 100))

p1 <- p0 + geom_point(alpha = 0.15, color = "gray50") +
    scale_x_log10(labels = scales::comma)

p1
```

　さて次のステップ（**図8.11**）では，2番目のgeom_point()
関数のレイヤーを重ねます．このレイヤーには，先ほどと補完

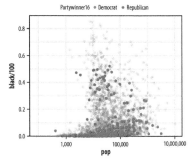

図 8.11：2 番目のレイヤー

的な関係にある同じデータのサブセットを使います．つまり今回は flipped 変数が「Yes」であるもの（前回と異なる政党が勝った郡）を選び出します．x と y は先ほどと同じですが，データのこのパートに対しては partywinner16 変数（2016 年選挙でそのエリアを勝ち取った政党の名前）を color の審美的要素としてマッピングします．そして scale_color_manual() 関数を使って事前に定義しておいた青色と赤色の party_colors オブジェクトの値を設定します．

```
# 図 8.11
p2 <- p1 +
  geom_point(data = subset(county_data,
                           flipped == "Yes"),
             mapping = aes(x = pop,
                           y = black / 100,
                           color = partywinner16)) +
  scale_color_manual(values = party_colors)

p2
```

次のレイヤーでは y 軸の目盛りとラベルを設定します（**図 8.12**）．

```
# 図 8.12
p3 <- p2 +
  scale_y_continuous(labels = scales::percent) +
  labs(color = "County flipped to ... ",
       x = "County Population (log scale)",
       y = "Percent Black Population",
       title = "Flipped counties, 2016",
       caption = "Counties in gray did not flip.")

p3
```

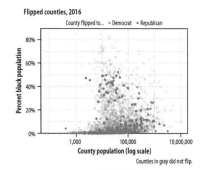

図 8.12：ガイドとラベルを整備し，y 軸の目盛りを修正する

最後に，3 番目のレイヤーを geom_text_repel() 関数を使って重ねます．これは文字をマッピングしたテキストレイヤーですが，これを描画するためにデータから条件を満たす部分を再び取り出します．ここでは選挙の結果が入れ替わった州のうち，アフリカ系アメリカ人の居住率が比較的高い郡に着目しました．でき上がった図は**図 8.13** に示してありますが，変数のコーディングと政治的コンテキストを反映させた色を慎重に使用した結果，複雑ですが読みやすい多層プロットになりました．

```
# 図 8.13
p4 <- p3 +
  geom_text_repel(data = subset(county_data,
                                flipped == "Yes" & black  > 25),
                  mapping = aes(x = pop,
                                y = black / 100,
                                label = state), size = 2)

p4 +
  theme_minimal() +
  theme(legend.position="top")
```

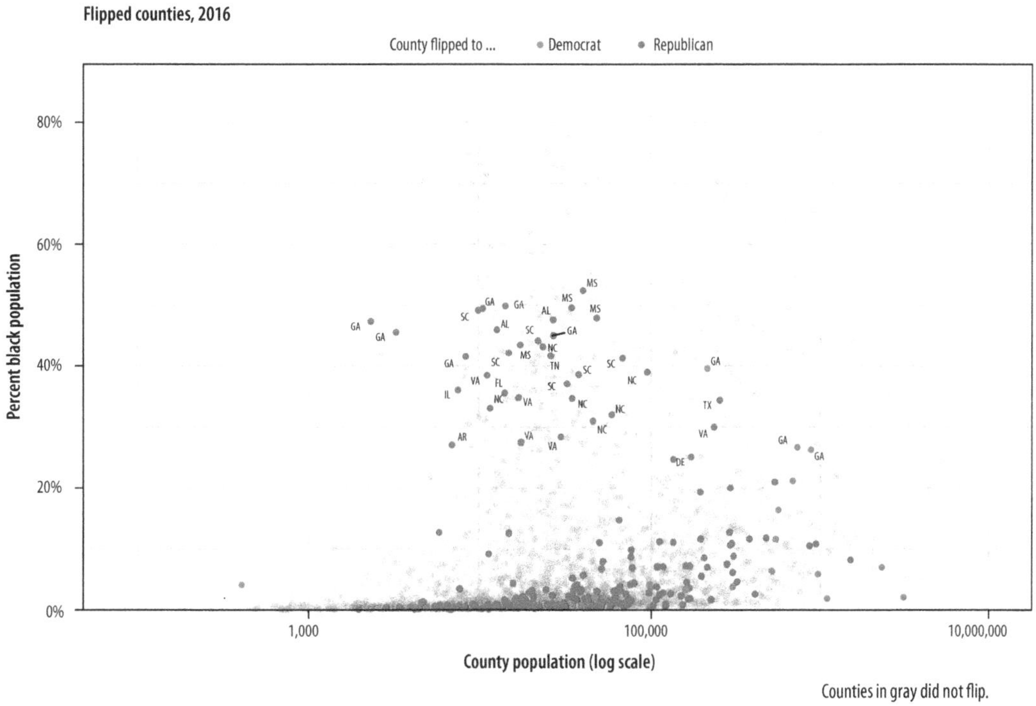
Flipped counties, 2016
County flipped to ...
Democrat
Republican
Percent black population
80%
60%
40%
20%
0%
1,000
100,000
10,000,000
County population (log scale)
Counties in gray did not flip.

図 8.13：2016 年選挙結果を州単位で表す

このようなグラフを ggplot で作るとき，あるいは他の人が作ったよいプロットを見るときには，図の中身を見るだけでなく，その図に明示的に現れている構造とともに，暗に含まれている構造にも少しずつ目を慣らしていくとよいでしょう．まず，プロットの基礎を作っているマッピングを見分けてみましょう．どの変数が x と y にマッピングされているのか．色・塗りつぶし・形・ラベルなどはどうか．そのグラフを作るにはどのような geom_ 関数が必要か．次に目盛りがどのように調整されているかに注意しましょう．軸は変換されていますか．塗

りつぶしと色の凡例は統合されていますか．そして 3 番目に，特に自分でプロットを作る練習をするならば，プロットのレイヤー構造を自分自身で見つけ出してください．基礎となっているレイヤーは何ですか．レイヤー上にはどのような順番で何が描かれているでしょうか．どの上層レイヤーがデータの一部分を取り出して描かれているでしょうか．新しいデータセットに基づいているものはあるでしょうか．注釈はつけられていますか．この方法でプロットを評価する技術は，グラフの文法を使いこなす練習になります．またプロットを見て，それがどのように作り出されているのかを考えるのに役立ちます．

テーマを使ってプロットの外観を変更する

　選挙のプロットは完成に近づいてきました．全体の外観を一度に変更したいときには，ggplot のテーマ機能が使えます．テーマは theme_set() 関数を使って切り替えることができます．この関数は引数にテーマの名前（それ自体も関数になっています）をとります．次のコードを試してみましょう．

```
theme_set(theme_bw())
p4 + theme(legend.position = "top")

theme_set(theme_dark())
p4 + theme(legend.position = "top")
```

　まず，theme() 関数は，プロット上のさまざまなグラフィック要素の表示・消去・調整のための詳細な設定をする関数です．いったん設定すると後続のプロットに適用され，異なる内容で上書きされるまで保存されます．上書きするにはもう一度 theme_set() 関数で宣言するか，もしくはそれぞれのプロットの後ろに theme() 関数を付け加えてください．つまり p4 + theme_grey() とすると環境全体のテーマ設定に対して p4 オブジェクトだけに上書きされたテーマが適用されます．さらに続けて theme() 関数を使い，上に挙げた例のように凡例の位置をグラフの上側に配置し直すなど，プロットのさまざまな要素を事細かに設定することができます．

　ggplot には数種類のテーマが組み込まれていて，例えば theme_minmal(), theme_classic(), theme_gray()（もしくは theme_grey()）といった関数をデフォルトで使えます．この中に好みのものがなければ，ggthemes パッケージをインストールして選択肢を増やしましょう．このパッケージを使うと，

訳注3　grey はイギリス英語，gray はアメリカ英語とされています．

ggplot を，例えば，エコノミスト誌（The Economist）やウォール・ストリート・ジャーナル（The Wall Street Journal, WSJ）っぽく，あるいはエドワード・タフト（Edward R. Tufte）の本に載っているような特徴で出力することができます．**図 8.14** に例を載せました．

　いくつかのテーマは，使用する際にフォントサイズや他の要素が初期設定では大きすぎたり小さすぎたりするため，調整する必要が出てきます．色のついた背景を使う場合，color や fill のマッピングに使っているカラーパレットについても配慮する必要があります．自分の使いたいテーマを最初から全部自分の手で組み上げて定義することもできますし，もしくは既存の近いものを設定しておいて，そこから変更を加えていくこともできます．[訳注4]

```
# 図 8.14
library(ggthemes)

theme_set(theme_economist())
p4 + theme(legend.position = "top")

theme_set(theme_wsj())
p4 + theme(plot.title = element_text(size = rel(0.6)),
           legend.title = element_text(size = rel(0.35)),
           plot.caption = element_text(size = rel(0.35)),
           legend.position = "top")
```

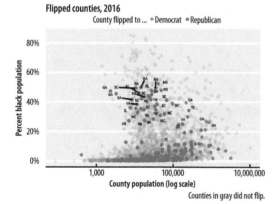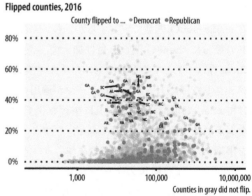

図 8.14：エコノミスト誌風および WSJ 風のテーマ

訳注4　このコードで使われている rel() 関数はオブジェクトの表示サイズを調整するための関数で，この場合は図の基本となるフォントサイズからの大きさの比を数値で指定しています．

一般的に，色のついた背景や調整された書体は，1点物のグラフィックスやポスターに最も適しており，スライドプレゼンテーションの統一感を出したいときや，出版物の伝統や編集スタイルを踏襲する際に利用するとよいでしょう．

プロットを作る上で何か決定する際には，それが印刷物や表示物全体に与える影響に注意してください．審美的要素のマッピングのために色のパレットを選ぶときとまったく同様に，始める段階でよく考え，初期設定を使うのか，既存のよく調整されたテーマを一貫して使うのかを決めるのがよいでしょう．例えばクラウス・ウィルク（Claus O. Wilke）が開発した cowplot パッケージは[*2]，雑誌への投稿を最終目標とする図に適したテーマをうまく作り上げています．一方，ボブ・ルディス（Bob Rudis）の hrbrthemes パッケージは，無料で手に入る書体を使い，洗練されたコンパクトな外観と雰囲気を備えています．これらはどちらも install.packages() 関数を使って入手できます．

theme() 関数を使うことで，プロット中にあるすべての種類のグラフィカルな要素やテキストの外観を詳細に制御できます．例えば，色・書体・フォントの太さを制御できます．これまで本書に書かれた通りにコードを実行していれば，テキストの中で示しているものと自分が手元で作ったプロットが一致していないことに気づいていると思います．軸ラベルは初期設定の位置から少しだけ変えています．書体が違いますし，そして他にもいくつか小さな変更を加えました．本書で使用されているカスタムされた ggplot のテーマには，theme_book() 関数を使っています．これはルディスによる hrbrthemes パッケージの theme_ipsum() 関数をベースにして，改変を加えたものです．付録に詳しい情報を載せました．

図 8.15 を作るために，テキストサイズを微調整し，多くの要素に名前をつけておいて，element_blank() 関数を使って非表示に設定しています．

*2 cowplot パッケージは1つの図に複数のプロットを並べるときに便利な関数も備えています（8.5節を参照）．

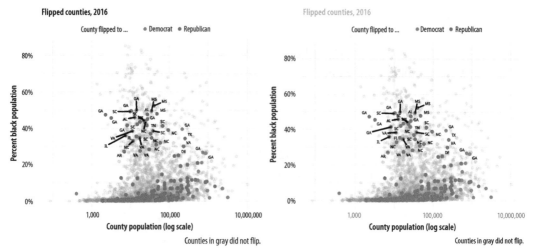

図 8.15：さまざまなテーマ要素の値を直接調整する（このような調整は実際には改悪ですが）

テーマ要素を実務的に使う

　デザイン要素を一貫して統一するためにテーマを使うのはよい方法です．そうしておけば，テーマに関することはいったん脇において，取り組んでいるデータに集中できるからです．しかし ggplot の theme システムがとても柔軟であることを念頭においておくとよいでしょう．ggplot の柔軟性は，こだわりの図を作るために必要な広範囲のデザイン要素をカバーしています．さて次の例ではオースティン・ウェアワイン (Austin Wehrwein) にならい，General Social Survey (GSS: 総合的社会調査) の複数年にわたる回答者の年齢分布を扱いやすい小規模なデータに変形して可視化を試みます (Wehrwein, 2017)．gss_lon データセットは GSS 回答者の年齢分布に関する 1972 年からのデータをすべて含んでいます．**図 8.16** の基礎になっているのは前に紹介した geom_density() 関数の標準化されたレイヤーで，それが year 変数に従って切り出されて並べられ (層別化され) ています．密度曲線は濃い灰色で塗りつぶされ，年ごとの平均年齢を表す指示線が加えられ，ラベルをつけるテキストレイヤーが重ねられています．これらを配置した後，いくつかのテーマ要素を細かく調整しますが，その多くは要素を削除するためのステップです．まず前と同様に element_text() 関数を使ってタイトルやラベルなどのテキスト要素の外観を調整します．そして必要ない要素については element_blank() 関数を使って削除します．

　まず，描画する年ごとの回答者の平均年齢を計算する必要があります．GSS は 1972 年からのほとんどのデータ (ただしすべてではない) を含んでいるため，開始から 4 年ごとの分布を描画してみましょう．平均を抽出するために簡単なパイプラインを使います．

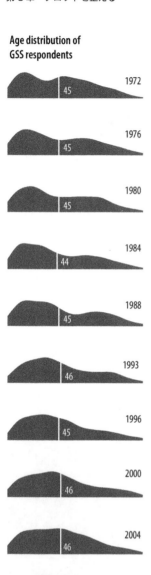

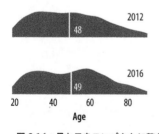

図 8.16：見た目をコンパクトに整えた図

```
yrs <- c(seq(1972, 1988, 4), 1993, seq(1996, 2016, 4))

mean_age <- gss_lon %>%
  filter(age %nin% NA && year %in% yrs) %>%
  group_by(year) %>%
  summarize(xbar = round(mean(age, na.rm = TRUE), 0))
mean_age$y <- 0.3

yr_labs <- data.frame(x = 85, y = 0.8,
                      year = yrs)
```

　　mean_age オブジェクトの y 列は，調査年をテキストとして
配置する際に使おうと思っている列です．続いて，データを整
理して geom_ 関数の準備をします．

```
p <- ggplot(data = subset(gss_lon, year %in% yrs),
            mapping = aes(x = age))

p1 <- p +
  geom_density(mapping = aes(y = after_stat(scaled)),
               fill = "gray20", color = NA, alpha = 0.9) +
  geom_vline(data = subset(mean_age, year %in% yrs),
             mapping = aes(xintercept = xbar),
             color = "white", size = 0.5) +
  geom_text(data = subset(mean_age, year %in% yrs),
            mapping = aes(x = xbar, y = y, label = xbar),
            nudge_x = 7.5, color = "white",
            size = 3.5, hjust = 1) +
  geom_text(data = subset(yr_labs, year %in% yrs),
            mapping = aes(x = x, y = y, label = year)) +
  facet_grid(year ~ ., switch = "y")
```

　　最初の p オブジェクトは，データの中から標的にする年を選
び出し，age 変数を x 軸にマッピングした ggplot オブジェク
トです．geom_densitiy() 関数は基礎となるレイヤーを呼び出
していて，初期設定にある線の色の指定をオフにし，塗りつぶ
し設定を灰色にし，そして y 軸の目盛りを 0 から 1 の範囲に
指定しています．

　　要約したデータを使って，geom_vline() 関数レイヤーで年
齢分布の平均の位置に垂線を追加します．2 つあるテキスト
の geom の中で最初の 1 つは平均年齢の線についてのものです
（色は白色です）．最初の geom_text() 関数では，nudge 引数を
指定してラベルを x の値のすぐ右側に押し出しています．2 番
目のレイヤーは調査年のラベルです．これを表示する理由は，

通常の層別ラベルを消してプロットをよりコンパクトにするためです．最後に，facet_grid() 関数を用い，年齢の分布を調査年で切り出します．switch 引数はラベルを左側に動かすための指定です．

　プロットを配置する場ができたら，theme() 関数を使って要素の表示スタイルを細かく調整していきます．

```
# 図 8.16
p1 +
  theme_minimal() +
  theme(plot.title = element_text(size = 16),
        axis.text.x = element_text(size = 12),
        axis.title.y = element_blank(),
        axis.text.y = element_blank(),
        axis.ticks.y = element_blank(),
        strip.background = element_blank(),
        strip.text.y = element_blank(),
        panel.grid.major = element_blank(),
        panel.grid.minor = element_blank()) +
  labs(x = "Age",
       y = NULL,
       title = "Age Distribution of\nGSS Respondents")
```

　ggplot の開発者コミュニティの魅力の 1 つは，たった一度限りのつもりで特別に作った最初のプロットのアイディアを，新しい geom_ 関数として一般化して誰にでも利用できるようにしてしまえることです．図 8.16 に示した GSS の年齢分布の図を作る最初のコードを書き終えた直後に，ggridges パッケージがリリースされました．ウィルクの手によるこのパッケージでは，先ほどの小規模な密度プロットとは 1 つだけ違っていて，面白い効果を狙って分布が垂直方向に重なることを許しているという特徴があります．この描画方法は，繰り返し測定されたデータの傾向が明確な方向に変化する場合に特に効果的です．それでは ggridges パッケージの関数を使って先ほどの図を再描画してみましょう．geom_density_ridges() 関数ではよりコンパクトな表示をするため，前のプロットには載せていた平均年齢の表示を消す代わりに，GSS 調査年のすべてを描画できています．

```
# 図 8.17
library(ggridges)

p <- ggplot(data = gss_lon,
            mapping = aes(x = age,
                          y = factor(year, levels = rev(unique(year)), ordered = TRUE)))

p + geom_density_ridges(alpha = 0.6, fill = "lightblue", scale = 1.5) +
    scale_x_continuous(breaks = c(25, 50, 75)) +
    scale_y_discrete(expand = c(0.01, 0)) +
    labs(x = "Age", y = NULL,
         title = "Age Distribution of\nGSS Respondents") +
    theme_ridges() +
    theme(title = element_text(size = 16, face = "bold"))
```

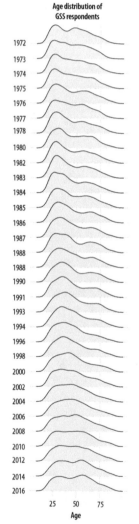

scale_y_discrete() 関数にある expand 引数は，y 軸の描画範囲を細かく調整するものです．この値を調整することで軸ラベルと分布の底の距離を短くし，かつ分布の上部がプロットの枠によって切り取られてしまうのを防ぎます．このパッケージには独自のテーマとして theme_ridges() 関数が用意されているので使ってみました．geom_deinsity_ridges() 関数は，元のバージョンの外観にも対応しています．グラフのオーバーラップの程度は，この geom_ 関数の中の scale 引数で調整してください．もし確かめてみたければ，ここに 1 より大きな値と小さな値を入力した図を見比べて，プロットのレイアウトに与える影響を確認してください．

theme() 関数を通じて調整できるさまざまな変数の，より詳細については ggplot のドキュメントに書かれています．こうしたテーマ要素に関するその場限りの設定は，プロットを作る際に真っ先に取り掛かりたいことかもしれません．しかし実際には，プロットの全体的なサイズと目盛りの調整は別として，テーマ要素の細かな調整はプロットを作る過程の最後に行うことです．いったんいい感じのテーマを設定したら，もう二度とそれについて考えなくても済むようなものであるのが理想的です．

図 8.17：年齢分布プロットのリッジプロット版

8.5

ケーススタディ

よくないグラフはどこにでも転がっています．よりよいグラフは手の届くところにあります．本節では，いくつかの実際に見られるケースを取り上げ，可視化の一般的な問題点やジレンマについて紹介していきます．それぞれのケースにおいて，元となる図を見た後にそれを新しく（そしてよりよく）描き直した図を紹介していきます．このプロセスを通じて，これまで述べてこなかった ggplot の新しい関数や特徴を紹介します．これもまた，実際に取り組む際の流れと一緒です．つまり通常，実際的なデザインや可視化の問題に直面した場合には，ドキュメントの中から問題点の解決策を見つけ出したり，自分たちの手でその代わりになる解答を導き出したりしなければなりません．それではまず一般的な例として，第 2 の y 軸を取り上げていきます．

8.5.1 第 2 の y 軸

2016 年の 1 月，チャールズ・シュワブ社（Charles Schwab, Inc）の主任投資ストラテジストのリズ・アン・ソンダース（Liz Ann Sonders）は，2 つの時系列にある相関性について Twitter に投稿しました．取り上げられたのは株価指数である S&P500（Standard and Poor's 500 stock market index）と，供給通貨量の尺度であるマネタリー・ベース（Monetary Base）の 2 つでした．S&P は対象範囲（およそ過去 7 年間分）において，700 から 2,100 ぐらいの範囲で変動していました．供給通貨量の同時期における変動範囲は，1.5 超から 4.1 超ドルの範囲でした．つまりこの 2 つの時系列は直接には 1 つのプロットに入れられないということを意味しています．供給通貨量は桁違いに大きいので，S&P500 の時系列を底辺の平らな線に押しつぶしてしまいます．こうしたケースに対処するために

はいくつかの便利な方法がありますが，2つ目のy軸が利用されることがあります．

　しっかりとした判断に基づいてデザインされているため，Rでは2つ目のy軸を持つグラフを描く操作は少し難しくなるように設計されています．事実，ggplotでは他のすべての操作から外れた書き方をしなければなりません．ggplotを使わないRの基本関数による作図では，もしやろうと思えば，できるようになっていますが，そのコードについてはここでは紹介しません（https://github.com/kjhealy/two-y-axes には掲載されています）．なぜ紹介しないのかというと，Rの基本関数による作図の仕組みは，本書の全体を通じてお伝えしてきたアプローチとはとても異なるため，混乱を呼ぶからです．

　グラフに2つ目のy軸を書き込もうと思うのは，たいてい今回のように，時系列が互いに実質的な相関を示すと主張したいときです．そのため，2つ目のy軸は2つのグラフをできるだけ近づけて描くために用いられます．2つ目のy軸の大きな問題点は，2変数の関連性について，通常よりもたやすくあなた（あるいは他の誰か）を欺いてしまうことです．なぜならば，1つに対するもう1つの軸の目盛りを相対的に大きくするのも小さくするのも好きなようにできてしまうからです．**図8.18**のx軸の前半では，赤色で示された供給通貨量が青色で示されたS&P500よりも下に来ていますが，後半では上に来ています．

　この傾向は2つ目のy軸をゼロから始めると決心すれば，たやすく「修正」できます．そうすると供給通貨量は前半でS&Pを上回り，後半では下回ります．この描画の結果は**図8.19**左のパネルにあたります．一方，右のパネルではS&Pが0から開始するように軸を調整しました．そして供給通貨量は最小値から始まるような軸で描かれましたが（これは一般的にはよ

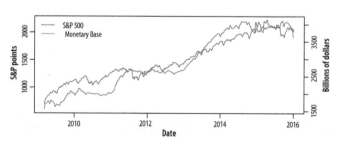

図8.18：それぞれが対応するy軸を持っている2つの時系列

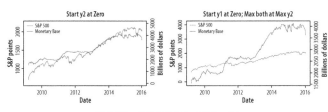

図 8.19：さまざまな 2 つ目の y 軸

い描画方法です），軸の最大値は 4,000 付近にとられています．もちろん，同じ 4,000 でも単位は違います．S&P 側の 4,000 はインデックス番号であり，供給通貨量は 4,000 億ドルを意味しています．この調整は，S&P の成長が見かけ上わずかになったことで，これら 2 つの変数の関連性を大幅に弱める効果を発揮しています．もしこの図を気に入れば，これを元にして随分と異なるストーリーを語ることができるでしょう．

　このデータを描画するのに他にどんな手段があるでしょうか．例えば，2 つの系列を同時に表すために軸を分割したり，途中で空白を入れて区切ったりすることもできます．この方法は時には有効で，第 2 軸を使って重ね合わせたグラフよりも知覚的によりよく捉えられることが知られています (Isenberg, Bezerianos, Dragicevic, & Fekete, 2011)．この方法が最も効果を発揮するのは，プロットに用いる 2 つの時系列が同系統のもので，かつ異なる振れ幅を示すときです．しかし今回のケースはそうではありません．

　別の妥協案は，2 つの時系列の単位が異なる場合（あるいは大幅に異なる振れ幅を示す場合）に使いますが，片方の時系列をスケールし直すという案です（例えば，1000 で割る，1000 を掛けるなど）．もしくは，最初の期間の値を 100 としてそれぞれをインデックスに変換した上で両者を描画する方法です．インデックスの数値にはそれなりの複雑さがありますが，これを用いることで 2 番目の軸を用いずに 1 つの軸で表現することができますし，さらにこれを用いて 2 つの系列の差も同様にして計算し，下に別パネルとして示すことも可能です．私たちの知覚が絶対値の大小ではなく 2 つの時系列が近接している点を探そうとする傾向があるため，時系列の差を視覚的に推定するのはとても難しいことです．クリーブランドによると，2 つの時系列の差の変動を別のパネルとして直下におくという手があります (Cleveland, 1994)．それぞれのプロットをまず作り，

それを1つのオブジェクトとしてまとめてみましょう．このためにはデータを縦長の形式に整頓すると便利です．この操作はtidyrパッケージのpivot_longer()関数を使って次のように行います[訳注5]．このとき，縦長に展開する列をcols引数に，変数名(列名)だった値が格納される新たな列名をnamest_to引数に，値が格納される新たな列名をvalues_to引数にそれぞれ指定します．

```
head(fredts)
```

```
##          date  sp500 monbase  sp500_i monbase_i
## 1 2009-03-11 696.68 1542228 100.0000  100.0000
## 2 2009-03-18 766.73 1693133 110.0548  109.7849
## 3 2009-03-25 799.10 1693133 114.7012  109.7849
## 4 2009-04-01 809.06 1733017 116.1308  112.3710
## 5 2009-04-08 830.61 1733017 119.2240  112.3710
## 6 2009-04-15 852.21 1789878 122.3245  116.0579
```

```
fredts_m <- fredts %>%
  select(date, sp500_i, monbase_i) %>%
  pivot_longer(cols = c(sp500_i, monbase_i),
               names_to = "series",
               values_to = "score")
```

```
head(fredts_m)
```

```
## # A tibble: 6 x 3
##   date       series     score
##   <date>     <chr>      <dbl>
## 1 2009-03-11 sp500_i    100
## 2 2009-03-11 monbase_i  100
## 3 2009-03-18 sp500_i    110.
## 4 2009-03-18 monbase_i  110.
## 5 2009-03-25 sp500_i    115.
## 6 2009-03-25 monbase_i  110.
```

このようにデータを整頓できたら，グラフを作ることができます．

訳注5　原著ではgather()関数を用いて横長の形式から縦長の形式へと変換していますが，現在はpivot_longer()関数の使用が推奨されていますので翻訳の際に最新版に改めました．これはtidyrパッケージのアップデートに伴うものです．

```
p <- ggplot(data = fredts_m,
             mapping = aes(x = date, y = score,
                           group = series,
                           color = series))
p1 <- p + geom_line() + theme(legend.position = "top") +
    labs(x = "Date",
         y = "Index",
         color = "Series")

p <- ggplot(data = fredts,
             mapping = aes(x = date, y = sp500_i - monbase_i))

p2 <- p + geom_line() +
    labs(x = "Date",
         y = "Difference")
```

　ここには2つのプロットがあり，それらをいい感じに並べたいとします．この2つは同じプロットエリアに描きたいわけではありませんが，比較できるようにしたいとしましょう．層ごとに切り出して並べることもできなくはないでしょうが，この3つの系列（2つの系列とそれらの差）を同じ整然としたデータフレームに落とし込むには，大規模なデータの加工が必要になります．代わりに，2つのプロットを分けて作成し，それらを後から好きなように並べてみたいと思います．ここでは，2つの時系列の比較について大きなスペースを割き，インデックスの差は下方の狭いエリアに描画してみましょう．

　これを可能にしているのはグリッド（grid）というレイアウトの仕組みで，Rの基本関数にもggplotにも使われています．この機能がggplotよりも下位のレベルでプロットエリアとオブジェクトの位置と配置を制御しています．グリッドによるレイアウトを直接プログラミングするのはggplotの関数だけでは手に余ります．幸運なことにこれを助けてくれるパッケージがいくつかあります．その1つはgridExtraパッケージです．このパッケージにはgrid.arrange()といったグリッドを操作するエンジンを制御するために便利な関数が多く用意されています．この関数は並べたいオブジェクトのリストとその構造を引数にとることができます．以前にも登場したcowplotパッケージもこの作業を簡単なものにしてくれます．このパッケージではplot_grid()関数が，grid.arrange()関数のように使うことができ，別々にプロットされたオブジェクト同士の軸をそろえるなど，細かい点についても処理してくれます．

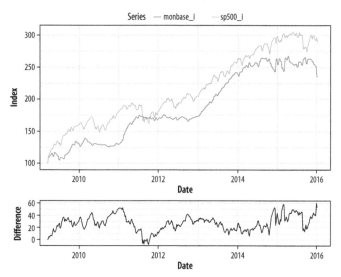

図 8.20：軸を合わせた 2 つの時系列（上段）とその差のグラフ（下段）を別々に作り，1 つに並べた図

```
cowplot::plot_grid(p1, p2, nrow = 2, rel_heights = c(0.75, 0.25), align = "v")
```

　実行結果は**図 8.20** に示します．なかなかよいように見えます．元の図では 2 つの系列は交差していましたが，図 8.20 上では S&P 指標はほぼ全期間にわたって供給通貨量を上回っています．

　このような 2 番目の軸を持つプロットのさらなる大きな問題点は，変数間にあるように見える相関性が，おそらく疑似相関だということです．元の図は，パターンを発見したいという我々の願望を反映しています．実際のところ，この 2 つの時系列には増加傾向がありますが，それ以外の点で深く関連しているというものではありません．この相関性がどの程度確かなのかに関心があれば，単純に片方に対してもう一方の系列を回帰してみることができます．そうすれば供給通貨量から S&P 指標を簡単に推定できます．やってみればわかりますが結果をパッと見ると，同じ期間の供給通貨量を知っているだけで S&P 指標の分散の 95％ を説明できるように見えます．これでお金持ちになれますね！

　しかし悲しいかな，私たちはおそらくお金持ちにはなれません．皆さんご存知のように，相関関係は因果関係ではありません．さらに，時系列データではこの問題が二重に生じています．1 つの時系列について検討するだけであっても，ある時点の観

測値はその直前や，あるいは週や季節のような周期的に離れた時点の観測値とかなり強い関連性を示す場合があります．

　時系列データから例えば成長について論じる前に，季節性などの要素が含まれている場合があり，この点については検討を始める前に考慮しておく必要があります．そして，そのような時系列に沿った成長を予測するために，他の独自のトレンドを持つ時系列を（第2のy軸をとって）持ってくる場合があります．このような状況では，多かれ少なかれ通常の回帰分析の仮説からまず間違いなく逸脱し，2つの系列の関連性の推定が大幅に過剰になってしまいます．この危険を避けるために時系列データを機械的に取り扱う多くの方法では，一見するとパラドックスにも思えるかもしれませんが，データの時間的連続性という特徴を取り去る過程を含んでいます．

　多くの経験則がそうであるように，この第2のy軸についても例外を考えることができます．つまり第2のy軸をかしこく使える状況を想像し，例えば他の人にデータを説明する際の効率を上げたり，研究者によるデータセットの探索をより生産的にしたりする場面を思い浮かべることもできます．それでも一般的には，特に時系列データに対しては，第2のy軸は相関性について誤った表現になるか，もしくは少なくとも過剰に描いてしまいます．散布図においても簡単にこうした誤解を招くような描画ができてしまいます．たとえ系列が1つであっても，第1章で見たように，アスペクト比を調整することで相関関係が平坦にも急峻にも見せることができます．まして第2のy軸を使えば，ほとんどの場合，得るものが本当にまったくないやり方でデータをいじくりまわせるようになってしまいます．第2のy軸の使用を避けるというようなルールがあれば，他の人がチャートを使ってあなたを騙そうとする行為を止めることができるかというと，もちろんできません．しかし，自分自身を騙さないようにするには役立つものです．

8.5.2　図をよりよく修正してみる

　2015年の後半に，マリッサ・メイヤー（Marissa Mayer）のYahoo CEOとしての業績が多くの人々から批判されました．その中の1人，投資ファンドマネージャーのエリック・ジャクソン（Eric Jackson）は，彼がベストだと思うYahooの株価

ボードについて 99 枚のプレゼンテーションを作り，メイヤーに送りつけました（彼はこれを公の場で配布しました）．このスライドの形式は典型的なビジネス・プレゼンテーションになっていました．スライドとポスターはとても便利なコミュニケーション手段です．私の経験では，「パワーポイントによる死」といった文句をいう人々の大部分は，スライドを準備することすらしなかった人々の話を最後まで聞くという，「パワーポイントによる死」よりもさらに悲惨な経験をしたことないのでしょう．それにしても，このスライド一式（slide deck）が，いかにして元々のコミュニケーションを目的とした道具から変容して独自の自由形式を持ちうるに至ったのかを眺めると，あいた口がふさがりません．ビジネス・軍隊・学術界はすべて，さまざまな方法によってこのスライド一式のみで何かを語ろうとする傾向に感染してきました．我々には無限に続く要約とチャートだけしか見せず，メモをとったり記事にまとめたりという手間を省いてしまっているのです．このようなスライドだけをたどっていても何をどこまで話しているのかわからなくなるのは，まったく深まっていない議論に関して延々と続く要約のせいです．

　いずれにせよ，このスライド一式から典型的な 1 枚を抜き出したのが**図 8.21** です．これは Yahoo の雇用者数と収益の関連性について，メイヤーの CEO としての在職期間に着目して，何かいいたげな図に見えます．これらの変数の間に何らかの関連性を確認するには，何種類かの散布図を作るのが自然です．

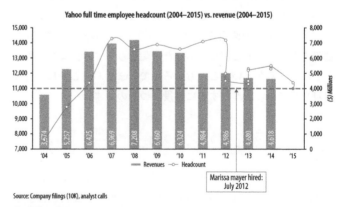

図 8.21：よくないスライドの例
（エリック・ジャクソンが 2015 年に公開したスライド「Yahoo! Investor Presentation: A Better Plan for Yahoo Shareholders」より）

しかしそうする代わりに，x軸に時間をおき，2つのy軸に雇用者数と収益のデータを表示しています．また，収益を棒グラフで，雇用者数をデータ点で示しておいて，少しだけ波打った線で結んでいます．パッと見では，このデータ点を接続している線が手書きによるものなのか，何らかの原則に基づいて細かく波打っているのかよくわかりません（このグラフはExcelで作られていたことが判明しました）．収益の値は棒グラフの中にラベルとして書き込まれています．データ点にはラベルが付されていません．雇用者数のデータは2015年までですが収益は2014年までです．矢印はメイヤーがCEOとして雇われた日付を指し示しているようですが，赤い点線が指し示していることは，実際のところ私にはよくわかりません．これは何か雇用者数が下回っておくべきしきい値のようなものでしょうか．それとも，期間全体を通して比較できるようにするために，単に最後の値を表しているだけでしょうか．明快ではありません．最後に，収益の数値は1年ごとですが，雇用者数については後半では1年の中に1つ以上の観測点が示されています．

　この図をどうやって描き直せばよいでしょうか．最初の動機に立ち戻り，雇用者数と収益の関係を理解することに焦点を当ててみましょう．2番目の要素として，この関係性においてメイヤーの役割について何かいえるか考えてみましょう．このスライドの罪は，上で議論したように，2つの時系列を異なる2本のy軸で表現したことです．この表現はビジネス系のアナリストに好んで用いられます．時間以外のx軸を使ったことがないのではないかと思うほどです．

　この図を書き直すために，図の棒グラフにあたる雇用者数のデータをQZ.comから取得しました．スライドに四半期ごとの数字がある場合，2012年を除いてその年の最後の値を使いました．メイヤーは2012年の7月に任命されました．理想的には四半期ごとの収益と，四半期ごとの雇用者数のデータがすべての期間にわたって得られればよいのですが，これは手に入りませんので，最も賢明なのは我々が関心を持っているメイヤーがCEOに就任した1年間を除いてすべて年次形式にそろえるやり方です．この取り扱いには意味があって，こうしないとメイヤーの就任の直前に行われた大規模な雇い止めが彼女のCEO任期中の出来事として誤って割り振られてしまうからです．ということで結果的にデータセットには2012年について

は 2 つの観測値があります．この 2 つは同じ収益ですが，雇用者数は異なっています．数値情報は yahoo データセットに含まれています．

```
head(yahoo)
```

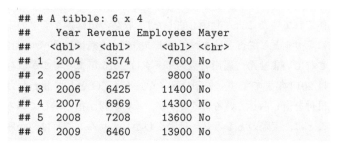

```
## # A tibble: 6 x 4
##    Year Revenue Employees Mayer
##   <dbl>   <dbl>     <dbl> <chr>
## 1  2004    3574      7600 No
## 2  2005    5257      9800 No
## 3  2006    6425     11400 No
## 4  2007    6969     14300 No
## 5  2008    7208     13600 No
## 6  2009    6460     13900 No
```

書き直しを素直に進めていきます．ただ散布図を作り，メイヤーが CEO だったかどうかに応じてデータ点を色付けていきます．もうすでにとても簡単にこのプロットを作れるということをご存知だと思います．散布図を作るだけでなく，少しだけ手間をかけて，ビジネスアナリストが愛している時系列の要素も加えてみましょう．geom_path() 関数を使うことで，線分によって「ドットをつなぐ」ことができます．この場合は順序に従って年次データをつなぎ，そしてその年をデータ点のラベルとして示すことができます．この結果，プロットは対象期間における会社の軌道を，ちょうどカタツムリが石の上をはうような形で表現しています（**図 8.22**）．2012 年の測定値が 2 つあることを再度思い出してください．

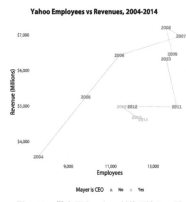

図 8.22：散布図をつないだ修正済みの図

```
# 図 8.22
p <- ggplot(data = yahoo,
            mapping = aes(x = Employees, y = Revenue))
p + geom_path(color = "gray80") +
    geom_text(aes(color = Mayer, label = Year),
              size = 3, fontface = "bold") +
    theme(legend.position = "bottom") +
    labs(color = "Mayer is CEO",
         x = "Employees", y = "Revenue (Millions)",
         title = "Yahoo Employees vs Revenues, 2004-2014") +
    scale_y_continuous(labels = scales::dollar) +
    scale_x_continuous(labels = scales::comma)
```

この方法でデータを眺めてみると，メイヤーは収益が減少していた期間の後，そしてその直後の大規模な雇い止めの後に就

任していることがわかります．これは大企業の指導者としては
よくあるパターンです．それ以降，新規雇用か買収によって雇
用者数は少し戻っていますが，収益は落ち続けています．この
図の表現は元図が表現したかった内容を表していますし，むし
ろより明快に示せています．

　他の表し方としては，アナリストの人々が幸せになれるよう
にx軸に時間をとっておいて，y軸には雇用者数に対する利益
の比率をプロットしてみることもできます（**図8.23**）．これに
よって再び時系列トレンドが線形で表されますが，情報をより
読み取りやすい形式になっています．プロット用のコードは
`geom_vline()`関数を使ってメイヤーがCEOに就任したタイ
ミングを示す垂線を描くところから始まっています．

```
# 図 8.23
p <- ggplot(data = yahoo,
            mapping = aes(x = Year, y = Revenue/Employees))

p + geom_vline(xintercept = 2012) +
    geom_line(color = "gray60", size = 2) +
    annotate("text", x = 2013, y = 0.44,
             label = " Mayer becomes CEO", size = 2.5) +
    labs(x = "Year\n",
         y = "Revenue/Employees",
         title = "Yahoo Revenue to Employee Ratio, 2004-2014")
```

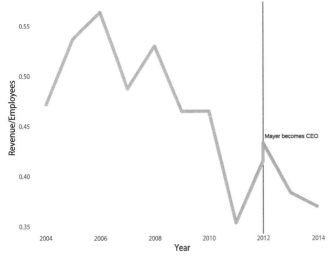

図 8.23：時間軸に沿った雇用者数に対する利益の割合

8.5.3　円グラフは使っちゃダメ

　3番目の例には，円グラフ（pie chart）を取り上げます．**図8.24** はニューヨーク連邦準備銀行（New York Federal Reserve Bank）の資料で，アメリカ合衆国の債務の構造について示したものです（Chakrabarti, Haughwout, Lee, Scally, & Klaauw, 2017）．第1章で示したように，円グラフの知覚的認知性はそれほど高くありません．円グラフにおいて示されている値を正しく比較するのが難しい場合があり，それは特に示されている扇型の数が少しでも多かったり，いくつかの扇型の大きさが近かったりするときです．量的な比較をする場合，もっと素直な方法はクリーブランドドットプロット（Cleveland dotplot）や棒グラフです．円グラフの中の2つの扇型を比較しようとする場合，例えば図8.24のような場合，図の読み手は円グラフの扇型と，その下に垂直に並べられた凡例との間を行ったり来たりしなければならず，これがさらに比較を難しくしています．

　図8.24にはもう1つ追加の要素があります．データは，借り手と債務の割合を，未払金の額に応じて5,000ドル未満から200,000ドル以上の範囲を分割して示しています．したがって，この円グラフでは分割されて示されている変数はカテゴリカルであるというだけではなく，高低の順序も持っているのです．円グラフでは順序なしのカテゴリカル変数，例えば売上全体に占めるピザとラザニアとリゾットの割合を表すこともできます

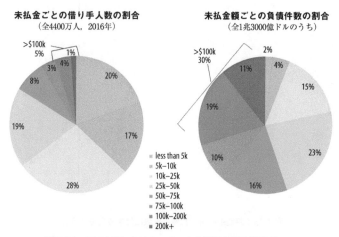

図8.24：2016年におけるアメリカ合衆国の債務構造データ

ので，変数がさらに高低の順序を持っていると読み取るのが大変になります．円グラフに並べられたカテゴリを把握するのは，2つの分布を比較しようとするとますます難しくなります．図の2つの円グラフでは上から時計回りに系列が並べられていますが，それを追って読んでいくのは簡単ではありません．これは図の扇型に1つの原因があります．なぜならカテゴリを示すために選ばれた色が連続的ではないからです．図8.24で使われているのは順序なしの色分けで，この色で債務者のカテゴリを区別して表すことは確かにできていますが，高低のある連続系列には採用しないようにしましょう．

したがって，図8.24はグラフの種類が望ましいものではないというだけではなく，数値の解釈に通常よりも多くの努力を払う必要があり，それはカラーパレットの選択を間違えているからです．円グラフではよくあることですが，解釈を容易にするための妥協点はすべての扇型に対してすべての数値を書き込み，またその概要を円の外側に付け加えることです．もしそうした方がよい状況にはまり込んだら，図を描き直した方がよいのではないか，あるいは代わりに表で示した方がよいのではないかということをよく考えてみるべきでしょう．

2種類の方法でこの円グラフを描き直すことができます．いつものことですが，どちらのアプローチも完全ではありません．というよりも，それぞれのアプローチは異なる方法でデータの特徴を浮き上がらせます．したがってどれがよい方法かは，データの何を強調したいかに依存しています．このデータは studebt というオブジェクトに入っています．

```
head(studebt)
```

```
## # A tibble: 6 x 4
##   Debt       type         pct Debtrc
##   <ord>      <fct>      <int> <ord>
## 1 Under $5   Borrowers     20 Under $5
## 2 $5-$10     Borrowers     17 $5-$10
## 3 $10-$25    Borrowers     28 $10-$25
## 4 $25-$50    Borrowers     19 $25-$50
## 5 $50-$75    Borrowers      8 $50-$75
## 6 $75-$100   Borrowers      3 $75-$100
```

この円グラフを作り直す試みとして，まずは2つの分布を層ごとに切り出して並べて比較してみましょう．後で利用するた

めにいくつかラベルを設定しておきます．また，層別化するた
めに使う特別なラベルも作っておきましょう．

```
# 図 8.25
p_xlab <- "Amount Owed, in thousands of Dollars"
p_title <- "Outstanding Student Loans"
p_subtitle <- "44 million borrowers owe a total of $1.3 trillion"
p_caption <- "Source: FRB NY"

f_labs <- c(`Borrowers` = "Percent of\nall Borrowers",
            `Balances` = "Percent of\nall Balances")

p <- ggplot(data = studebt,
            mapping = aes(x = Debt, y = pct / 100, fill = type))
p + geom_bar(stat = "identity") +
  scale_fill_brewer(type = "qual", palette = "Dark2") +
  scale_y_continuous(labels = scales::percent) +
  guides(fill = "none") +
  theme(strip.text.x = element_text(face = "bold")) +
  labs(y = NULL, x = p_xlab,
    caption = p_caption,
    title = p_title,
    subtitle = p_subtitle) +
  facet_grid(~ type, labeller = as_labeller(f_labs)) +
  coord_flip()
```

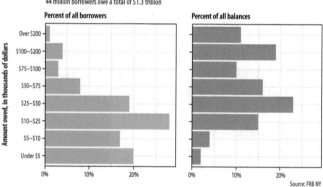

図 8.25：円グラフを切り出して並べてみる

図 8.25 にはかなりの量の調整が施されています．まず，
theme() 関数の中で切り出されたパネルのテキストを太字にし
ています．この操作でグラフィカル要素を操作するには最初に
その名前（strip.text.x）が呼び出され，それに続く element_
text() 関数を用いて調整します．また，scale_fill_brewer()
関数を使って塗りつぶしのマッピングに対するカラーパレットを

調整しています．最後に，切り出されたパネルのラベルを中身のないものから，情報を含んだものに付け替えています．この操作は facet_grid() 関数の中で labeller 引数に as_labeller() 関数を呼び出すことで行っています．このコードの最初の方で，f_labs というオブジェクトを作っていますが，これは studebt データの type 変数に新しい値を関連付けるための小さな名前付きベクトルとして機能しています．ラベルの貼り直しに必要な文字列はバックティックを使いました．as_labeller() 関数は，このオブジェクトを引数にとり，facet_grid() 関数が呼ばれたときに新しいラベルのテキストを作り出します．

実際のところいかがでしょうか．このプロットは円グラフよりすぐれているでしょうか．操作としては 2 つのカテゴリにデータを分割して，それぞれの割合を棒グラフとして表しました．このパーセンテージは x 軸に書かれています．債務額のカテゴリを区別する代わりに，それを y 軸の値としてとり直しています．こうすることで，棒グラフを上から下に眺めるだけでカテゴリの内部を比較することができます．左側のパネルは債務を抱える学生 4,400 万人のうち 5 分の 1 が，5,000 ドル未満の債務額であることが，パッと見てとれます．この表記にすることでカテゴリを超えた比較もより簡単にできます．列方向にさっと比較すればよくて，例えば 20 万ドル以上の債務を抱えている借り手はわずか 1% 程度しかいないのに，このカテゴリだけで債務額全体のうち 10% 近くを占めていることが読み取れます．

図 8.25 で x 軸にとっていたパーセンテージを y 軸にとり，負債の量に基づくカテゴリを x 軸にとった棒グラフを作ることも可能です．しかしカテゴリカル変数で表す軸のラベルが長い場合，一般的にはそれを y 軸にとった方が読みやすいと思います．最後に，2 つの債務カテゴリを色によって区別すると見栄えはよくなりますし，少しだけ読み取りやすいグラフになりますが，図 8.25 のグラフの色は層別化される前のデータにおいては何ら情報のエンコードやマッピングに寄与していません．塗りつぶしのマッピングは便利ですが冗長でもあります．図 8.25 のグラフ表現は図 8.24 とは異なり簡単に白黒で表すことができ，そういう面でも有益だということもできます．

図 8.24 や図 8.25 のような 2 つの切り分けられたグラフではあまり強調されない点は，それぞれの負債のカテゴリが同じ総量に対する占有率のパーセンテージであることです．数値を割

合で表すという特徴は円グラフが何よりも強調している点ですが，これまで見てきたように，特にカテゴリに順序がある場合では，占有率を円グラフを用いて強調するには知覚的なコストが必要です．しかしおそらく，別の種類の棒グラフを使うことで，この占有率という点を強調することができます．高さ方向に区分された別々の棒を使うのではなく，1つのバーの中で個々のパーセンテージの分布を比例的に並べられます．2つのメインとなる積み上げ棒グラフを作り，それを比較しやすいように横に並べて描画してみます（**図8.26**）．

```r
# 図 8.26
library(viridis)

p <- ggplot(studebt, aes(y = pct / 100, x = type, fill = Debtrc))
p +
  geom_bar(stat = "identity", color = "gray80") +
  scale_x_discrete(labels = as_labeller(f_labs)) +
  scale_y_continuous(labels = scales::percent) +
  scale_fill_viridis(discrete = TRUE) +
  guides(fill = guide_legend(reverse = TRUE,
                             title.position = "top",
                             label.position = "bottom",
                             keywidth = 3,
                             nrow = 1)) +
  labs(x = NULL, y = NULL,
       fill = "Amount Owed, in thousands of dollars",
       caption = p_caption,
       title = p_title,
       subtitle = p_subtitle) +
  theme(legend.position = "top",
    axis.text.y = element_text(face = "bold", hjust = 1, size = 12),
    axis.ticks.length = unit(0, "cm"),
    panel.grid.major.y = element_blank()) +
  coord_flip()
```

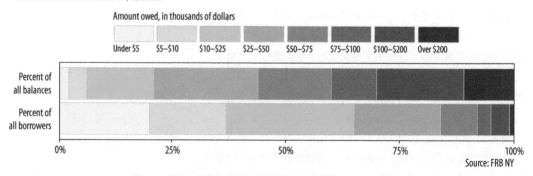

図 8.26：負債の分布を水平方向に分割された棒グラフとして描画

　図 8.25 の作図コードもそうでしたが，この図 8.26 のコードでもかなりの量の調整を入れています．一度に 1 つずつオプションを剥がしてみて，それがどうなるのか試してみるのをお勧めします．as_labeller() 関数を f_lab オブジェクトと組み合わせて再び使っていますが，これは今回は x 軸のラベルに適用されています．theme() 関数を使ってプロットの中の純粋に視覚的な要素を調整しています．axis.test.y 引数で y 軸のラベルを大きくして右ぞろえにし，element_text() 関数によって太字にしています．また, theme() 関数のその他の引数によって軸の目盛りを取り除き，element_blank() 関数を使って y 軸のグリッド線を消しています．

　もう少し実質的なところでは，図 8.26 では色について多く手をかけています．最初に棒のセグメントの区別を簡単にするために，geom_bar() 関数を使って棒の境界の色を明るい灰色に設定しました．続いて，viridis パッケージに再びご登場いただき（第 7 章で小さな多変量マップを描くのに使いましたね），カラーパレットを作るのに scale_fill_viridis() 関数を使いました．3 番目に，所得のカテゴリを昇順の色でマップし，値が小さい方から高い方に，また左から右に，そして黄色から紫になるようにキーを調整しています．これは fill のマッピングを Debt 変数から Debtrc 変数に切り替えることで行っています．Debtrc 変数ではカテゴリの分類は先ほど使った Debt 変数と同一ですが，その所得レベルの順序がほしい順番に並び替わっています．また，凡例をタイトルとサブタイトルのすぐ下のトップに配置することで，最初に読み手に提示されるように表示しています．

　残りの調整には guides() 関数を使っています．これまで表示したくない凡例を消すためにしか guides() 関数を使ってきませんでした．しかし，その有用性をここで見ることができます．guides() 関数には塗りつぶしのマッピングに関する一連の指示を与えています．これによって色のコーディングを逆順にするように（reverse = TRUE），凡例のタイトルをキーの上に配置するように（title.position），色のラベルをキーの下に配置するように（label.position），色のボックスの幅を少し広げるように（keywidth），そしてすべてのキーを 1 列に表示するように（nrow），という調整を施しています．

　これはなかなか大量の調整でしたが，もしあなたがこれを実

行していなかったら，プロットを読み取るのは難しくなっていたでしょう．繰り返しになりますが，一連のレイヤーやオプションを外してみてプロットがどうなるのか試してみてください．図8.26では未払い金額の量が，全残額，および全借り手の割合に対してどのようなパーセンテージで分類されているのか簡単に読み取ることができます．特にx軸の両側では，この2つのタイプを縦横に眺めて比較することができます．そうすることで，例えば，ごく少数の借り手に対して負債の占有率が不つり合いに高いということが簡単に読み取れます．このように注意深く調整を施したとしてもまだ，個々のセグメントのサイズを推定するのは，それを切り出して表示していた図8.25ほど簡単ではありません．これは，それぞれのピースを比較する際の基準点や基底線がないためです．（図8.25のファセットプロットでは，x軸が比較基準になっています）．したがって，例えば棒の左端にある「$5未満」のセグメントでは「$10-$25」よりも簡単にその大きさを推定できます．積み上げ棒グラフはとても慎重に使う必要があるという注意喚起は，それを最大限活用しようと努力していた今回のようなケースでも，依然として大きな効力を発揮しています．

8.6

次の一手

　本書も終わりに近づいてきました．ここまで来たあなたが，さらに前に進むには主に2つの道筋があります．まずは，自信を持ってさらにコーディングの練習を続けていくことです．ggplotを学び続けることで，さらにtidyverseの理解を深め，そこから広げていくことで一般的なRについて多くのことを学んでいけるでしょう．何を選びとるかは，学者やデータサイエンティストとしてのあなた自身の必要性や興味によって決められていくでしょうし，そうあるべきです．この流れで自然に次に来る教科書は，ハドリー・ウィッカム（Hadley Wickham）とギャレット・グロレマンド（Garrett Grolemund）による『Rではじめるデータサイエンス（原題：*R for Data Science*, https://r4ds.had.co.nz/)』です（Wickham & Grolemund, 2016）．本書では多少触れましたが詳細には紹介しなかったtidyverseの構成要素について述べられています．その他のお勧めできるテキストはChang (2013)と，ロジャー・ペン（Roger D. Peng）の『*R Programming for Data Science* (leanpub.com/rprogramming)』です．また，ggplotそれ自体について徹底的に知りたい方はWickham (2016) を読むとよいでしょう．

　新たな種類のグラフをggplotで作り続けていると，最終的にggplotがあなたが求めていることを十分にやってくれなくなるか，必要な種類のgeomがなくなってしまうときが訪れるでしょう．そんなときに最初に訪問するべき場所は，ggplotの枠組みを拡張するという新たな世界です．手始めにはダニエル・エマーシット（Daniel Emaasit）のggplotのためのアドオンパッケージの概略（https://exts.ggplot2.tidyverse.org/gallery/)を眺めてみるとよいでしょう．私たちは本書の中ですでにいくつかの拡張を施してきました．ggrepelやggridgesのように拡張パッケージは通常1つか2つのあなた

が今必要としている geom を提供するものです．時には，トーマス・リン・ペダーセン（Thomas Lin Pedersen）の ggraph パッケージのように，まとまった geom の詰め合わせをまとめて手に入れることができます．ggraph パッケージは，ネットワークデータの可視化を整然と行うための最高の道具の詰め合わせになっています．さまざまなモデリングや解析には ggplot をさらにカスタムしたり，もしくは実施する解析の種類に密接に関連したコーディングをしたりする必要が生じます．ハレルは ggplot を基本にした明快な例をたくさん紹介しています（Harrell, 2016）．ゲルマンとヒルおよび今井は R を使った古典的な方法について書籍を出版しています（Gelman & Hill, 2018; Imai, 2017）．シルジとロビンソンはテキストデータを tidy なアプローチで解析し可視化する方法を示しています（Silge & Robinson, 2017）．また一方で，フレンドリーとメイヤーは可視化的アプローチが困難なことが多い離散的データの解析について徹底的に解説しています（Friendly & Meyer, 2017）．

　さて前に進むための 2 番目の道は，他人が作ったグラフを見て考えることです．ヤン・ホルツ（Yan Holz）による「*The R Graph Gallery*」（http://r-graph-gallery.com/）というウェブサイトでは ggplot と他の R のツールを使って描かれたいろいろな種類のグラフを集めた便利なコレクションがあります．「*PolicyViz*」（https://policyviz.com/）はジョン・シュワビッシュ（Jon Schwabish）のサイトで，データ可視化に関する多くのトピックを取り扱っています．その中で定期的にケーススタディを紹介し，可視化を使ってそのケースを改善したり，あるいはそこで紹介されているデータに新たな光を当てたりしています．ただし，最初からコードが一緒に紹介されている例だけを見ていてはいけません．前にも書きましたが，ggplot の本当の強みはそれを支えるグラフィックスの文法（grammar of graphics）にあります．その文法はグラフの作り方によらず，グラフを読み取って解釈するためのモデルです．ggplot はそれがどのようなグラフであっても，それが持つデータ・マッピング・ジオム・スケール・ガイド・レイヤーが何であるかを表現する語彙を提供しています．そしてその文法が ggplot2 パッケージとして実装されているため，グラフの構造を解剖できるようになれば，簡単にそれを自分の手で再現するコードの概要

をスケッチできるようになります.

　研究の原理・原則・目的はいつの時代もそれほど変わりませんが,その技術や道具は移り変わっていきます.これは特に社会科学において顕著です(Salganik, 2018).データ可視化はこうした新しい発展に追いついていくためのすばらしい入り口になっています.本書で紹介したggplotはどんなツールよりも汎用的でパワフルです.ggplotを使ってデータをじっくりと確認するべきです.データの確認はデータについて考えることの代わりにはなりません.データ可視化はあなたが正直になるように仕向けることはできませんし,魔法のように間違いを防いでくれるわけではありませんし,そしてあなたのアイディアを真実に変えてくれる技術でもありません.しかしデータの分析を行う際に,可視化はデータの中にある特徴を炙り出します.それがあなた自身の基準に従って行動することを助けてくれるでしょう.もしあなたが正直であればですが.可視化は,あなたが直面した避けられない過ちの発見とその修正を助けてくれます.そしてあなたが持っているアイディアとそれに対するよいデータを持っているときに,説得力のある方法でそのアイディアをグラフとして示すのに本書で学んできたデータ可視化が役立つでしょう.

　付録では R および ggplot に関して，使用中に遭遇する可能性が高いさまざまな側面についての補足情報が含まれます．ソフトウェアを扱う場合，その過程の中には避けられない問題が発生します．これはしばしばストレスになります．しかし，こうしたつまずきはコードを書く人なら誰しもが直面する問題です．そして問題の解決策を見出すたびに，なぜ問題が生じたのか，どうしてうまくいかないのかについての知識が身につき，次の問題への対処方法を考える自信につながるでしょう．

A.1

R に関する補足

　関数にデータセット，そしてその他の組み込みの R オブジェクトは，ヘルプドキュメントにその使い方が文書化されています．RStudio を利用している場合，このドキュメントは画面右下のヘルプタブで閲覧・検索ができます．R のヘルプドキュメントは関数ごとに書かれている内容の量や質に差があります．基本的には簡潔な記述になる傾向があります．ただし，これらのドキュメントは (本質的に) 同じ構造を持っているため，その読み方を知っておくと便利です．**図 A.1** にはその概要を説明しています．関数は引数に受け取った入力に対してアクションを実行，出力を返す点に留意してください．何かが与えられて機能し，何かが出てきます．つまり，関数を実行するにあたり何が必要となるか，そして何を得たいのかです．何が必要かはヘルプの "Usage" および "Arguments" の箇所に表示されます．関数の引数には，その名前と与えるべきデータの種類が指定されます．いくつかの引数は既定値が与えられています．例えば mean() 関数では na.rm 引数はあらかじめ FALSE に設定されています．このことは "Usage" セクションに表示されています．（名前付き）引数に既定値が定められていない場合，何かしらの値を指定する必要があります．引数によって受け付けられるデータの種類は異なります．それはデータセットであったり数値・論理値であったりします．

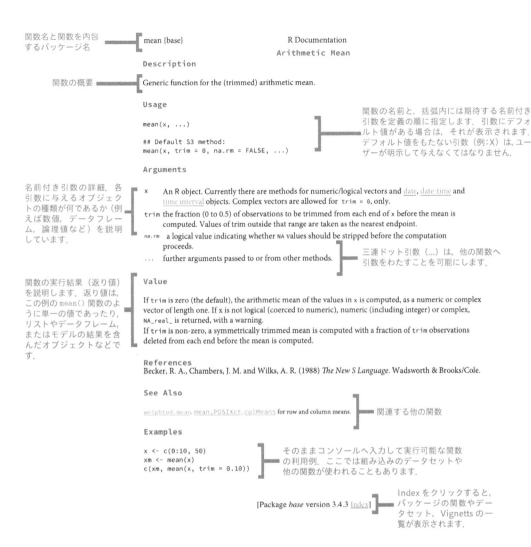

関数名と関数を内包するパッケージ名

mean {base}　　　　　　　　R Documentation
　　　　　　　　　　　Arithmetic Mean

Description

関数の概要

Generic function for the (trimmed) arithmetic mean.

Usage

mean(x, ...)

Default S3 method:
mean(x, trim = 0, na.rm = FALSE, ...)

関数の名前と，括弧内には期待する名前付き引数を定義の順に指定します．引数にデフォルト値がある場合は，それが表示されます．デフォルト値をもたない引数（例:X）は，ユーザーが明示して与えなくてはなりません．

Arguments

名前付き引数の詳細．各引数に与えるオブジェクトの種類が何であるか（例えば数値，データフレーム，論理値など）を説明しています．

x　　　An R object. Currently there are methods for numeric/logical vectors and date, date-time and time interval objects. Complex vectors are allowed for trim = 0, only.

trim　the fraction (0 to 0.5) of observations to be trimmed from each end of x before the mean is computed. Values of trim outside that range are taken as the nearest endpoint.

na.rm　a logical value indicating whether NA values should be stripped before the computation proceeds.

...　　further arguments passed to or from other methods.

三連ドット引数（...）は，他の関数へ引数をわたすことを可能にします．

関数の実行結果（返り値）を説明します．返り値は，この例の mean() 関数のように単一の値であったり，リストやデータフレーム，またはモデルの結果を含んだオブジェクトなどです．

Value

If trim is zero (the default), the arithmetic mean of the values in x is computed, as a numeric or complex vector of length one. If x is not logical (coerced to numeric), numeric (including integer) or complex, NA_real_ is returned, with a warning.
If trim is non-zero, a symmetrically trimmed mean is computed with a fraction of trim observations deleted from each end before the mean is computed.

References
Becker, R. A., Chambers, J. M. and Wilks, A. R. (1988) *The New S Language*. Wadsworth & Brooks/Cole.

See Also

weighted.mean, mean.POSIXct, colMeans for row and column means.　　関連する他の関数

Examples

x <- c(0:10, 50)
xm <- mean(x)
c(xm, mean(x, trim = 0.10))

そのままコンソールへ入力して実行可能な関数の利用例．ここでは組み込みのデータセットや他の関数が使われることもあります．

[Package *base* version 3.4.3 Index]

Index をクリックすると，パッケージの関数やデータセット，Vignetts の一覧が表示されます．

図 A.1：R ヘルプドキュメントページの構造

　もう 1 つ注目すべき箇所として "Value" セクションがあります．ここには関数が実行されると何を返すかが書かれています．関数が返す内容も関数によってさまざまです．これは単一の値や，ごくわずかなベクトルオブジェクトであったりします．一方で ggplot のように複雑な結果を返すものもあります．また，モデル関数を実行した際は，多数の要素により構成されるリストが返却されます．

　よく整備されたパッケージでは，Demo と Vignettes が提供されることがあります．これらは特定の関数ではなく，パッケー

ジの使い方やその全貌を記述するためのものです．すぐれた
Vignettes には，パッケージがどのように動作するのか，また
何ができるのかを説明するとともに，その具体例が示されます．
ただし Vignettes はすべてのパッケージで必須なものではあ
りません．パッケージが Vignettes を提供しているかは，関
数のヘルプドキュメントの下部にあるパッケージ Index をク
リックして確認します．Vignettes が用意されている場合，移
動したページの DESCRIPTION に続いて，Vignettes へのリンク
が表示されます．

A.1.2　オブジェクトを参照する

　一般的にいえば，tidyverse の流儀に沿ったデータ抽出や選
択などの操作は，R の組み込みでのベクトルや行列，テーブル
などの要素の基本操作方法とは異なります．これらの要素に対
して参照を行うには，要素を直接参照するよりも select() 関
数や filter() 関数，subset() 関数，merge() 関数といった関
数を用いた操作が安全で信頼性があります．^{訳注1}一方で，要素の直
接的な参照方法を覚えておくことも大事です．それが便利なと
きがあります．さらに重要な点としては，コードの中でこれら
の手法を活用できるできるようになることです．ここではベク
トルと配列，そして表形式に対する R の参照演算子を簡単に
説明していきます．

　再び my_numbers と your_numbers について考えます．これ
は次に示す通り，ベクトルオブジェクトです．

```
my_numbers <- c(1, 2, 3, 1, 3, 5, 25)

your_numbers <- c(5, 31, 71, 1, 3, 21, 6)
```

　my_numbers の特定の要素を参照するには，[演算子を使い
ます．[演算子は関数で使われる括弧とは異なります．丸括弧
ではなく角括弧です．これは位置によってインデックス化され
た要素を選ぶのに使われます．

訳注1　select() 関数や filter() 関数は dplyr パッケージでも提供されています．dplyr
　　　　パッケージを読み込む際，これらの同名の関数が dplyr パッケージによってマスクさ
　　　　れることがコンソールに表示されます．

```
my_numbers[4]
```

```
## [1] 1
```

```
my_numbers[7]
```

```
## [1] 25
```

　括弧の中に数字 n を与えて実行すると，ベクトルの n 番目の要素が出力されます．連続した複数の要素を得る際は次のようにします．

```
my_numbers[2:4]
```

```
## [1] 2 3 1
```

　: 演算子を使った方法は，: を挟んだ2番目から4番目までの数値を配列化する指示となります．連続ではなく，特定の数値を複数得るには c() 関数を使います．

```
my_numbers[c(2, 4)]
```

```
## [1] 2 1
```

　R は最初に c(2，4) を評価，my_numbers の2, 4番目の要素を参照し，それを抽出します．複数の要素の指定に，なぜ my_numbers[2,3] としなかったのかを疑問に感じるかもしれません．それは，このカンマ区切りで2つの数値を指定する方法が，行列やデータフレームなどの2次元に格納されるデータに適用するための記法だからです．2次元構造のオブジェクトの例として，c() 関数で用意した2つのベクトルからなるデータフレームを tibble() 関数で作成してみます．

```
my_tb <- tibble(
    mine = c(1, 4, 5, 8:11),
    yours = c(3, 20, 16, 34:31))
```

```
class(my_tb)
```

```
## [1] "tbl_df"      "tbl"          "data.frame"
```

```
my_tb
```

```
## # A tibble: 7 x 2
##     mine yours
##    <dbl> <dbl>
## 1     1     3
## 2     4    20
## 3     5    16
## 4     8    34
## 5     9    33
## 6    10    32
## 7    11    31
```

2次元のデータにインデックスを指定するときは,最初に行,次に列という順番です.配列には3次元以上のものもあります[*1].

*1 これらのコードチャンクには # で始まる説明文があります.R の構文では # はコメントのために使われる記号です.コードのどの行においても,# の後のテキストは R では評価されません.

```
my_tb[3,1] # 第 3 行 1 列目の値を参照
```

```
## # A tibble: 1 x 1
##     mine
##    <dbl>
## 1     5
```

```
my_tb[1,2] # 第 1 行 2 列目の値を参照
```

```
## # A tibble: 1 x 1
##    yours
##    <dbl>
## 1     3
```

tibble オブジェクトには列に名前が与えられています.その名前を用いた要素の選択も可能です.それには [で要素の位置を指定したように引用符を使って列に名前を与えます.

```
my_tb[3,"mine"] # 3 行目の第 1 列
```

```
## # A tibble: 1 x 1
##     mine
##    <dbl>
## 1     5
```

```
my_tb[1,"yours"] # 1 行目第 2 列
```

```
## # A tibble: 1 x 1
```

```
##    yours
##    <dbl>
## 1     3
```

```
my_tb[3,"mine"] # 3行目第1列
```

```
## # A tibble: 1 x 1
##     mine
##    <dbl>
## 1     5
```

```
my_tb[1,"yours"] # 1行目第2列
```

```
## # A tibble: 1 x 1
##    yours
##    <dbl>
## 1     3
```

　特定の列のすべての要素を得るには，インデックスとして与えている数値を取り除きます．これにより，列内のすべての行に含まれる値を参照することになります．

```
my_tb[,"mine"] # すべての行の1列目
```

```
## # A tibble: 7 x 1
##     mine
##    <dbl>
## 1     1
## 2     4
## 3     5
## 4     8
## 5     9
## 6    10
## 7    11
```

　これとは逆に，行を指定してすべての列の値を表示することもできます．

```
my_tb[4,] # 4行目のすべての列
```

```
## # A tibble: 1 x 2
##    mine yours
##    <dbl> <dbl>
## 1     8    34
```

　データフレーム中の特定の列に含まれる値を参照するには $
演算子が便利です．この演算子は他にもさまざまなオブジェク
トの要素を抽出するときに利用できます．次のように $ の直後
に関心のある列名を与えてその中身を参照します．

```
my_tb$mine
```

```
## [1]  1  4  5  8  9 10 11
```

　異なる種類のオブジェクトを持つ，複雑なオブジェクトの要
素もこの方法で参照可能です．

```
out <- lm(mine ~ yours, data = my_tb)
```

```
out$coefficients
```

```
## (Intercept)        yours
## -0.08011921   0.28734222
```

```
out$call
```

```
## lm(formula = mine ~ yours, data = my_tb)
```

```
out$qr$rank  # 入れ子構造のオブジェクトを参照
```

```
## [1] 2
```

　最後に，データフレームでは $ 演算子を使って新しい列を追
加する例を紹介します．次の処理は，データフレームの 2 列の
値を行ごとに足した値を列として作成します．この方法で列を
作成するには，代入時に対象となる列を $ 演算子の後に指定す
ることになります．

```
my_tb$ours <- my_tb$mine + my_tb$yours
my_tb
```

```
## # A tibble: 7 x 3
##    mine yours  ours
##   <dbl> <dbl> <dbl>
## 1     1     3     4
## 2     4    20    24
## 3     5    16    21
```

```
## 4      8    34    42
## 5      9    33    42
## 6     10    32    42
## 7     11    31    42
```

本書では，通常 [や $ 演算子を利用した参照方法は採用しません．要素を参照するのに，名前を使わずにインデックス番号を指定する方法は一般的にあまりよい方法ではありません．どちらの場合も間違ったデータを選択するリスクはありますが，特に後者はそのリスクが高いです．さらに，後の作業で（データを追加したときなど）テーブルの構造が変わってしまうと列の絶対的な位置がずれるので，参照するインデックスの番号が変わる可能性が非常に高いです．それでも小さな作業をこなすには c() 関数を頻繁に使用することになります．そのためベクトルから要素を抽出する方法について理解することは価値があります．

A.1.3　tidy データ

利用するデータが適切な形であれば，R や ggplot の操作は簡単になります．実際に ggplot は入力のデータが tidy であることを前提にしています．tidy データの考え方について，詳しくは Wickham & Grolemund (2016) の第 5 章に書かれています．ここでは Wickham (2014) の議論に従い，R での tidy データがどのように見えるかを理解するための説明を行います．tidy データの特徴は以下の 3 点に要約されます．

- 各変数は独立した列で表現される
- 観測した値は 1 行に記録される
- 観測データの集合はテーブルを表現する

多くのデータ分析では，最初の 2 点が最も重要です．対して最後の項目はやや馴染みがないものかもしれません．これはデータベースの分野でいわれる「データの正規化」(Codd, 1990) を指した内容です．具体的に正規化の目標は，データの重複を抑え，関連する一連のテーブルにデータを格納することになります．データ分析は通常，1 つの大きなデータテーブルを扱います．その際，いくつかの変数間で行の重複が見られる

表 A.1：tidy ではないデータ

name	treatmenta	treatmentb
John Smith	NA	18
Jane Doe	4	1
Mary Johnson	6	7

表 A.2：同じデータを異なる形式で表示したもの．まだ tidy ではない．

treatment	John Smith	Jane Doe	Mary Johnson
a	NA	4	6
b	18	1	7

表 A.3：tidy データ．すべての変数は列として独立し，観測値が行に記録される．

name	treatment	n
Jane Doe	a	4
Jane Doe	b	1
John Smith	a	NA
John Smith	b	18
Mary Johnson	a	6
Mary Johnson	b	7

ことがしばしばあります．

　統計データのような何らかの集計結果を要約したデータは一般的には，ここで示されるような tidy 形式ではありません．そのためデータを構造化する際には，データの配置方法について明らかにしていることが求められます．データがきちんと整形されていない場合，ggplot を使用した描画を行う際に問題となることがあります．

　例として，Wickham (2014) の議論からの**表 A.1** と**表 A.2**を考えてみましょう．同じデータを異なる方法で表示しますが，ggplot でそれを操作してグラフを作成しようとすると，それぞれに問題が発生します．**表 A.3** は，今度は tidy な形式で同じデータをもう一度示しています．

　ウィッカムは，整形しにくいデータの特徴として以下の 5 点を挙げています．

- 列の先頭行が変数名ではなく数値
- 複数の（分離可能な）変数が 1 つの列に格納されている
- 行と列に変数名が記録されている
- 複数の種類の観測値が同じテーブルに保存されている
- 単一の観測単位が複数テーブルに繰り返し記録されている

Table A-1. Years of school completed by people 25 years and over, by age and sex: selected years 1940 to 2016
(Numbers in thousands. Noninstitutionalized population except where otherwise specified.)

Age, sex, and years	Total	Years of school completed						Median
		Elementary		High school		College		
		0 to 4 years	5 to 8 years	1 to 3 years	4 years	1 to 3 years	4 years or more	
25 years and older								
Male								
2016	103,372	1,183	3,513	7,144	30,780	26,468	34,283	(NA)
2015	101,887	1,243	3,669	7,278	30,997	25,778	32,923	(NA)
2014	100,592	1,184	3,761	7,403	30,718	25,430	32,095	(NA)
2013	99,305	1,127	3,836	7,314	30,014	25,283	31,731	(NA)
2012	98,119	1,237	3,879	7,388	30,216	24,632	30,766	(NA)
2011	97,220	1,234	3,883	7,443	30,370	24,319	29,971	(NA)
2010	96,325	1,279	3,931	7,705	30,682	23,570	29,158	(NA)
2009	95,518	1,372	4,027	7,754	30,025	23,634	28,706	(NA)
2008	94,470	1,310	4,136	7,853	29,491	23,247	28,433	(NA)
2007	93,421	1,458	4,249	8,294	29,604	22,219	27,596	(NA)
2006	92,233	1,472	4,395	7,940	29,380	22,136	26,910	(NA)
2005	90,899	1,505	4,402	7,787	29,151	21,794	26,259	(NA)

図 A.2：国勢調査における，R で扱いにくい tidy ではない形式の表の構造

データは常に整形されていない状態で送られてきますが，多くの場合，これには正当な理由があります．それは，スペースやラベルと行の繰り返しを少なくすることでデータの見通しをよくするためです．**図 A.2** は，アメリカ合衆国での教育歴に関する国勢調査局のテーブルデータの最初の数行を示しています．先頭は表形式のデータの構造を示す，小さなテーブルとして整理されています．この小さなテーブルの最初の列は，年齢と性別，そして年に分類されています．次に，「Years of School Completed」について見てみましょう．この列は，学校のレベルや年数に応じていくつかの列にまたがって格納されています．空白の行を削除し，追加テーブルの行に名前をつけることでテーブルの形を規則的に整形することはそれほど難しいことではありません．この作業を手動で行い，Excel や csv の形式で読み込み可能な形に整えることもできるでしょう．しかし手動でのデータ整形は，可能な限りプログラムを書いて作業する理念には即さないため，現実的な策ではありません．このプロセスを自動的に行えるようにしましょう．tidyverse パッケージには，Excel が扱う表形式のデータ操作を行うための readxl パッケージが含まれています [*2]．

*2 https://readxl.tidyverse.org/

tidyverse パッケージには，この他にもデータを整形するのに役立つツールが豊富にあります．これらは主に tidyr と dplyr パッケージによって提供されています．例えば tidyr の関数を利用し，横長の形式のデータを縦長の形式に変換可能です．また，本質的に分離可能な列を複数の列に分割したり，いくつかの列を 1 つに結合したりする処理も実現できます．もう 1 つの dplyr パッケージは，本書を通して見てきたように tidy データを操作するさまざまな機能，すなわち抽出や行方向のスライス，グループ化などを提供します．

edu オブジェクトから pivot_longer() 関数を使用して，教育歴に関する変数を項目を示す変数と値を格納する変数との組み合わせに変形可能です [訳注2]．まずは cols 引数には変形対象とする変数名を指定します．names_to 引数には変数名として扱われていた項目を新たに格納する変数名を，values_to 引数には記録された値を格納する変数名を新たに定義します．この操作

訳注 2　原著では tidyr パッケージ gather() 関数を使った処理が示されますが，ここではバージョン 1.0.0 以降の gather() 関数にとって代わる関数 pivot_longer() 関数のコードを示します．

により，新しいオブジェクト edu_t を生成します．

```
edu_t <- pivot_longer(data = edu,c
                      cols = elem4:coll4,
                      names_to = "school",
                      values_to = "freq")
head(edu_t)


tail(edu_t)
```

　たくさんの列に分かれていた教育歴のカテゴリは，今2つの変数にまとめられました．school 変数はキー列として与えられています．このようにデータが値と項目からなる長い形になると，ggplot をはじめとした tidyverse の関数での処理がさらに簡単に適用可能となります．

データ読み込み時の共通問題

A.2.1 データ形式

日付の形式は厄介です．第一の理由は，時刻と日付は通常の数値とは異なる意味合いがあることです．このため数値の処理とは扱いを変えなくてはいけません．第二の理由は，この日付を表す形式が実に多様なことに起因します．例えば日付を記録する精度や日付の要素である年,月,日の表示方法の規則によっていくつもの表現形式が存在します．次のデータ構造について考えてみます．

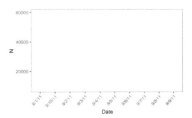

図 A.3：よくない日付の表示形式

```
head(bad_date)
```

```
## # A tibble: 6 x 2
##   date          N
##   <chr>     <int>
## 1 9/1/11    44426
## 2 9/2/11    55112
## 3 9/3/11    19263
## 4 9/4/11    12330
## 5 9/5/11     8534
## 6 9/6/11    59490
```

日付列のデータが文字列として扱われています．しかし心配は無用です．Rでは文字を日付のデータに変更可能です．このことを忘れてしまい，日付データを文字列のまま処理した場合，作図が思わしくない結果となってしまいます（**図 A.3**）．

```
# 図 A.3
p <- ggplot(data = bad_date, aes(x = date, y = N))
p + geom_line()
```

どうしたことでしょうか．この問題は ggplot が x 軸に与えられた値を日付データと認識していないために起きています．

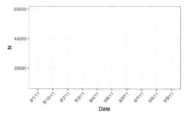

図 A.4：まだよくない状態のグラフ

ggplot は date 列の値を日付ではなく，カテゴリカル変数のように日付を一意の要素と見なして処理しようとします（厳密には因子データです）．カテゴリ化された日付データですが，このデータには日付ごとに1つの観測値しか含まれていません．ggplot の関数はこの奇妙な状況を把握し，ユーザーに対してメッセージを発信しています．一方でこのデータでは group = の指定が有効であるかはわかりません．

次に，この日付の値が一意でない場合にはどう処理されるかを確認してみましょう．データを結合する rbind() 関数を利用し，同じ行が2つあるデータフレームを作成します．最終的にはすべての観測値が重複する形になります．

```
bad_date2 <- rbind(bad_date, bad_date)

# 図 A.4
p <- ggplot(data = bad_date2, aes(x = date, y = N))
p + geom_line()
```

これで同じ日付に複数のデータが含まれているようになり，ggplot のメッセージは消えました．一方で図 A.4 はまだよくありません．

この問題を解決するために lubridate パッケージを使います．このパッケージでは，さまざまな形式の（/ や - を使って区切られる）日付的な文字列を，R で使われる日付オブジェクトに変換する一連の関数を提供します．まずは，このデータの日付文字列である month/day/year 形式を修正するために mdy() を利用します．同様に，対象のデータにおける日付文字列が year-month-day である場合など，この他の形式を日付オブジェクトに処理するためには，lubridate パッケージのドキュメントを参考にしてください[訳注3]．

```
# install.packages("lubridate")
library(lubridate)

bad_date$date <- mdy(bad_date$date)
head(bad_date)
```

訳注 3 日本語圏では日付を表現するのに一般的には「年 / 月 / 日」の形式が用いられます．lubridate パッケージでは mdy() 関数の代わりに ymd() 関数を使うことで，この形式の日付文字列の処理を行います．

```
## # A tibble: 6 x 2
##   date             N
##   <date>       <int>
## 1 2011-09-01 44426
## 2 2011-09-02 55112
## 3 2011-09-03 19263
## 4 2011-09-04 12330
## 5 2011-09-05  8534
## 6 2011-09-06 59490
```

date 列の値が日付オブジェクトになりました．あらためて
図を描いてみましょう（**図 A.5**）．

```
# 図 A.5
p <- ggplot(data = bad_date, aes(x = date, y = N))
p + geom_line()
```

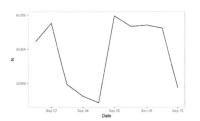

図 A.5：ずっとよい図になりました

A.2.2　年だけのデータ

　年の変数は，多くの場合 4 桁の数値として記録されています．
その際，ggplot の x 軸に年をプロットしようとすると頭を悩
ます問題に遭遇することがあります．これは，扱う時系列デー
タが短期間の場合に比較的発生しやすい問題です．次に示すよ
うなデータを考えてみましょう．^{訳注4}

```
url <- "https://raw.githubusercontent.com/kjhealy/viz-organdata/master/organdonation.csv"

bad_year <- read_csv(url)
bad_year %>% select(1:3) %>% slice_sample(n = 10)
```

```
## # A tibble: 10 x 3
##    country        year donors
##    <chr>         <dbl>  <dbl>
## 1  Canada         1992   12.6
## 2  Ireland        1993   17.1
## 3  Italy          1998   12.3
## 4  Switzerland      NA     NA
## 5  United States    NA     NA
## 6  United States  2001   21.3
## 7  Germany        1997   13.2
## 8  Spain          1999   33.4
## 9  Australia      1993   12.5
## 10 Italy            NA     NA
```

訳注 4　以下のコード例では，原著の sample_n() 関数の代わりに slice_sample() 関数
　　　　　を用いています．slice_sample() 関数は dplyr パッケージのバージョン 1.0.0 で
　　　　　追加された関数で，sample_n() 関数と同等の機能を持ちます．

organdata データセットはそれほど整っていません．year 列は日付に関するオブジェクトではなく，整数として認識されています．この状態で年ごとの寄付率（donation rate）の値をプロットしてみます（**図 A.6**）．

```
# 図 A.6
p <- ggplot(data = bad_year, aes(x = year, y = donors))
p + geom_point()
```

```
## Warning: Removed 34 rows containing missing values (geom_point).
```

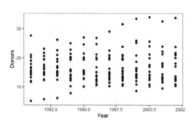

図 A.6：整数であるはずの年が小数点付きで表示されてしまいます

年のデータを表すために x 軸の小数点は不要でしょう．scale_x_continuous() 関数に文字列として年を表す区切り位置（breaks）とラベル（labels）を指定することで解消できます．しかしこれは表面的な対応です．代わりに year 列のクラスを変更する処理を行いましょう．R に対して，year 列が整数ではなく日付の値を格納するべきだと伝えます．ここでは socviz パッケージの int_to_year() 関数を用いて整数から日付への変換を実行します．

```
bad_year$year <- int_to_year(bad_year$year)
bad_year %>% select(1:3)
```

```
## # A tibble: 238 x 3
##    country   year        donors
##    <chr>     <date>      <dbl>
##  1 Australia NA          NA
##  2 Australia 1991-06-15  12.1
##  3 Australia 1992-06-15  12.4
##  4 Australia 1993-06-15  12.5
##  5 Australia 1994-06-15  10.2
##  6 Australia 1995-06-15  10.2
##  7 Australia 1996-06-15  10.6
##  8 Australia 1997-06-15  10.3
##  9 Australia 1998-06-15  10.5
## 10 Australia 1999-06-15   8.67
## # ... with 228 more rows
```

この処理では，今日の月・日が年データに挿入されますが，データが最初から年単位でしか観測されていないことを考えるとあまり意味はありません．ただし，データ中のすべての値に対してこの処理を実行したい場合には，この関数を通して年月

日の指定が可能です.

A.2.3 コードの重複を減らすために関数を書く

　共通のデータセットを使用して類似したプロットを作成したり，繰り返しの作業を行ったり，1つの処理では完結しないような複雑な処理を書き始めたりしたとき，繰り返し使うコードを蓄積し始めることは将来のためにすぐれた機会となります．1つの解析処理を終えて，コピー・ペーストでコードを複製したのち，対象の条件やデータの箇所だけを変更して，次の解析処理を行ってしまいがちです．この傾向は本書のサンプルコードの中でも見受けられます．例えばプロットされる目的変数ないし説明変数だけが異なるプロットを何度か繰り返し実行していましたが，それは説明を容易にするためです．

　このやり方でコードをコピーし，流用するのは避けてください．代わりに関数を書きましょう．類似の処理を行うコードは関数を書くためのよい機会です．多かれ少なかれ，Rを使った作業は関数を介して実行されます．関数を書くこと自体はそれほど難しいことではないのです．これは複雑で巨大なタスクを実行する手段ではなく，局所的・小さなタスクを効率的に実行する方法です．このことを覚えておいてください．Rにはggplotのように複雑な関数を提供するパッケージを構築するための情報資源が豊富にあります．しかしここでは小さな，目の前にあるデータセットで作業を楽にする関数を書くことにしましょう．

　関数は入力を受け取り，処理を実行，出力を行うことを思い出しましょう．例えばxとyの2つの数値を足す関数を考えてみましょう．次のようなコードを書くことでこの処理は実現可能です.

```
add_xy(x = 1, y = 7)
```

　では，この関数をどうやって定義しますか．Rではすべてがオブジェクトであり，関数もまたオブジェクトの一種であることに注意しましょう．そしてRのすべての操作は関数を介して行われます．したがって新しい関数を作成する場合，関数を

定義するための function() 関数を使います.

```
add_xy <- function(x, y) {
    x + y
}
```

function() 関数は,次の 2 点でこれまで見てきた関数と異なることがわかります. まず引数に与える項目は,実現したい処理のために使うものです. 2 つ目は,function(x, y) の直後に {(波括弧) 記号があり,それに続いて x と y を足す処理を行う R のコードが書かれ,最後に再び } 記号によって括弧が閉じられる点です. 波括弧で囲まれた部分が関数で実行する内容です. このコードを add_xy オブジェクトに代入することで,2 つの数値を足し合わせた数値を返却する add_xy() 関数が定義されます.

```
add_xy(x = 5, y = 2)
```

関数は多くの引数を受け取れます. function(...) の括弧の中で宣言される引数は既定値を持てます. 既定値は関数の実行時に自動的に与えられるもので,ユーザーが変更可能なオプションとなります. 関数は if ... else 構文といったフロー制御を含めて,R の力を発揮できる小さなプログラムとして機能します. 例えば次の関数は ASA データの任意のセクションの散布図を描画する関数です. オプションとして回帰直線を描画するかどうかをユーザーが選択できるようになっており,その結果で描画される内容も変化します. 関数の定義は,関数の引数の指定や関数内部のフローの制御を除けば関数の呼び出しに似ている点があります.

```
plot_section <- function(section = "Culture", x = "Year",
                         y = "Members", data = asasec,
                         smooth = FALSE){
    require(ggplot2)
    require(splines)
    p <- ggplot(subset(data, Sname == section),
            mapping = aes(x = {{ x }}, y = {{ y }}))

    if(smooth == TRUE) {
        p0 <- p + geom_smooth(color = "#999999",
                              size = 1.2, method = "lm",
```

```
                        formula = y ~ ns(x, 3)) +
            scale_x_continuous(breaks = c(seq(2005, 2015, 4))) +
            labs(title = section)
    } else {
    p0 <- p + geom_line(color = "#E69F00", size = 1.2) +
        scale_x_continuous(breaks = c(seq(2005, 2015, 4))) +
        labs(title = section)
    }

    print(p0)
}
```

この関数は汎用性に欠けています．加えて特に堅牢でもあり
ません．しかし手持ちのデータで実行する分には十分です（**図
A.7**）．

```
# 図 A.7
plot_section("Rationality")
plot_section("Sexualities", smooth = TRUE)
```

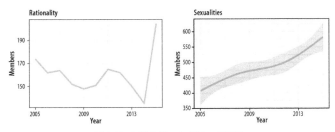

図 A.7：関数を使ったグラフの描画

ここで扱うデータを長い間使うことになる場合，この関数
はより一般化した方がよいでしょう．例えば，関数の引数
で geom_smooth() 関数の実行を操作するのではなく，関数の
オプションとして geom_smooth() 関数に引数をわたせるよう
に，... 引数を追加できます．この特殊な引数は「その他の名
前付き引数」を意味します．これにより，geom_smooth() 関数
の挙動を柔軟に指定できるようになります（**図 A.8**）．

```
plot_section <- function(section = "Culture", x = "Year",
                         y = "Members", data = asasec,
                         smooth = FALSE, ...){
    require(ggplot2)
    require(splines)
    p <- ggplot(subset(data, Sname == section),
            mapping = aes(x = {{ x }}, y = {{ y }}))
```

```
    if(smooth == TRUE) {
        p0 <- p + geom_smooth(color = "#999999",
                              size = 1.2, ...) +
            scale_x_continuous(breaks = c(seq(2005, 2015, 4))) +
            labs(title = section)
    } else {
    p0 <- p + geom_line(color = "#E69F00", size = 1.2) +
        scale_x_continuous(breaks = c(seq(2005, 2015, 4))) +
        labs(title = section)
    }

    print(p0)
}


# 図 A.8
plot_section("Comm/Urban",
             smooth = TRUE,
             method = "loess")
plot_section("Children",
             smooth = TRUE,
             method = "lm",
             formula = y ~ ns(x, 2))
```

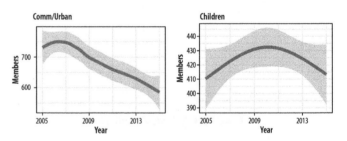

図 A.8：plot_section() 関数は，引数をわたして，異なる平滑化処理をデータに適用できる

プロジェクトとファイルを管理する

A.3.1　R Markdown と knitr

　マークダウン（Markdown）[3] はドキュメントの書式設定に関する情報を含むプレーンテキストを記述するためのツールです．ジョン・グルーバー（John Gruber）により開発され，その後アーロン・スワーツ（Aaron Swartz）による拡張が行われました．マークダウンの目的は，プレーンテキストの形式で文書の可読性の損失を最小限に抑え，文書に関する構造の情報（見出しや小見出し，強調やハイパーリンク，リスト，脚注など）を組み込める機能を提供することでした．HTML のようなプレーンテキストは，こうした構造の定義が Markdown よりも明確になされています．HTML が厳密であるのに対し，Markdown は構造のシンプル化を目指しています．しかし，HTML は弱点を抱えているとはいえ，長年にわたり使用され続けてきたこともあって，事実上の標準となっています．マークダウンはテキストエディタやノート作成アプリケーションでもサポートされ，マークダウンを HTML 以外の多くのファイル形式に変換するツールも存在します．こうしたマークダウン関連ツールの中で最も強力なのが Pandoc[4] です．Pandoc を使うことで，例えばマークダウンから多様な文書形式への変換（その逆もしかり）を行うことが可能になっています．Pandoc は R Markdown ファイルを HTML やマイクロソフトの Word アプリケーション，PDF 文書へと変換するためにも使われ，RStudio では内部で Pandoc を利用しています．

　第 2 章で，R Markdown を使用してメモをとりながらコードを書き，knitr による分析結果の整理を行うことを勧めてきました[5]．これらは RStudio を使う中でも利用されます．R Markdown ファイルは，R コードを記述するコードチャンクとその他の文章によって構成される，マークダウンの拡張です．

コードチャンクには，チャンクを識別するためのラベルとチャンク内に記述されたコードを制御するいくつかのオプションが指定できます．コードと文章を書いた後，Rmd ファイルを編成します．この作業は knit と呼ばれます．Rmd 中のコードチャンクの内容を処理し，出力内容を含んだコードに置き換えます．その後，マークダウンをより読みやすい PDF や HTML に変換します．この他にも，学術誌が要求するワードドキュメント形式への変換も可能です．

　RStudio の舞台裏では，これらはすべて knitr および rmarkdown パッケージを介して実行されます．rmarkdown パッケージは .Rmd 形式のファイルを HTML や PDF に変換する render() を提供します．.Rmd のコードチャンクに記述された R コードを抽出したファイルを生成することも可能です．R Markdown を使った作業のよい点は，作業内容を適切に文書化するのが容易になることです．この場合，データ分析を実行する部分とその結果は 1 つのファイルに保存されます．分析の結果は，その場で評価され，実行した R コードもまた結果に含まれます．類似したデータセットに対して，複数の同一の(非常に類似した内容の)分析を行う場合，knitr と rmarkdown パッケージを使用することで一貫性があり信頼できるレポートを簡単に生成できます．

　knitr パッケージや RStudio で使われるマークダウンの設定は Pandoc で使われるものと同一です．ここでは一般的なマークアップが実現可能になっています．例えば複雑な表や引用，参考文献，数式の表示など，学術的な文書で使われる基本的な書式が指定できます．さまざまな種類の文書ファイルのみならず，ウェブサイトやプレゼンテーション用のスライド資料といった種類のドキュメントも生成可能です．RStudio の R Markdown を利用したウェブサイト構築の機能に関しては，豊富なドキュメントや事例が用意されています．また，そこには必要に応じてカスタマイズするための情報も含まれます．

　このようなプレーンテキスト形式でメモやレポートを作成することには，次に挙げるように多くの利点があります．1 つは，作業内容，コード，そして結果をより連携させることができます．さらに強力なバージョン管理ツールを利用し，作業内容と履歴を管理することが可能です．データ解析におけるコードに関する問題点の多くは，論文の図や表を作成するための手順

と，その後の出力との間に存在するギャップによって発生します．通常の方法では，データ分析用のコードは1つのファイルに，生成される出力結果はまた別のファイルに，そして論文本体は3つ目のファイルとして存在することになります．この場合，分析を実行して出力結果を整理し，関連する文献をコピーする過程で，形式を整えるなどの作業が発生します．これらの各手順において，人為的な操作エラーが発生する恐れがあります．特に結果の表は，元のデータとは切り離されてしまうことになるので，結果だけが一人歩きしてしまうことになります．論文執筆の経験がある人のほとんどが，解析の再検討・再解析が必要となるにもかかわらず，前にその結果をどうやって出したのかがまったく記述されていない，古い草案を読む羽目になるという問題に直面したことがあるでしょう．例えば査読者からの質問やコメントに答えるために，2年前に行った分析内容についてあらためて記述することも珍しくはありません．ここで，正しい答えを出すのにすべてを一からやり直す必要はありません．誰かの定量分析の結果を再現する難しさはさておいて，わずかな時間が経過しただけでも論文の著者が自身の作業を復元することはとても難しいです．これは大袈裟な表現ではありません．「Bit-rot」はコンピュータサイエンスの分野で使われる，経年劣化的に6ヶ月以上放置していたプロジェクトは自発的に崩壊してしまうことを指す用語です．

　小中規模のプロジェクトでは，R Markdown ドキュメントとここで解説するツールによるプレーンテキストの手法を採用するのがよいでしょう．ただし，プロジェクトが大きくなるにつれて物事は複雑さを増していきます（これはプレーンテキストで管理するからという理由ではなく，プロジェクト運用の本質にかかわる事実です）．一般的に，プロジェクトの過程はノートと分析を，標準化されたシンプルな形式で保存することに価値があります．しかしプロジェクトの最終成果物（原著論文や書籍など）は，完成が近づくにつれて細かな修正や調整が殺到する傾向にあります．そのため，解析の過程と最終成果物は分断されており，再現可能な分析という理想からは離れてしまっているのが現実でしょう．とはいえ，避けられない最終ゴール地点でのトラブルを最小限に抑えることには価値があります．

A
付録

A.3.2 プロジェクトを組織化する

プロジェクトの管理はそれ自体が大きなテーマであり，人々は強い関心を持っています．ここでの目標は，コードとデータを移植・再現可能な状態に，そして自己完結できるようにすることです．これは実際には RStudio でプロジェクトベースの手法を用いることになります．新しいデータを得て，プロジェクトを開始する際，基本的には R コードや R Markdown も新規に作成することになります．これらはプロジェクトによって管理することにします．私たちが目指すのは，R と RStudio，そして利用するパッケージがインストールされた別のコンピュータ上で，同じファイルを実行した際に同じ結果を得ることにあります．

このために 2 つの作業を行います．まず，R はオブジェクト指向言語ですが，プロジェクトの中で唯一の「本物の」永続的なものは，最初に作成した生のデータファイルと，それを操作するコードだけであるべきです．コードこそが現実のものです．コードはデータを操作し，必要なオブジェクトや出力をすべて作成します．R でオブジェクトを保存することは可能ですが，一般的には日常的な分析のためにこれを行う必要はないはずです．

次に，利用するコードやデータをプロジェクトフォルダ以外の場所に置かないようにすることです．つまりデータや図の保存の際に絶対パスを使用しないことが大事です．プロジェクトフォルダを基点とし，そこから深い階層の位置にファイルを配置するようにします．そうでなければこのプロジェクトフォルダを第三者に手渡した場合，その人はプロジェクトフォルダの外にあるファイルを参照できません．具体的には次のようなコマンドでデータを読み込まないようにしてください．

```
## ファイルを絶対パスを使って参照します
## パス指定時の最初の / はコンピュータのファイル階層の最上部を
## 指定することになる点に注意してください
my_data <- read_csv("/Users/kjhealy/projects/gss/data/gss.csv")
```

これに代わり，gss プロジェクトが立ち上がっているので，here パッケージの here() 関数でデータを読み込めるようになります．

```
my_data <- read_csv(here("data", "gss.csv"))
```

　相対パスを自分で入力することも可能ですが，here()関数を使用すると，OS間でのファイル参照が容易になります．具体的にはmacOSとWindowsではパスの表示形式が異なるために，ファイル参照時にエラーとなりますが，here()関数によりプロジェクト中のフォルダ階層を見るようになってくれます．第3章の最後に触れたように，個々のファイルをPDFやPNGファイルに保存するように，同じ作業が行われます．

　プロジェクトフォルダ内では小さな組織化が役立ちます．プロジェクトの中で用途に応じて，さまざまなサブフォルダを作成する習慣をつけるとよいでしょう．より複雑なプロジェクトでは，プロジェクトフォルダの構成も複雑になりますが，これらもまた，小さな組織化の集合体であることが多いです．R Markdownファイルは作業ディレクトリのトップレベルにあり，csvファイルなどを保持するdata/，(保存する可能性のある)figure/，プロジェクトまたはデータファイルに関する情報を記録するdocs/フォルダがあります．このようにRStudioはプロジェクト管理機能によって，コードや関連するファイルの組織化にも有効です（**図4.9**）．

図A.9：簡単なプロジェクトのためのフォルダ管理

　プロジェクトを整理しておくことで，作業ディレクトリの上位階層がファイルで溢れてしまい，目的のファイルを見失うことが避けられます．

A.4

本書のいくつかの特徴

A.4.1 州単位の地図を作成するための準備

*6 https://eric.clst.org/tech/usgeojson/

　本書で扱う socviz パッケージのアメリカ合衆国州単位の地図は，シェープファイルを元に作成されました．国勢調査のデータはエリック・セレスト（Eric Celeste）*6 により GeoJSON 形式に変換されたものを利用しています．州単位のデータに変換するコードはボブ・ルディス（Bob Rudis）によって書かれたものです．その中で rgdal パッケージを使用してシェープファイルの読み込みが行われ，また投影変換の処理も実行されます．ルディスのコードは読み込んだ地理空間オブジェクト（データフレーム形式として処理できる）から行名を抽出し，そこでアラスカ州とハワイ州を地図の左下の領域に移動させることで，50 の州を表示可能にしています．

　最初に地図データを読み込みます．続いて投影法を指定したのち，データを結合するための処理を加えます．このコードを手元で試す際はバックティックを入力しないでください．これは書面でのコードの見通しをよくするための改行です．地図ファイルの名前が gz_2010_us_050_00_5m.json であるとし，data/geojson に格納されていることを想定しています．

　必要に応じて，次に示す地理空間オブジェクトの処理や GIS 操作を行うパッケージを install.packages() 関数でインストールしてください．

```r
# 実行に際して，これらのパッケージを install.packages() 関数によりインストールしておく必要があります
library(maptools)
library(mapproj)
library(rgeos)
library(rgdal)

us_counties <- readOGR(dsn = "data/geojson/gz_2010_us_050_00_5m.json",
                       layer = "OGRGeoJSON")
```

```
us_counties_aea <- spTransform(us_counties,
                    CRS("+proj=laea +lat_0=45 +lon_0=-100 \
                        +x_0=0 +y_0=0 +a=6370997 +b=6370997 \
                        +units=m +no_defs"))

us_counties_aea@data$id <- rownames(us_counties_aea@data)
```

　ファイルを読み込んだら，アラスカ州を抽出し，表示される
位置を変更するために回転・縮小・移動の処理を適用します．
ハワイ州に対しても同様です．なおこれらの州を識別するのに
FIPS コードを利用します．

```
alaska <- us_counties_aea[us_counties_aea$STATE == "02",]
alaska <- elide(alaska, rotate = -50)
alaska <- elide(alaska, scale = max(apply(bbox(alaska), 1, diff)) / 2.3)
alaska <- elide(alaska, shift = c(-2100000, -2500000))
proj4string(alaska) <- proj4string(us_counties_aea)

hawaii <- us_counties_aea[us_counties_aea$STATE == "15",]
hawaii <- elide(hawaii, rotate = -35)
hawaii <- elide(hawaii, shift = c(5400000, -1400000))
proj4string(hawaii) <- proj4string(us_counties_aea)

us_counties_aea <- us_counties_aea[!us_counties_aea$STATE %in% c("02", "15", "72"),]
us_counties_aea <- rbind(us_counties_aea, alaska, hawaii)
```

　最後にこのデータフレームを ggplot で利用可能なように
tidy に整形し，空間オブジェクトとして扱えるようにします．[訳注5]

```
county_map <- tidy(us_counties_aea, region = "GEO_ID")
county_map$id <- stringr::str_remove(county_map$id,
                                     pattern = "0500000US")
```

　この時点で，merge() 関数または left_join() 関数を使って
country_map オブジェクトを他の FIPS コードが格納された
データフレームと結合させる準備ができました [*7]．

*7　ここで示したデータの結合とその他のコードの
詳細は https://github.com/kjhealy/us-county
をご覧ください．

A.4.2　本書の作図テーマ

　本書で使用している ggplot のテーマは，主にルディスの

訳注5　原著では stringr::str_replace() 関数による処理が書かれていますが，stringr
　　　::str_remove() 関数を使うことで同様の処理が実行できます．

著作物です．彼の `hrbrthemes` パッケージには ggplot のテーマを提供する `theme_ipsum()` 関数が用意されています．この関数はプロットから余計な要素をなくしたシンプルなもので，プロット中の書体に Arial の他に無料で手に入る Roboto Condensed を指定できるようになっています．ここで使用されている `theme_book()` 関数とルディスの `theme_ipsum()` 関数の違いはこの書体の選択にあります．このテーマを利用可能にするため，`hrbrthemes` パッケージを CRAN からインストールしておきましょう．^{訳注6}

```
install.packages("hrbrthemes")
```

*8 https://github.com/kjhealy/myriad

本書のテーマもまた GitHub から利用可能です [*8]．これらのパッケージ自体に書体のファイルは含まれません．ユーザーが自ら書体の作成者である Adobe から入手する必要があります．

地図を描画するのに `theme_map()` 関数も使用しました．このテーマは ggplot に用意されている `theme_bw()` 関数をベースとしています．地図を作成する際に不要となる凡例や軸の情報，パネルに表示される要素のほとんどを非表示にした設定が使われています．

```
theme_map <- function(base_size = 9, base_family = "") {
    require(grid)
    theme_bw(base_size = base_size, base_family = base_family) %+replace%
        theme(axis.line = element_blank(),
              axis.text = element_blank(),
              axis.ticks = element_blank(),
              axis.title = element_blank(),
              panel.background = element_blank(),
              panel.border = element_blank(),
              panel.grid = element_blank(),
              panel.spacing = unit(0, "lines"),
              plot.background = element_blank(),
              legend.justification = c(0,0),
              legend.position = c(0,0)
              )
}
```

訳注6 原著では GitHub からのインストールを行っていましたが，それは執筆時に CRAN に登録されていなかったためです．2020 年 12 月現在は CRAN に登録されているため，ここでは CRAN からのインストールに変更しました．なお開発版を導入するには `remotes::install_github("hrbrmstr/hrbrthemes")` を実行します．

　テーマは関数として機能します．テーマの作成は，既存のテーマをベースにいくつかの要素を修正しながら行います．このテーマは，プロット時のフォントの大きさと種類を引数に持つ関数としました．関数内で登場した `%+replace%` はこれまでに出てこなかった新しい演算子です．これは ggplot2 パッケージが提供する便利な演算子で，既存のテーマ関数で指定される要素を一括で更新するのに役立ちます．本書では，＋演算子を繰り返し利用することで，レイヤーを操作するときと同様にテーマに対する変更を段階的に行ってきました．＋を使用すると指定した内容がテーマに追加され，指定していない要素に関しては既存のテーマの内容が引き継がれます．`%+replace%` も同様の処理を行いますが，この演算子はより強い効果を持ちます．まず theme_bw() 関数，そして theme() 関数を使用して，通常通りの ggplot オブジェクトを作成するようにします．ここで重要なのは，`%+replace%` 演算子は，指定された要素を追加するのではなく，要素全体を置き換える働きをすることです．すなわち，theme() 関数で与えられてない要素の情報は作成する新しいテーマからは削除されます．これは既存のテーマ関数をベースに，新しい要素を指定し，明示的に指定しない要素を削除することができる方法です．これについての詳細は theme_get() 関数のドキュメントを参照してください．ここで用意した theme_map() 関数では，element_blank() 関数を指定した要素が非表示になっている部分となります．

A

付録

謝辞

　ソフトウェアとは共同作業が凝縮されたものです．毎日の生活に大きな助けになりますが，あって当然のものだと思われてしまいがちです．私の研究と教育は他の方々が無料で書き，維持し，配布しているツールに依存しています．したがって私が返さなければならない最初の借りは，RとRをサポートするインフラ・ストラクチャ，そしてRの基盤の上に構築されているパッケージを作り，保守しているすべての人々に対するものです．本書で使われているパッケージはテキストに明記され，参考文献一覧に掲載されています．また，本書を執筆する期間に助けていただいたRコミュニティの面々にもとても感謝しています．そこにはコメントや提案といった直接的な支援，独自に課題を解決し私がそれに直面したときにうまくやれるような道筋をつけてくれた間接的な支援，あるいは無意識のうちに開放的で寛大なスタイルを示してくれるという支援もありました．特に，Jenny Bryan, Mine Çetinkaya-Rundel, Dirk Eddelbuettel, Thomas Lumley, John MacFarlane, Bob Rudis, Hadley Wickham, Claus O. Wilke, Yihui Xieに感謝します．

　Chris Bailとの会話，Jim Moodyとの共著論文（Healy & Moody, 2014），Steve Vaiseyからの提案によって，このプロジェクトは始まりました．デューク大学とケナン倫理研究所（the Kenan Institute for Ethics）はこれをやり遂げる時間を与えてくれました．Martin RuefとSuzanne Shanahanには必要な部屋を与えてもらいました．デューク大学，イェール大学，マクギリィ大学，オスロ大学，Statistical Horizonsにおける私の生徒やセミナー参加者の皆さまは，本書の資料に関してテスト・パイロットとして貢献してくださり，貴重なフォードバックを与えてくれました．外部での教育機会についてはAndy Papachristos, Tom Lyttleton, Torkild Lyngstad, Amélie Quesnel-Vallée, Shelley Clark, およびPaul Allisonに感謝いたします．

　プリンストン大学出版局の Meagan Levinson は，あらゆる観点から理想的な編集者でした．執筆と作成を通じた彼女のすばらしい指導と熱意によって，すべてが期待よりも早く進められました．出版社の4人の匿名の読者は原稿に詳細かつ有用なコメントを提供してくれました．Andrew Gelman, Eszter Hargittai, Matissa Hollister, Eric Lawrence, そして Matt Salganik からはすばらしいフィードバックをもらいました．エラーが残っていたとしたら，もちろん，それはすべて私自身の責任です．

　長年にわたって，Laurie Paul は本書や他のプロジェクトに対して励ましと支援をくれました．ここに感謝します．「夜明けはいつも同じものを描き出します（"*Is cuma leis an mhaidin cad air a ngealann sí.*"）[訳注1]」．

　同僚としてのプロ意識と，友人としての親切心に対して，以下の人々に感謝いたします．Sam Anthony, Courtney Bender, Andrea Deeker, Mary Dixon-Woods, John Evans, Tina Fetner, Pierre-Olivier Gourinchas, Erin Kelly, Liz Morgan, Brian Steensland, Craig Upright, Rebekah Estrada Vaisey, そして Steve Vaisey. Marion Fourcade はその両方を備え，さらに3番目として，私が怖がるような理屈を超えた挑戦に挑むように共同筆者としての忍耐力を捧げてくれました．

　本書の多くの部分はロバートソン・スクール・バスの中で書かれました．このバスは学期中にデューク大学とチャペルヒルを約半時間で行ったり来たりしています．日々の生活にとってとても助けになっていますし，また，あって当然のものと思われてしまいがちです．しかしながら，その接続（connection）と協力（collabolation）について大きく手を振って感謝します．最高の席は，前の方の横向きの席です．

訳注1　これはアイルランドを代表する詩人 Nuala Ni Domhnaill の Aubade（朝の詩，1991）の書き出しの一節です．「朝の詩」とは朝が来て別れる恋人たちを歌う古典的な詩題の1つです．アイルランド語も詩も訳者の専門ではありませんが，北アイルランド出身の Michael Longley による英訳版が LyrikLine に公開されていました（https://www.lyrikline.org/）．この文に対応する英語は "*It's all the same to morning what it dawns on -*" となり，これを和訳しました．長年の変わらぬ支援に対して，いつものようにまた感謝を捧げるという変わらぬ風景の比喩なのかもしれません．

参考文献

Adelson, E. (1995). *Checkershadow illusion.* Perceptual Science Group @ MIT, http://persci.mit.edu/gallery/checkershadow

Ai, C., & Norton, E. C. (2003). Interaction terms in logit and probit models. *Economics Letters, 80,* 123–29.

Anderson, E. W., Potter, K. C., Matzen, L. E., Shepherd, J. F., Preston, G. A., & Silva, C. T. (2011). A user study of visualization effectiveness using eeg and cognitive load. In *Proceedings of the 13th Eurographics / IEEE - VGTC Confer- ence on Visualization* (pp.791–800). Chichester, UK: Eurographs Association; Wiley. https://doi.org/10.1111/j.1467-8659.2011.01928.x

Anscombe, F. (1973). Graphs in statistical analysis. *American Statistician, 27,* 17–21.

Arnold, J. B. (2018). *Ggthemes: Extra themes, scales and geoms for 'ggplot2.'* https:// CRAN.R-project.org/package=ggthemes

Baddeley, A., Turner, R., Rubak, E., Berthelsen Kasper Klitgaard, Cronie Ottmar, Guan Yongtao, Hahn Ute, Jalilian Abdollah, Lieshout Marie-Colette van, McSwiggan Greg, Rajala Thomas, Rakshit Suman, Schuhmacher Dominic, Waagepetersen Rasmus, Adepeju, M., Anderson, C., Ang, Q. W., Austenfeld, M., Azaele, S., Baddeley, M., Beale, C., Bell, M., Bernhardt, R., Bendtsen, T., Bevan, A., Biggerstaff, B., Bilgrau, A., Bischof, L., Biscio, C., Bivand, R., Blanco Moreno, J. M., Bonneu, F., Burgos, J., Byers, S., Chang, Y. M., Chen, J. B., Chernayavsky, I., Chin, Y. C., Christensen B., Coeurjolly J.-F., Colyvas K., Constantine R., Corria Ainslie R., Cotton, R., de la Cruz M., Dalgaard P., D'Antuono M., Das S., Davies T., Diggle P. J., Donnelly P., Dryden I., Eglen S., El-Gabbas A., Fandohan B., Flores O., Ford E. D., Forbes P., Frank S., Franklin J., Funwi-Gabga N., Garcia O., Gault A., Geldmann J., Genton M., Ghalandarayeshi S., Gilbey J., Goldstick J., Grabarnik P., Graf C., Hahn U., Hardegen A., Hansen M. B., Hazelton M., Heikkinen J., Hering M., Herrmann M., Hewson P., Hingee K., Hornik K., Hunziker P., Hywood J., Ihaka R., Icos C., Jammalamadaka A., John-Chandran R., Johnson D., Khanmohammadi M., Klaver R., Kovesi P., Kozmian-Ledward L., Kuhn M., Laake J., Lavancier F., Lawrence T., Lamb R. A., Lee J., Leser G. P, Li H. T., Limitsios G., Lister A., Madin B., Maechler M., Marcus J., Marchikanti K., Mark R., Mateu J., Mc- Cullagh P., Mehlig U., Mestre F., Meyer S., Mi X. C., De Middeleer L., Milne R. K., Miranda E., Moller J., Moradi M., Morera Pujol V., Mudrak E., Nair G. M., Najari N., Nava N., Nielsen L. S., Nunes F., Nyengaard J. R., Oehlschlaegel J., Onkelinx T., O'Riordan S., Parilov E., Picka J., Picard N., Porter M., Protsiv S., Raftery A., Rakshit S., Ramage B., Ramon P., Raynaud X., Read N., Reiter M., Renner I., Richardson T. O., Ripley B. D., Rosenbaum E., Rowlingson B., Rudokas J., Rudge J., Ryan C., Safavimanesh F., Sarkka A., Schank C., Schladitz K., Schutte S., Scott B. T., Semboli O., Semecurbe F., Shcherbakov V., Shen G. C., Shi P., Ship H.-J., Silva T. L., Sintorn I.-M., Song Y., Spiess M., Stevenson M., Stucki K., Sumner M., Surovy P., Taylor B., Thorarinsdottir T., Torres L., Turlach B., Tvedebrink T., Ummer K., Uppala M., van Burgel A., Verbeke T., Vihtakari M., Villers A., Vinatier F., Voss S., Wagner S., Wang H., Wendrock H., Wild J., Witthoft C., Wong S., Woringer M., Zamboni M. E., Zeileis A., (2017). *Spatstat: Spatial point pattern analysis, model-fitting, simulation, tests.* Retrieved from https://CRAN.R-project.org/

`package=spatstat`

Bateman, S., Mandryk, R., Gutwin, C., Genest, A., McDine, D., & Brooks, C. (2010). Useful junk? The effects of visual embellishment on comprehension and memorability of charts. In *ACM Conference on Human Factors in Computing Systems (chi 2010)* (pp.2573–82). Atlanta.

Bates, D., & Maechler, M. (2015). *MatrixModels: Modelling with sparse and dense matrices.* `https://CRAN.R-project.org/package=MatrixModels`

———. (2017). *Matrix: Sparse and dense matrix classes and methods.* `https://CRAN.R-project.org/package=Matrix`

Bertin, J. (2010). *Semiology of graphics.* Redlands, CA: ESRI Press.

Borkin, M. A., Vo, A. A., Bylinskii, Z., Isola, P., Sunkavalli, S., Oliva, A., & Pfister, H. (2013). What makes a visualization memorable? *IEEE Transactions on Visualization and Computer Graphics (Proceedings of InfoVis 2013).*

Brambor, T., Clark, W., & Golder, M. (2006). Understanding interaction models: Improving empirical analyses. *Political Analysis, 14,* 63–82.

Brownrigg, R. (2017). *Maps: Draw geographical maps.* `https://CRAN.R-project.org/package=maps`

Brundson, C., & Comber, L. (2015). *An introduction to R for spatial analysis and mapping.* Londin: Sage.

Bryan, J. (2017). *Gapminder: Data from gapminder.* `https://CRAN.R-project.org/package=gapminder`

Cairo, A. (2013). *The functional art: An introduction to information graphics and visualization.* Berkeley, CA: New Riders.

Chakrabarti, R., Haughwout, A., Lee, D., Scally, J., & Klaauw, W. van der. (2017, April). *Press briefing on household debt, with a focus on student debt.* Federal Reserve Bank of New York.

Chang, W. (2013). *R graphics cookbook.* Sebastopol, CA: O'Reilly Media.

Chatterjee, S., & Firat, A. (2007). Generating data with identical statistics but dis-similar graphics: A follow up to the Anscombe dataset. *American Statistician, 61,* 248–54.

Cleveland, W. S. (1993). *The elements of graphing data.* Summit, NJ: Hobart Press.

———. (1994). *Visualizing data.* Summit, NJ: Hobart Press.

Cleveland, W. S., & McGill, R. (1984). Graphical perception: Theory, experimentation, and application to the development of graphical methods. *Journal of the American Statistical Association, 79,* 531–34.

———. Graphical perception: The visual decoding of quantitative information on graphical displays of data. *Journal of the Royal Statistical Society Series A, 150,* 192–229.

Codd, E. F. (1990). *The relational model for database management: Version 2.* Boston, MA: Addison-Wesley Longman.

Dalgaard, P. (2008). *Introductory statistics with R* (second edition). New York: Springer.

Davies, T. M. (2016). *The book of R.* San Francisco: No Starch Press.

Doherty, M. E., Anderson, R. B., Angott, A. M., & Klopfer, D. S. (2007). The perception of scatterplots. *Perception & Psychophysics, 69,* 1261–72.

Eddelbuettel, D. (2018). *Tint: 'Tint' is not 'Tufte.'* `https://CRAN.R-project.org/package=tint`

Few, S. (2009). *Now you see it: Simple visualization techniques for quantitative analysis.* Oakland, CA: Analytics Press.

Fox, J. (2014, December). The rise of the y-axis-zero fundamentalists. https://byjustinfox.com/2014/12/14/the-rise-of-the-y-axis-zero-fundamentalists/

Freedman Ellis, G. (2017). *Srvyr: 'Dplyr'-like syntax for summary statistics of survey data.* https://CRAN.R-project.org/package=srvyr

Friendly, M., & Meyer, D. (2017). *Discrete data analysis with R.* Boca Raton, FL: CRC/Chapman; Hall.

Garnier, S. (2017). *Viridis: Default color maps from 'matplotlib' (lite version).* https://CRAN.R-project.org/package=viridisLite

———. *Viridis: Default color maps from 'matplotlib'.* https://CRAN.R-project.org/package=viridis

Gelman, A. (2004). Exploratory data analysis for complex models. *Journal of Computational and Graphical Statistics, 13,* 755–79.

Gelman, A., & Hill, J. (2018). *Regression and other stories.* New York: Cambridge University Press.

Gould, S. J. (1991). Glow, big glowworm. In *Bully for brontosaurus: Reflections in natural history* (pp.255–68). New York: Norton.

Harrell, F. (2016). *Regression modeling strategies* (Second edition). New York: Springer.

Healy, K. (2018). *Socviz: Utility functions and data sets fora short course in data visualization.* https://github.com/kjhealy/socviz

Healy, K., & Moody, J. (2014). Data visualization in sociology. *Annual Review of Sociology, 40,* 105–28.

Heer, J., & Bostock, M. (2010). Crowdsourcing graphical perception: Using mechanical turk to assess visualization design. In *Proceedings of the Sigchi Conference on Human Factors in Computing Systems* (pp. 203–12). New York: ACM. https://doi.org/10.1145/1753326.1753357

Henry, L., & Wickham, H. (2017). *Purrr: Functional programming tools.* https:// CRAN.R-project.org/package=purrr

Hewitt, C. (1977). The effect of political democracy and social democracy on equality in industrial societies: A cross-national comparison. *American Sociological Review, 42,* 450–64.

Imai, K. (2017). *Quantitative social science: An introduction.* Princeton, NJ: Princeton University Press.

Isenberg, P., Bezerianos, A., Dragicevic, P., & Fekete, J.-D. (2011). A study on dual-scale data charts. *IEEE Transactions on Visualization and Computer Graphics, 17*(12), 2469–87. https://doi.org/10.1109/TVCG.2011.238

Jackman, R. M. (1980). The impact of outliers on income inequality. *American Sociological Review, 45,* 344–47.

Koenker, R. (2017). *Quantreg: Quantile regression.* https://CRAN.R-project.org/package=quantreg

Koenker, R., & Ng, P. (2017). *SparseM: Sparse linear algebra.* https://CRAN.R-project.org/package=SparseM

Lander, J. P. (2018). *Coefplot: Plots coefficients from fitted models.* https:// CRAN.R-project.org/package=coefplot

Leeper, T. J. (2017). *Margins: Marginal effects for model objects.* https://CRAN.R-project.org/package=margins

Lumley, T. (2004). Analysis of complex survey samples. *Journal of Statistical Software, Articles, 9*(8), 1–19. https://doi.org/10.18637/jss.v009.i08

———. (2010). *Complex surveys: A guide to analysis using R.* New York: Wiley.

———. (2013). *Dichromat: Color schemes for dichromats.* https://CRAN.

R-project.org/package=dichromat

———. (2017). *Survey: Analysis of complex survey samples.* https://CRAN. R-project.org/package=survey

Matloff, N. (2011). *The art of R programming.* San Francisco: No Starch Press.

Munzer, T. (2014). *Visualization analysis and design.* Boca Raton, FL: CRC Press.

Müller, K. (2017a). *Bindrcpp: An 'rcpp' interface to active bindings.* https:// CRAN.R-project.org/package=bindrcpp

———. (2017b). *Here: A simpler way to find your files.* https://CRAN. R-project.org/package=here

Müller, K., & Wickham, H. (2018). *Tibble: Simple data frames.* https://CRAN. R-project.org/package=tibble

Nakayama, K., & Joseph, J. S. (1998). Attention, pattern recognition and popout in visual search. In R. Parasuraman (Ed.), *The attentive brain* (pp. 279–98). Cambridge, MA: MIT Press.

Neuwirth, E. (2014). *RColorBrewer: ColorBrewer palettes.* https://CRAN. R-project.org/package=RColorBrewer

Openshaw, S. (1983) *The Modifiable Areal Unit Problem.* Norwich: Geo Books. Pebesma, E. (2018). *Sf: Simple features for R.* https://CRAN.R-project. org/package=sf

Peng, R. (2016). *R programming for data science.* http://leanpub.com/ rprogramming

Pinheiro, J., Bates, D., & R-core. (2017). *Nlme: Linear and nonlinear mixed effects models.* Retrieved from https://CRAN.R-project.org/package=nlme

Qiu, Y., et al. (2018a). *Sysfonts: Loading fonts into R.* https://CRAN.R-project. org/package=sysfonts

———. (2018b). *Showtext: Using fonts more easily in R graphs.* https://CRAN. R-project.org/package=showtext

R Core Team. (2018). *R: A language and environment for statistical comput-ing.* Vienna, Austria: R Foundation for Statistical Computing. https://www. R-project.org/

Rensink, R. A., & Baldridge, G. (2010). The perception of correlation in scatter-plots. *Computer Graphics Forum, 29,* 1203–10.

Ripley, B. (2017). *MASS: Support functions and datasets for Venables and Ripley's mass.* https://CRAN.R-project.org/package=MASS

Robinson, D. (2017). *Broom: Convert statistical analysis objects into tidy data frames.* https://CRAN.R-project.org/package=broom

Rudis, B. (2015). *Statebins: U.S. State cartogram heatmaps in R; An alterna-tive to choropleth maps for USA states.* https://CRAN.R-project.org/ package=statebins

Ryan, J. A. (2007). *Defaults: Create global function defaults.* https://CRAN. R-project.org/package=Defaults

Salganik, M. J. (2018). *Bit by bit: Social research in the digital age.* Princeton, NJ: Princeton University Press.

Sarkar, D. (2008). *Lattice: Multivariate data visualization with R.* New York: Springer.

Silge, J., & Robinson, D. (2017). *Text mining with R.* Sebastopol, CA: O'Reilly. Media.

Slowikowski, K. (2017). *Ggrepel: Repulsive text and label geoms for 'ggplot2.'* https://CRAN.R-project.org/package=ggrepel

Spinu, V., Grolemund, G., & Wickham, H. (2017). *Lubridate: Make dealing with datesa little easier.* https://CRAN.R-project.org/package=lubridate

Taub, A. (2016). How stable are democracies? "Warning signs are flashing red." *New York Times.*

Therneau, T. M. (2017). *Survival: Survival analysis.* https://CRAN.R-project.org/package=survival

Therneau, T., & Atkinson, B. (2018). *Rpart: Recursive partitioning and regression trees.* https://CRAN.R-project.org/package=rpart

Treisman, A., & Gormican, S. (1988). Feature analysis in early vision: Evidence from search asymmetries. *Psychological Review*, 95, 15–48.

Tufte, E. R. (1978). *Political control of the economy.* Princeton, NJ: Princeton University Press.

———. (1983). *The visual display of quantitative information.* Cheshire, CT: Graphics Press.

———. (1990). *Envisioning information.* Cheshire, CT: Graphics Press.

———. (1997). *Visual explanations: Images and quantities, evidence and narrative.* Cheshire, CT: Graphics Press.

Vanhove, J. (2016, November). What data patterns can lie behind a correlation coefficient? https://janhove.github.io/teaching/2016/11/21/what-correlations-look-like

Venables, W., & Ripley, B. (2002). *Modern applied statistics with S* (fourth edition). New York: Springer.

Wainer, H. (1984). How to display data badly. *American Statistician*, 38, 137–47.

Walker, K. (2018). *Analyzing the US Census with R.* Boca Raton, FL: CRC Press.

Ware, C. (2008). *Visual thinking for design.* Waltham, MA: Morgan Kaufman.

———. (2013). *Information visualization: Perception for design* (third edition). Waltham, MA: Morgan Kaufman.

Wehrwein, A. (2017). Plot inspiration via fivethirtyeight. http://www.austinwehrwein.com/data-visualization/plot-inspiration-via-fivethirtyeight/

Wickham, H. (2014). Tidy data. *Journal of Statistical Software*, *59*(1), 1–23. https://doi.org/10.18637/jss.v059.i10

———. (2016). *Ggplot2: Elegant graphics for data analysis.* New York: Springer.

———. (2017a). *Stringr: Simple, consistent wrappers for common string operations.* https://CRAN.R-project.org/package=stringr

———. (2017b). *Testthat: Unit testing for R.* https://CRAN.R-project.org/package=testthat

———. (2017c). *Tidyverse: Easily install and load the 'tidyverse.'* https://CRAN.R-project.org/package=tidyverse

Wickham, H., & Chang, W. (2017). *Devtools: Tools to make developing R packages easier.* https://CRAN.R-project.org/package=devtools

———. (2018). *Ggplot2: Create elegant data visualisations using the grammar of graphics.* http://ggplot2.tidyverse.org

Wickham, H., & Grolemund, G. (2016). *R for data science.* Sebastopbol, CA: O'Reilly Media.

Wickham, H., & Henry, L. (2017). *Tidyr: Easily tidy data with 'spread()' and 'gather()' functions.* https://CRAN.R-project.org/package=tidyr

Wickham, H., Francois, R., Henry, L., & Müller, K. (2017a). *Dplyr: A grammar of data manipulation.* https://CRAN.R-project.org/package=dplyr

Wickham, H., Hester, J., & Francois, R. (2017b). *Readr: Read rectangular text data.* https://CRAN.R-project.org/package=readr

Wilke, C. O. (2017). *Ggridges: Ridgeline plots in 'ggplot2.'* https://CRAN.R-project.org/package=ggridges

Wilkinson, L. (2005). *The grammar of graphics* (second edition). New York: Springer.

Xie, Y. (2015). *Dynamic documents with r and knitr* (second edition). New York: Chapman; Hall.

————. (2017). *Knitr: A general-purpose package for dynamic report generation in R.* https://yihui.name/knitr/

Zeileis, A., & Hornik, K. (2006). *Choosing color palettes for statistical graphics* (Research Report Series / Department of Statistics and Mathematics No. 41). Vienna, Austria: WU Vienna University of Economics; Business. http://epub.wu.ac.at/1404/

訳者あとがき

　本　書　はHealy, K., *Data Visualization: A Practical Introduction*, 2018の全訳です．著者のキーラン・ヒーリー（Kieran Healy）は，デューク大学の教授（社会学）です．特に市場を主題にした道徳的秩序の及ぼす社会的・文化的な影響についての考察で知られ，その方面での著書では血液や臓器の市場における倫理的ジレンマを取り扱いました（Fourcade and Healy, 2007; Healy, 2010）．またブログ（kieranhealy.org/blog）では社会学を中心としたさまざまな話題について解説や考察を加え記事を数多く投稿しており，記事にはggplotによる美しい図やその作図用のRコードが添えられています．彼はデータ可視化に関する大学院生を対象とした講義でも教鞭をとっており，それに向けた教材となるデータセットと自習用のコードなどをまとめ，本書でも登場するsocvizパッケージを公開しています．本書はヒーリーによるはじめてのRとggplotに関する著作です．出版後は大変な人気を博し，この訳者あとがきを書いている2020年10月段階ではAmazonのコンピュータ・グラフィック・デザインの分野全体の中で第3位を記録するなどベストセラーになっています．2020年に開催された世界中のRユーザーが一堂に介するrstudio::conf会議においても，本書を下敷きにしたデータ可視化ワークショップの講師を務めるなど，コミュニティからも高い支持を得ています．

　本書の構成は，データ可視化の思考法（第1章）に始まり，基礎的なRとggplotの使い方（第2，3章），ggplotを使ったさまざまな作図法（第4，5章）に続き，やや応用的な統計的モデル（第6章）と地理データ（第7章）の可視化を学びます．最後に，図の装飾的要素の調整法（第8章）と細かな補足事項のまとめ（付録）までとなります．本書を読むにあたり，事前にRやggplotについて知っておく必要はありません．「まえがき」に書かれている通りに必要なアプリケーションとパッケージのインストールを済ませれば，すぐにでも本書のコードを手元で

再現することが可能です.

　本書の魅力は「データをどうやって可視化するのか」に関する具体的な手順を丁寧に解説することと,「データを可視化するとはいったいどういうことか, なぜそうするのか」を伝えることを同時にやってのけている点です. 例えば英語の教材を作る際に単語のスペル・文法といったテクニカルな内容と, いわゆる英語としての文章の良し悪しのような判断能力は互いに関連してはいますが, 普通は「単語帳」「文法書」「長文例」といったように切り分けられます. 本書の「まえがき」で述べられているように, データの可視化に関してもこれと同様に「初歩的なRの使い方」「ggplotを使った作図例とそのコード」「プログラミングから離れた図の良し悪しの概論」といったように, 作図の思考法と作図の技術はそれぞれ別々にまとめられて書籍化されてきました. そこには個々の目的に対して合致した良書は数多く含まれています. しかしそのすべてを読んでいても, いざ実践的に目の前のデータとキーボードと向かい合ったときに, ひょっとしたら手が止まってしまうかもしれません. 自分はこれから何を目指し, 何を考え, どこから手をつけていけばよいのか. そんなときにヒントとなるのは, データ可視化の思考法と技術をつないでいる道のりを風通しよく眺める視点です. 本書はそうした視点を鍛えるのに適した構成となっています.

　哲学には「ある事柄を説明するためにおかれる仮定は最小限であるべきだ」というオッカムの剃刀 (Occam's razor) と呼ばれる有名な原則がありますが, 本書では逆に, 一貫して「データ可視化はこれを守ればOKという簡単な法則はない」という著者の明快なメッセージが示されています. 本書は, データの可視化には正解の方法論が存在して誰もがそれを手続き的になぞるという技術ではなく, それがどんなデータで何を目的として誰に向けてどのような場面で用いられるのかに大きく依存している有機的で創造的なプロセスであることを教えてくれます. 本書を通読された皆さんは, 今すぐ手元のデータに向き合って探索的な可視化を始める準備が整っていることでしょう.

　日本語への翻訳は, 瓜生真也(第2, 7章, 付録), 江口哲史(第4, 5, 6章), および私 (三村, 第1, 3, 8章) の3名がそれぞれの担当章を中心に進めた後, 全員で全体をまとめるという方法で行いました. 専門用語の訳出に際しては過去のRやggplotの

翻訳・解説を参考にしつつ，訳者の間で相談し，原著の意図が生きる適語をあてるよう注意しました．原著の意図が伝わりにくいと思われる箇所に訳者が説明的に語句を補った点も少なくありませんが，小規模なものは実用書としての本書の性格を鑑みて特に明示していません．また，これは技術書の宿命ともいえますが，Rや付随するパッケージ群の開発は現在進行形で活発に進んでいるため，原書の出版から本書の翻訳時点までの約2年間で推奨される関数やコーディング方法の変更がいくつか含まれていました．このような場合には，訳注をつけた上でできるだけ最新のものを記載しました．掲載されているコードの挙動は，翻訳時点で最新版のRのバージョン4.0.2およびggplotのバージョン3.3.2で確認されていますが，読者の環境での再現を必ずしも保証しないものであることをご了承ください．

　最後になりましたが，翻訳にあたり多くの方々にお世話になりました．この場を借りて御礼申し上げます．特に，松浦健太郎氏，湯谷啓明氏（@yutannihilation），安本篤史氏（@Atsushi776）には本書全体をレビューしていただき多くの有用なアドバイスちょうだいしました．本書の編集は講談社サイエンティフィクの横山真吾氏が担当されました．あらためて感謝申し上げます．

2020年10月

訳者を代表して　三村喬生

索引

プログラム関連用語索引

訳者紹介

瓜生真也
うりゅうしんや

徳島大学 デザイン型 AI 教育研究センター 助教．空間解析や行政・ウェブ・アンケートデータのテキスト分析，画像を用いた機械学習モデルの開発に従事．著書に『R によるスクレイピング入門』（C&R 研究所・共著）など．他に『R で楽しむベイズ統計入門』（技術評論社）などの付録を担当．
好きな R のパッケージは renv．職人の朝は R パッケージの更新確認から始まる．
ブログ：http://uribo.hatenablog.com
Twitter: @u_ribo，GitHub: @uribo

江口哲史
えぐちあきふみ

2013 年に愛媛大学にて博士（理学）を取得．日本学術振興会特別研究員を経て，2016 年より千葉大学予防医学センター 助教．専門は質量分析計による環境試料中の微量低分子化合物の計測．健康指標と対象化合物の関係解析にも取り組んでおり，データの解析に普段から R を利用している．
好きな R のパッケージは {FactoMineR}．まず主成分分析で様子をみたい派．イヤホンに凝っていたが AKG N5005 で今の所「あがり」という気持ち．
Twitter: @siero5335

三村喬生
みむらこうき

2013 年に東京農工大学にて博士（工学）を取得．日本学術振興会特別研究員を経て，2017 年より量子科学技術研究開発機構 放射線医学総合研究所にて研究員として勤務．鳥類・霊長類の神経行動学を専門とし，脳機能イメージングと社会行動の統計モデリングに取り組む．
2017 年より国内最大規模の R 勉強会 Tokyo.R（Twitter: @TokyoRCommunity）の運営チームに参加し，初級・中級者向けの R チュートリアルを担当している．好きな R のパッケージは {purrr} で，すぐにデータを nest することで知られる．趣味は料理で，山田工業所の打出片手中華鍋を愛用している．

著者紹介

キーラン・ヒーリー
　デューク大学 教授（社会学）.
　著書に *Last Best Gifts: Altruism and the Market for Human Blood and Organs* がある.

NDC007　　　　366p　　　　24cm

実践 Data Science シリーズ

データ分析のためのデータ可視化入門

2021 年 1 月 26 日　第1刷発行
2022 年 3 月 3 日　第4刷発行

著　者　キーラン・ヒーリー
訳　者　瓜生真也・江口哲史・三村喬生
発行者　髙橋明男
発行所　株式会社　講談社
　　　　〒112-8001　東京都文京区音羽 2-12-21
　　　　　販　売　(03) 5395-4415
　　　　　業　務　(03) 5395-3615

KODANSHA

編　集　株式会社　講談社サイエンティフィク
　　　　代表　堀越俊一
　　　　〒162-0825　東京都新宿区神楽坂 2-14　ノービィビル
　　　　　編　集　(03) 3235-3701
本文データ制作　株式会社　トップスタジオ
カバー・表紙印刷　豊国印刷株式会社
本文印刷・製本　株式会社　講談社

落丁本・乱丁本は，購入書店名を明記のうえ，講談社業務宛にお送り下さい．送料小社負担にてお取替えします．
なお，この本の内容についてのお問い合わせは講談社サイエンティフィク宛にお願いいたします．定価はカバーに表示してあります．

Printed in Japan
ISBN 978-4-06-516404-4

講談社の自然科学書

※表示価格には消費税（10%）が加算されています。 「2021年7月現在」

講談社サイエンティフィク https://www.kspub.co.jp/